L'ALCHIMIE DE LA VENTE

*Comment vendre
mieux et plus*

Éditions d'Organisation
1, rue Thénard
75240 Paris Cedex 05
www.editions-organisation.com

Dans la même collection

La collection « Efficacité commerciale », dirigée par René MOULINIER, accueille des auteurs qui ont pratiqué avec succès l'action commerciale de l'entreprise plus soucieux d'exposer leurs expériences que de générer des théories.

MOULINIER
Les techniques de la vente

MOULINIER
Les 10 clefs de l'efficacité du commercial

MOULINIER
La direction d'une force de vente

MOULINIER
La prospection commerciale

RATAUD
Les questions qui font vendre

> Ce livre a tout d'abord donné lieu à deux tirages successifs chez EUROGÈS. La présente édition constitue le dixième tirage.

Du même auteur

Du temps pour vivre mieux, S'organiser au quotidien, Éditions d'Organisation.

Le code de la propriété intellectuelle du 1er juillet 1992 interdit en effet expressément la photocopie à usage collectif sans autorisation des ayants droit. Or, cette pratique s'est généralisée notamment dans l'enseignement, provoquant une baisse brutale des achats de livres, au point que la possibilité même pour les auteurs de créer des œuvres nouvelles et de les faire éditer correctement est aujourd'hui menacée.
En application de la loi du 11 mars 1957, il est interdit de reproduire intégralement ou partiellement le présent ouvrage, sur quelque support que ce soit, sans autorisation de l'Éditeur ou du Centre Français d'Exploitation du Droit de Copie, 20, rue des Grands-Augustins, 75006 Paris.

© Éditions d'Organisation, 1987, 1996, 1999, 2003
ISBN : 2-7081-2963-5

Collection efficacité commerciale
dirigée par René MOULINIER

Pierre RATAUD

L'ALCHIMIE DE LA VENTE

Comment vendre mieux et plus

PRÉFACE DE RENÉ MOULINIER

Quatrième édition

Éditions
d'Organisation

Sommaire

PRÉFACE de René MOULINIER 17
AVANT-PROPOS 21
POURQUOI « L'ALCHIMIE DE LA VENTE » ? 23
TEST 33 27

1 – COMMENCER... C01

1.1. - PAR S'INTERROGER 31
   1.1.1. - Suis-je fait pour la vente ? 32
   1.1.2. - Les principales qualités requises 37
   1.1.3. - Qu'est-ce que vendre ? 55
   1.1.4. - Quelles sont les missions du vendeur ? 57

1.2. - PAR S'ORGANISER 63
   1.2.1. - Gérer son temps, déterminer les priorités 63
   1.2.2. - Étudier les produits, créer documentaire et argumentaire 75
   1.2.3. - Gestion du secteur et circuits, prévoir les tournées . 78
   1.2.4. - Étudier et gérer la clientèle 84
   1.2.5. - Créer et tenir un fichier (prospects et clients) 88

1.3. - PAR SE PRÉPARER 97
   1.3.1. - Improviser ou préparer ? 97
   1.3.2. - La phase de préparation 98
   1.3.3. - Les impératifs de la préparation 102
   1.3.4. - Une bonne préparation matérielle 103
   1.3.5. - Préparer sa stratégie 106
   1.3.6. - Être en forme physique 112
   1.3.7. - Psychologiquement 112

1.4. - PAR PROSPECTER 114
    1.4.1. - L'approche 114
    1.4.2. - Sources et moyens de prospection 115
    1.4.3. - La vente par référence dynamique 120
    1.4.4. - L'approche par correspondance (publipostage) 120
    1.4.5. - Le téléphone et la prise de rendez-vous 131
    1.4.6. - L'introduction directe 149

2 – CONTACTER... CO2

2.1. - SAVOIR SE PRÉSENTER 153
    2.1.1. - L'exactitude au rendez-vous 153
    2.1.2. - Le premier contact, la présentation du vendeur ... 154

2.2. - LE SOURIRE 158

2.3. - INFLUENCE DES 20 PREMIÈRES SECONDES 159
    2.3.1. - Observer l'environnement 159
    2.3.2. - Les premiers mots 160
    2.3.3. - Les premiers gestes 163

2.4. - ATTIRER L'ATTENTION DU PROSPECT 165
    2.4.1. - À quoi s'intéresse-t-il ? 165
    2.4.2. - Être différent des autres 167
    2.4.3. - Les phrases d'accroche 169

3 – CONNAÎTRE... CO3

3.1. - POURQUOI S'INTÉRESSER AU CLIENT ? 173
    3.1.1. - Vendre = communiquer 174
    3.1.2. - Les erreurs communes et les causes d'échecs 177
    3.1.3. - Comment montrer de l'intérêt ? 178

3.2. - LA PSYCHOLOGIE DU CLIENT 180
    3.2.1. - Conscience et comportement 180
    3.2.2. - Typologie des clients 189
    3.2.3. - Les besoins fondamentaux 192
    3.2.4. - Les motivations profondes 196

Sommaire

3.3. - LA TECHNIQUE DES QUESTIONS 201
    3.3.1. - Qu'est-ce qu'une question ? 202
    3.3.2. - Pourquoi poser des questions ? 202
    3.3.3. - Différentes formes de questions 204
    3.3.4. - Quelques conseils d'utilisation 208
    3.3.5. - Exemples de questions 213

4 – COMPRENDRE... LA SUBJECTIVITÉ... CO4

4.1. - LA COMPRÉHENSION 217
    4.1.1. - Base de la communication et du dialogue 217
    4.1.2. - L'empathie ou la conscience d'autrui 218
    4.1.3. - Qui doit parler ? 220

4.2. - L'ART D'ÉCOUTER 221
    4.2.1. - La maîtrise du silence 221
    4.2.2. - L'écoute active 228

4.3. - LA TECHNIQUE DE L'ÉCHO POSITIF 232
    4.3.1. - Situation 232
    4.3.2. - Vers une définition 235
    4.3.3. - Conditions d'utilisation 236
    4.3.4. - Comment procéder ? 236

5 – CONVAINCRE... CO5

5.1. - L'OFFRE 239
    5.1.1. - Prise d'éléments 239
    5.1.2. - Rédaction de l'offre 240
    5.1.3. - Remise de l'offre 241

5.2. - ARGUMENTER, C'EST VENDRE 242
    5.2.1. - Définitions 243
    5.2.2. - Comment présenter les arguments ? 244
    5.2.3. - Quels arguments utiliser ? 249

5.3. - UNE BONNE DÉMONSTRATION 252
    5.3.1. - Pourquoi une démonstration ? 252
    5.3.2. - Objectifs de la démonstration 253
    5.3.3. - Principes d'une bonne démonstration 254
    5.3.4. - Deux fautes fréquentes 255

5.4. - ATTITUDE FACE AUX OBJECTIONS 256
    5.4.1. - Les principales objections 257
    5.4.2. - Le Zen ou la philosophie de la vente 260
    5.4.3. - Les principales techniques de réponse 265
    5.4.4. - L'objection « Prix » 273

6 – CONCRÉTISER... CONCLURE ! ... C06

6.1. - UNE ATTITUDE PERMANENTE 287
    6.1.1. - Être sûr ! 290

6.2. - LES SIGNAUX D'ACHAT 290
    6.2.1. - Quels sont ces signaux d'achat ? 291
    6.2.2. - Enregistrement et contrôle 292

6.3. - DIFFÉRENTES TECHNIQUES DE CONCLUSION 293
    6.3.1. - Techniques communes 293
    6.3.2. - La haute pression 299
    6.3.3. - Face aux demandes de remise 300

6.4. - AIDER LE CLIENT À SE DÉCIDER 300
    6.4.1. - Attitudes favorables à la conclusion 301
    6.4.2. - Conclure 302

6.5. - PRENDRE CONGÉ 304
    6.5.1. - Qui doit prendre l'initiative de partir ? 304
    6.5.2. - Quand prendre cette initiative ? 305
    6.5.3. - Comment procéder ? 305
    6.5.4. - Pourquoi réussir sa sortie ? 306

7 – CONSOLIDER LA VENTE... CO7

7.1. - LE SUIVI DE LA VENTE 309
    7.1.1. - Tenir ses promesses 309
    7.1.2. - Entretenir la confiance 310
    7.1.3. - Rendre service 310

7.2. - ANALYSER LES RÉSULTATS 312
    7.2.1. - Persévérer quels qu'ils soient ! 312
    7.2.2. - Traiter et transmettre l'information 313
    7.2.3. - Pareto et l'efficacité 314
    7.2.4. - Pareto et la rentabilité 316
    7.2.5. - Analyse des visites 320
    7.2.6. - Faire des prévisions 321

7.3. - LA PÉRENNITÉ DE LA VENTE 324
    7.3.1. - La référence dynamique ou la synergie de la vente .. 324
    7.3.2. - Vendre, c'est systématiser ! 327
    7.3.3. - Éviter de tomber dans la routine 331

POSTFACE 333
BIBLIOGRAPHIE 339

L'alchimie a fait découvrir de grandes vérités sur le grand chemin de l'imagination.

DIDEROT

Les hommes sont trop occupés d'eux-mêmes pour avoir le loisir de pénétrer ou de discerner les autres…

LA BRUYÈRE

*À ma femme et mes enfants
dont les encouragements et les conseils
me permirent d'écrire ce livre.*

Préface

Parmi ceux qui prennent la plume pour composer un traité de la vente, on peut distinguer trois familles d'esprit.

La première famille, assez répandue Outre-Atlantique est constituée de ceux qui racontent leur vie professionnelle, leurs succès et leurs échecs dans la vente, sans grand souci, bien souvent, de faire œuvre pédagogique. Leur expérience n'est pas nécessairement transposable, ni donc applicable par autrui. Même si le personnage qui se décrit est séduisant, et ses succès probants et nombreux, il ne s'agit en définitive que d'autobiographies ou de mémoires. Que peut donc en tirer le lecteur pour améliorer l'exercice de son métier ?

La deuxième famille est déjà plus intéressante, qui recrute ses effectifs parmi les universitaires et les psychologues. Il y a en eux, nous semble-t-il, une certaine fascination pour l'action, non pas exercée par eux-mêmes, mais par d'autres, par ces « aventuriers du monde économique » que sont à leurs yeux tous ceux qui, nolens volens, ont choisi d'exercer la profession de vendeur. Cependant leur analyse se fonde principalement sur l'étude et la comparaison de textes pré-existants ; elle fait montre d'une abondance de citations comme pour signaler qu'ils ne sont que les arbitres des opinions exprimées par d'autres ; la finalité de ce genre de texte semble davantage d'établir un fondement théorique, qui va jusqu'à s'évader vers l'abstraction. Et le vendeur, sur le terrain, quand il rencontre un de ces écrits, s'interroge encore sur ce qu'il pourra retenir de telles constructions.

Ils sont finalement peu nombreux ceux de la troisième famille qui, à la fois praticiens et experts de la vente, savent pourtant effacer leur propre personnage et s'efforcent de retirer de leur expérience ce qui, précisément, est transmissible et fonde leur pédagogie.

C'est l'un de ceux-là que nous accueillons dans notre collection. Pierre Rataud répond en tous points à la ligne de conduite que nous avons tracée pour celle-ci : s'ouvrir aux auteurs qui ont pratiqué avec succès l'action commerciale de l'entreprise, davantage soucieux d'exposer les méthodes que l'on peut extraire de leur expérience, plutôt que de générer des théories.

« L'Alchimie de la Vente » de Pierre Rataud vient rejoindre, au sein de la collection « Efficacité commerciale » des Éditions d'Organisation, ce qui constitue déjà le premier ensemble de livres en langue française sur la vente. Ensemble qui se veut polyphonique, plutôt que homophone, et qui n'hésite pas à s'ouvrir aux voix étrangères, dès lors qu'elles enrichissent les méthodes de perfectionnement commercial.

Que les méthodes proposées soient parfois assez différentes, voire opposées sur certains points, c'est un signe de richesse. Que les points de vue pédagogiques soient dissemblables, les uns privilégiant l'explication des phénomènes de la vente, les autres préférant apporter des solutions en prêt-à-porter, correspond sans doute à l'étagement des niveaux culturels et des attentes que l'on rencontre parmi les 600 000 à 700 000 commerciaux qui parcourent chaque jour la France entière pour annoncer et vendre les produits, les biens ou les services de leur entreprise à d'autres entreprises, aux administrations, aux associations, aux commerçants, aux particuliers.

*
* *

« L'Alchimie de la Vente » : quel beau titre ! À l'instar de l'alchimiste qui poursuivait la « transmutation du vil plomb en or véritable », cet ouvrage évoque la multiplicité des facteurs que le vendeur doit prendre en compte et maîtriser pour transmuer ces éléments disparates – organisation, comportement personnel, attention portée à l'interlocuteur, compréhension du contexte, du besoin et de la psychologie du client,

Préface

volonté d'obtenir un résultat – en accord, c'est-à-dire en échange financier. La vente crée la richesse, mieux que l'alchimiste d'antan qui n'a jamais accompli son dessein.

À défaut de la chaleureuse communication de l'auteur, que connaissent bien les participants à ses séminaires, le lecteur trouvera dans ce livre une multitude de conseils et de formules pour mener à bien chacune des étapes de la vente, depuis la préparation de la visite, jusqu'à son exploitation, en passant par la réflexion sur le secteur de vente et la clientèle confiés au vendeur, son organisation, la mise en œuvre de la prospection, la prise de rendez-vous par téléphone, la prise de contact avec le client, la prise de connaissance et la compréhension du client, l'argumentation et les réponses aux objections, la concrétisation et la consolidation de la vente.

Ce livre pratique, clair et d'un accès facile est un excellent aide-mémoire pour le vendeur soucieux de conduire méthodiquement son action et d'améliorer ses performances.

René MOULINIER

Avant-propos

Dans une période économique difficile comme celle que nous vivons aujourd'hui, on peut affirmer avec peu de risque de se tromper, que l'ère de la facilité est révolue, au moins pendant un certain nombre d'années.

Et pourtant, la lumière est au bout du chemin pour ceux qui prennent le temps de réfléchir, de revoir et remettre en cause leurs méthodes, leur organisation, leur savoir-faire et leur savoir-être.

Le monde autour de nous bouge, le changement s'accélère.

Les différentes technologies, bases de nos professions, telles que informatique, bureautique, robotique, télématique, monétique, domotique, photonique, etc. – évoluent de plus en plus vite. Les distances sont abolies pour les transports et la communication, les produits du monde entier sont à notre portée. La compétition s'est accrue tant pour les entreprises que pour les hommes.

Tous ces changements ont contribué à modifier le comportement d'achat des consommateurs et les systèmes de distribution.

Aujourd'hui, nous avons affaire à des individus plus évolués, plus instruits, mieux et davantage informés, plus réfléchis et mieux défendus, en somme à des clients avertis et plus forts.

La vente aussi a changé. Si elle est toujours masculine, elle s'est féminisée par une relation de séduction. Mais surtout, « vente-conseil », elle nécessite un développement des qualités d'écoute et d'empathie, un accroissement du professionnalisme.

Adaptabilité, autonomie, initiative, compétence et responsabilité ajoutent aux facultés humaines toujours nécessaires de volonté, de persévérance et d'enthousiasme. Le souci de qualité globale doit être permanent pour assurer la pérennité de l'entreprise et par là même de l'emploi.

POURQUOI CE LIVRE ?

Il est bien évident que beaucoup parmi les lecteurs de ce livre n'auront pas attendu de le lire pour commencer à vendre et obtenir des succès. Mais en hommes d'affaires avertis, nous devons être conscients que l'évolution de la mentalité et de la compétence des acheteurs alliée à celle des marchés, requiert du vendeur une nouvelle attitude et de nouvelles méthodes de travail.

Le vendeur ne recevra dans ce livre aucune recette magique, mais un ensemble de principes éprouvés, une approche du client et une analyse de ses besoins qui faciliteront la compréhension mutuelle dans l'intérêt réciproque.

Comprendre l'acheteur, sa psychologie et son problème, suppose que le vendeur voie tout d'abord clair en lui-même, qu'il comprenne ses motivations profondes et ses propres problèmes. Notre ambition est donc de faire réfléchir chacun sur son propre comportement, de l'aider à se voir tel que les autres le perçoivent.

Cette prise de conscience est parfois douloureuse, mais elle est nécessaire pour progresser.

Il ne s'agit pas de négliger les techniques de vente qui ont fait leurs preuves, mais de les utiliser pour mieux définir les exigences du client et surtout d'envisager une nouvelle manière d'établir nos rapports avec lui.

Cette remise en cause n'offre-t-elle pas au vendeur une perspective nouvelle et étonnante ? N'est-ce pas le meilleur moyen de s'assurer une clientèle fidèle et active, et d'accroître ses ventes ?

C'est ce qu'ensemble nous allons essayer de développer.

Avant-propos

POURQUOI L'ALCHIMIE DE LA VENTE ?

Le principe de ce livre est fondé sur le moyen mnémotechnique d'un plan concret en sept points

- CO 1 : COmmencer par se préparer,
- CO 2 : COntacter,
- CO 3 : COnnaître,
- CO 4 : COmprendre,
- CO 5 : COnvaincre,
- CO 6 : COncrétiser, Conclure,
- CO 7 : COnsolider.

Comme vous le constatez, chacun de ces mots-clés commence par les deux lettres « CO ».

Qui ne se souvient des expériences fumeuses de « labo » effectuées au collège ? Le CO 2 ne vous rappelle-t-il pas les leçons élémentaires de chimie ?

Certains vendeurs pensent que la vente est un don, d'autres un art ou une technique, voire une science comme la chimie.

Beaucoup pensent que leur genre de vente est spécifique et ne peut se plier à des règles communes, que leurs clientèles sont des entités particulières que l'on doit traiter de telle ou telle manière.

Cela est faux, toutes les formes de vente, quels que soient les produits (assurances, électroménager, informatique, mécanique, formation, hygiène, emballage, automobile, etc.) ont des points communs, des règles, des principes communs.

C'est l'application de ces règles dans le temps (la vente pouvant être courte – une visite – ou longue – un an peut-être) qui peut varier, et leur adaptation à la personnalité et du vendeur et du client – tous les individus d'un même groupe professionnel, d'une même corporation étant différents.

Toutes ces règles constituent tous les éléments d'un puzzle, jeu auquel nous pouvons comparer la vente. La vente est faite de détails, s'il manque une pièce, elle ne se concrétise pas.

Science donc, la vente, ou jeu ? Et pourquoi l'alchimie ?

Prenons la définition du Larousse : « L'alchimie était, pour les praticiens du Moyen Âge, la science par excellence, contenant les principes de toutes les autres. »

Peut-être est-ce ambitieux de considérer la vente sous cet angle, mais si l'on admet que le vendeur doit connaître les sciences humaines et certaines sciences propres à la technologie des produits qu'il diffuse, et que cet homme, tels les anciens alchimistes, est attiré par la réussite, l'argent, l'or…, alors, quelques molécules de CO, un zeste d'imagination, et l'Alchimie permet de mixer les ingrédients nécessaires à la vente.

Ainsi, *L'Alchimie de la Vente*, en un dosage méticuleux, fruit de vingt-cinq années d'expérience de vendeur et de formateur de la part de l'auteur, essaie de réunir les bases d'une méthode simple, logique et pratique.

Cependant, il faut admettre qu'il y aura toujours des exceptions, qu'aucun livre, aucune méthode, ne pourra traiter. Les règles sont faites pour les quatre-vingts pour cent de cas classiques qui peuvent se présenter. Cas courants pour les gens d'expérience, mais parfois difficiles pour des néophytes.

Enrichi des observations des dix mille participants à mes séminaires de vente et de relations humaines, avec ce livre je n'ai d'autre prétention que d'aider tous les vendeurs, qu'ils soient nouveaux ou qu'ils aient de l'expérience, qu'ils soient professionnels de la vente ou négociateurs occasionnels, à mettre en ordre leur savoir-faire et à comprendre la nécessité d'une remise en cause périodique.

Avant-propos

À client plus fort, à temps plus difficile, il faut un partenaire de vente plus fort. Souplesse d'adaptation, valeur et conscience professionnelle sont les vecteurs de la réussite, dans le sens où réussir est la capacité à se réaliser et à se dépasser. Puisse cet ouvrage y contribuer.

Note de l'auteur : entre la première édition et cette édition, 10 tirages se sont succédés et les événements sont venus conforter mes impressions et mes prévisions. Ce qui était du rêve est devenu réalité. Que les nouveaux lecteurs aient la gentillesse d'en tenir compte, car si le monde a changé, l'esprit est resté le même.

Paris le 1er juin 2003   Pierre RATAUD.

TEST 33

	OUI	NON	NOTES
1. Êtes-vous d'un tempérament plutôt « optimiste » ?			
2. Êtes-vous attiré par le contact avec les autres ?			
3. Avez-vous tendance à remettre une difficulté au lendemain ?			
4. Est-il nécessaire d'être compétent techniquement pour vendre ?			
5. Un bon vendeur peut-il vendre n'importe quoi à n'importe qui ?			
6. Est-il utile de préparer ses visites ?			
7. Si vous aviez le choix, travailleriez-vous uniquement à la commission ?			
8. Au téléphone, vendez-vous autre chose qu'un rendez-vous ?			
9. Arrivez-vous à l'heure aux rendez-vous ?			
10. Votre présentation importe-t-elle peu pourvu que vous soyez « bien dans votre peau » ?			
11. Savez-vous ce que coûte, en moyenne, une de vos visites aux clients ?			
12. Traitez-vous de la même manière tous vos clients d'une même profession ?			
13. Rendez-vous souvent des services aux clients ?			
14. Lorsque l'acheteur vous dit : « Je vous écoute », êtes-vous gêné ?			
15. Est-ce le vendeur qui doit parler le plus lors d'un entretien ?			
16. Avez-vous tendance à finir les phrases du client quand vous croyez l'avoir compris ?			

	OUI	NON	NOTES
17. Pouvez-vous perdre la vente dans les vingt premières secondes ?			
18. Vos clients doivent-ils devenir des amis ?			
19. Chacun de vos clients peut-il penser qu'il est l'unique et le plus important d'entre eux ?			
20. Êtes-vous capable de citer à l'instant les noms de vos dix meilleurs clients ?			
21. Avez-vous pour chaque visite un objectif ?			
22. Énumérez-vous tous vos arguments de peur d'en oublier ?			
23. Connaissez-vous bien les hommes de la concurrence ?			
24. Quand vous avez affaire à un client potentiel, le lâchez-vous facilement ?			
25. Quand le client réfléchit pour prendre sa décision, l'aidez-vous d'une phrase ?			
26. Lorsque vous quittez le client, analysez-vous de suite l'entretien ?			
27. Quand vous enlevez une affaire, allez-vous de suite prospecter ?			
28. Êtes-vous capable de dire ce que vous allez faire dans les trois mois à venir ?			
29. Quand le client fait une objection, essayez-vous de lui prouver le contraire ?			
30. Dit-on de vous que vous êtes un beau parleur ?			
31. Accordez-vous beaucoup d'attention aux détails ?			
32. Osez-vous demander une introduction à chaque visite faite ?			
33. Êtes-vous capable de remettre en cause vos méthodes de travail ?			
TOTAL			

Réponses au TEST 33

Pour établir votre score, comptez-vous un point pour toute réponse

OUI aux questions 1, 2, 4, 6, 7, 9, 11, 13, 17, 19, 20, 21, 23, 26, 27, 28, 31, 32, 33 et pour toutes réponses NON aux autres questions.

De 28 à 33 points, inutile de lire ce livre, vous êtes déjà un vendeur expérimenté... Revendez-le !

De 20 à 28 points, vous avez sans conteste des aptitudes pour la vente, cependant la lecture de ce livre peut vous être profitable.

De 10 à 19 points, vous aimez la vente, mais n'hésitez pas à vous perfectionner.

À moins de 10 points, lisez attentivement ce livre, réfléchissez et refaites ce test, et, selon le résultat, prenez la décision qui s'impose.

1
Commencer... C01

... Par s'interroger

... Par s'organiser

... Par se préparer

... Par prospecter

1 1 COMMENCER PAR S'INTERROGER
SUIS-JE FAIT POUR LA VENTE ? – LES PRINCIPALES QUALITÉS REQUISES – QU'EST-CE QUE VENDRE ? – QUELLES SONT LES MISSIONS DU VENDEUR ?

Pourquoi se poser des questions ?

Aujourd'hui, tout évolue plus vite, le changement s'accélère et la compétition devient de plus en plus rude, nous entrons dans le troisième millénaire.

C'est pourquoi les entreprises recherchent toutes les meilleurs vendeurs. Regardez les petites annonces, dans le contexte difficile de l'emploi, les recherches les plus nombreuses concernent les « bons vendeurs ».

Mais il ne faut pas seulement être bon aujourd'hui, il faut pouvoir être meilleur et le rester demain.

Voilà pourquoi le bon vendeur doit s'interroger.

– **Le monde bouge** : les peuples progressent, produisent, exportent, les rapports de forces économiques changent, de nouveaux marchés s'ouvrent, d'autres se ferment, les télécommunications raccourcissent les distances, la notion d'espace-temps se transforme.

– **La durée de vie des produits** est liée à l'évolution même des techniques, qui obligent à une adaptation des méthodes de fabrication et de commercialisation.

– **Le temps** est de plus en plus court entre la découverte d'un phénomène physique et son exploitation industrielle, ceci entraîne une obsolescence plus rapide des produits. Exemple : il fallut 112 ans pour exploiter la photographie et seulement 5 ans pour exploiter le transistor à dater de leur découverte respective. Cette observation explique que certaines entreprises conservent dans leurs cartons de nouveaux produits, plus avancés techniquement et moins chers, parce que la gamme précédente n'est pas écoulée ou pas amortie.

– **Les clients changent** aussi, leurs goûts et leurs besoins, influencés par les modes et les médias. Les acheteurs sont de mieux en mieux informés et formés. Ils sont devenus des spécialistes, des professionnels avertis, sollicités par une concurrence de plus en plus nombreuse et de plus en plus pointue.

– **Les méthodes de distribution** se transforment sous l'impulsion de la concurrence, de l'abaissement des prix pour certains produits, de l'amélioration des systèmes de gestion, de l'organisation des consommateurs, etc.

Face à ces évolutions, le **vendeur moderne** doit s'adapter et devenir un **vrai professionnel**, aux compétences et aux responsabilités accrues. Dans un monde en perpétuel mouvement et devant des ventes plus difficiles, il doit remettre en cause ses qualités personnelles, les affiner, les développer.

1 1.1 Suis-je fait pour la vente ?

Pourquoi se poser en premier lieu cette question ?

Commencer... CO1

Dans son livre L'Amélioration du travail des cadres, Bruno Gentil[1] nous décrit les facteurs de l'efficacité par ce graphique :

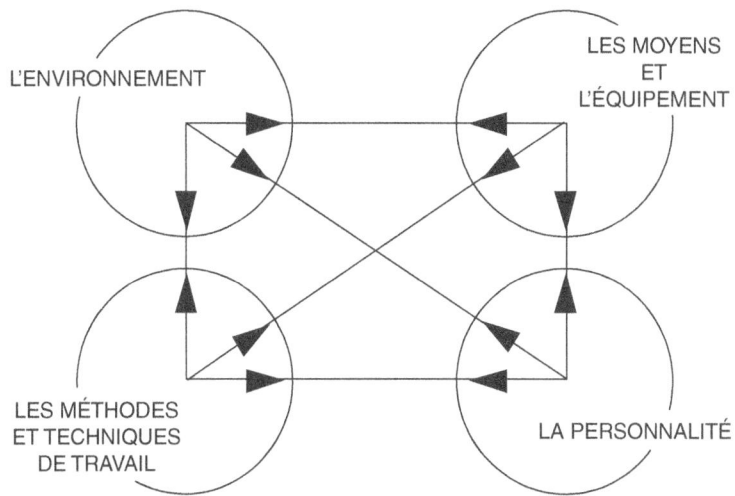

Et il fait les observations suivantes (pages 55, 59, 61 et 65) :

« Le réflexe immédiat est de mettre sur le dos de l'environnement, c'est-à-dire des "autres", la responsabilité du mauvais rendement de notre travail ou d'une situation difficile... Une attitude très courante également, j'ai pu le constater, est de regretter amèrement l'insuffisance, voire le manque de moyens... »

« Déçus par le peu d'action qu'ils peuvent avoir sur les deux premiers facteurs, les cadres vont chercher à se rattraper sur les méthodes de travail... Mais combien de gens se sont découragés parce qu'ils ont essayé, sans succès, de pratiquer une méthode qui ne leur convenait pas ! »

« C'est une affaire de jugement, de connaissance de ses limites et de ses caractéristiques et c'est là que le quatrième facteur va jouer tout son rôle. »

---
1 - Bruno Gentil : L'amélioration du Travail des Cadres (Hachette).

Bien sûr, il n'est pas question de minimiser l'importance d'aucun des trois autres facteurs, mais pourquoi ignorons-nous si souvent la portée de la méconnaissance de notre propre personnalité ?

C'est la raison pour laquelle, si nous devions effectuer un classement des facteurs de l'efficacité, je mettrais en Numéro 1 : « La connaissance de soi-même ».

Dans le travail de la vente, il est indispensable de connaître ses limites, son rythme, ses possibilités, et avant d'aller plus avant, il y a certaines vérités que nous devons accepter :

1 – Tous les vendeurs ont leurs forces et leurs faiblesses ;

2 – Nous sommes les **derniers** à reconnaître nos propres faiblesses ;

3 – Un effort constant est nécessaire de notre part pour devenir plus forts et vaincre nos faiblesses ;

4 – Nous avons besoin de connaître les éléments nécessaires pour devenir de bons vendeurs.

Revenons à notre question initiale : suis-je fait pour la vente ?

Il est évident qu'il faut avoir en soi, au départ, certaines dispositions, comme par exemple être attiré par le contact humain. Mais il faudrait détruire certains mythes qui se perpétuent et qui proclament qu'il faut être né vendeur. Qui sait, avant que de l'avoir pratiqué, qu'il sera expert en tel ou tel métier ? C'est l'exercice de la fonction qui révèle les qualités de professionnel de chacun.

Il est vrai que quelques individus naissent doués plus particulièrement pour certains ouvrages ou certains arts, mais à chaque génération nous les comptons sur les doigts de la main. D'ailleurs, faites-en l'expérience, demandez à l'un de vos amis, vendeur de profession, de vous citer cinq noms de célèbres négociateurs : vous constaterez son embarras, car beaucoup sont anciens et nos contemporains ne sont pas tous encore reconnus. Pour mémoire, connaissez-vous Dale

Commencer... C01

Carnegie, Frank Bettger, Marcel Chapotin, Heinz Goldmann, Gustav Kaser ?

Heureusement, il existe beaucoup d'hommes qui, attirés par le métier de vendeur, sont capables de faire les efforts nécessaires pour devenir de « bons vendeurs ».

Ils possèdent en eux, à l'état embryonnaire, des dispositions qui doivent être révélées, cultivées, perfectionnées.

Encore faudrait-il s'entendre sur la notion de « bon vendeur ».

Qu'est-ce qu'un « bon vendeur » ?

De quel genre d'homme ont besoin les entreprises ?

Est-ce le baratineur, le beau parleur ? Est-ce celui qui vendrait n'importe quoi, n'importe comment, à n'importe qui ?

Si l'on raisonne à long terme au niveau de l'entreprise, comme au niveau de l'individu, ce n'est pas ce genre de comportement qu'il faut adopter.

Ce type de vendeur avait encore sa raison d'être dans les années 1960-1970, période de la « vente-produit », voire dans les années 1970-1980, période dite de la « vente-service » (le produit avec des +)... Mais aujourd'hui et à plus forte raison dans les années à venir, c'est la « vente-conseil » qu'il faut pratiquer.

Quand on dit d'un vendeur qu'il serait capable de vendre n'importe quoi, en réalité c'est qu'il serait capable de s'adapter à différents produits, à différentes situations, pour chaque fois devenir un professionnel averti dans sa branche d'activité.

Cette adaptation doit permettre au vendeur d'être capable de vendre bien, beaucoup, longtemps dans un même secteur, à la satisfaction réciproque de son employeur, de ses clients et de lui-même. C'est cela un bon vendeur.

Par conséquent, pour vous, qui vous posez cette question: « Suis-je fait pour la vente ? Ai-je une chance de réussir dans ce métier ? », vous trouverez la réponse en vous-même après la lecture de ce livre. Après avoir analysé les qualités nécessaires, les avoir comparées aux vôtres. Après avoir pris connaissance des disciplines nécessaires à la réussite de l'entreprise « vente ».

Ainsi vous poserez-vous par la suite beaucoup d'autres questions, comme :

– Suis-je un homme méthodique, bien organisé, ou que dois-je faire pour le devenir ?

– Suis-je un homme courageux, travailleur, persévérant, accrocheur ?

– Ai-je un tempérament plutôt optimiste ou plutôt pessimiste ?

– Est-ce que le contact des autres me plaît ou m'ennuie ?

– Que dois-je faire pour améliorer ma présentation ?

– Suis-je suffisamment compétent pour vendre les produits qui m'attirent ?

– Suis-je capable d'être autonome, responsable ?

– Suis-je ambitieux ? Ai-je envie de me dépasser ? Etc.

Observons donc, si vous le voulez bien, pour débuter, les qualités qui font ou ont fait les champions de la vente, les vertus qui font rêver tout responsable commercial et surtout ne nous berçons pas d'illusions : le surhomme n'existe pas.

Prenons simplement la décision de dire : « Qu'ai-je dans tout cela et que puis-je améliorer sensiblement ? ».

> *Rien n'empêche tant d'être naturel que l'envie de le paraître.*
>
> LA ROCHEFOUCAULD

1 1.2 Les principales qualités requises

LA PERSONNALITÉ – L'ENTHOUSIASME – LA PERSÉVÉRANCE – ÊTRE ORGANISÉ, MÉTHODIQUE – ÊTRE PSYCHOLOGUE – LA COMPÉTENCE – ÊTRE SOI-MÊME – L'OPTIMISME – HONNÊTETÉ, LOYAUTÉ – LA PRÉSENTATION – UN GAGNEUR – UN HOMME FORT – L'ESPRIT D'INITIATIVE.

1 1.2.1 La personnalité

La personnalité d'un individu est quelque chose de très complexe et ce livre n'étant pas un traité de psychologie, je n'en donnerai pas une définition scientifique, d'autant que les définitions sont multiples et varient selon les auteurs.

Disons simplement que la personnalité est composée de facteurs innés, héréditaires, qui déterminent certaines aptitudes, et de facteurs sociaux qui, au fil des ans, nous modèlent et nous transforment. C'est l'influence du milieu familial, scolaire, professionnel, social, etc.

En un mot, la personnalité, c'est ce qui nous différencie des autres personnes.

Pour un vendeur, c'est là le principal outil. Ne dit-on pas qu'il faut commencer par « se vendre soi-même » ? N'est-ce pas au travers de l'homme de vente que le client perçoit l'entreprise, ses produits, ses services ?

Il est donc primordial pour le vendeur de développer sa personnalité, c'est-à-dire son rayonnement, son influence.

Entendons-nous bien : il n'est pas question de devenir des robots, des stéréotypes, des mimes, des copies de tel ou tel modèle. C'est la crainte de nombreuses personnes, et c'est un barrage psychologique énorme à leur amélioration personnelle.

Disons-le tout de suite, celui qui ne veut pas, ou ne peut pas, faire l'effort de compréhension nécessaire à l'évolution de sa personnalité, ferait mieux de ne pas embrasser cette carrière.

L'alchimie de la vente

Ainsi que je le disais plus haut, la personnalité est composée de facteurs hériditaires qui sont immuables et que, bien sûr, nous ne changerons jamais (par exemple, notre tempérament et en partie notre caractère, car il est influencé par les facteurs sociaux et notre environnement de vie).

Alors, que pouvons-nous modifier pour développer notre personnalité ?

La réponse est simple : modifier nos attitudes et notre comportement.

Attitudes et comportement font partie intégrante de notre personnalité et en sont le reflet. Ils déterminent le comportement des autres à notre égard et la perception qu'ils ont de nous-même.

Réfléchissez : pourquoi dit-on d'un homme qu'il a de la personnalité ?

Qu'il ait ou non ouvert la bouche, c'est que nous ressentons son influence, son rayonnement ; il a du poids.

C'est ce poids dans la négociation que tendra à nous faire atteindre le développement des qualités suivantes.

Ces qualités vous paraîtront nombreuses et elles le sont. Mais ne vous effrayez pas, un individu ne peut toutes les posséder. Il existe des vendeurs de toutes sortes et de toutes origines qui réussissent.

J'attirerai seulement votre attention sur cinq qualités fondamentales, cinq qualités qu'il faut posséder pour réussir dans la vente. Ces qualités, je les ai retrouvées, au long des années, chez tous les vendeurs qui ont réussi partout où ils sont passés, chez des vendeurs que j'ai pu suivre, revoir, interroger, admirer.

---

ces cinq clés sont :
*l'enthousiasme, la persévérance, la méthode,
la psychologie, la compétence.*

L'ordre importe peu, l'important est de les cultiver toutes. Ensuite, choisissez parmi les autres celles qui correspondent le mieux à vos

Commencer... CO1

aspirations, à votre branche d'activité, à l'entreprise que vous représentez, à la clientèle que vous approchez, en ne perdant pas de vue que le mieux est toujours l'ennemi du bien et que le parfait n'est pas de ce monde.

Ainsi que le disait Picasso : « J'ai peur devant le parfait »...

1.2.2 L'enthousiasme

« Je crois fermement que l'enthousiasme est à lui seul, et de loin, le facteur le plus important pour réussir dans l'art de vendre[1]. »

Cette phrase de Frank Bettger, champion de la vente en Assurances, nous montre que beaucoup de choses ont été dites ou écrites sur le sujet.

Mais qu'est-ce que l'*enthousiasme* ?

Voici quelques définitions relevées dans le dictionnaire de Paul Robert : « *Se dit de cet état privilégié où l'homme, soulevé par une force qui le dépasse, se sent capable de créer.* » « *Émotion poussant à agir.* » « *Émotion poussant à admirer.* » « *Émotion se traduisant par une excitation joyeuse.* »

L'enthousiasme est une sorte de passion communicative, passion que Pasteur appelait « Dieu intérieur ». Il induit chez les autres un phénomène similaire, **il entraîne l'adhésion**. N'est-ce pas ce que nous souhaitons dans la négociation ? Les paroles ont leur importance, mais la façon dont on les prononce en a pour le moins autant. La manière de passer le message compte autant que le message lui-même, la forme vaut le fond.

Mettez de la vie, de la flamme dans vos actes et dans vos paroles, et vous transformerez vos contacts. Car la vente est faite de contacts humains. C'est pour cela qu'elle est toujours passionnante, même si le produit vendu n'a rien d'enthousiasmant en lui-même. Ce

---

1 - *Voir bibliographie.*

qui est captivant, ce sont les réactions, les questions, les réticences de l'interlocuteur, notre découverte, notre argumentation et l'assaut final.

La véritable motivation d'un vendeur doit être le goût de la victoire, la satisfaction du triomphe. On n'est jamais trop passionné dans ce métier pour le produit que l'on vend, pour l'entreprise que l'on représente.

Comment devenir enthousiaste ?

Bien que pour certains ce soit un don inné, il est possible pour les autres de développer cette faculté. Il n'existe qu'une seule règle **pour devenir enthousiaste, agissez en enthousiaste,** croyez en vos propres possibilités.

L'enthousiasme viendra naturellement comme le résultat d'un travail soutenu, d'une bonne connaissance des produits et de l'habileté à les présenter, de l'emploi de méthodes éprouvées. Un entraînement constant accroît la force de persuasion, l'aptitude à conclure, l'action dynamique entretient et développe notre enthousiasme.

Si vous voulez que votre enthousiasme soit contagieux, devenez un générateur d'enthousiasme !

Mais attention à l'enthousiasme forcé, il se sentira et n'aura aucun effet sur votre interlocuteur.

Je ne pourrai mieux conclure ce thème qu'en citant le conseil de Dale Carnegie :

« Prenez la ferme résolution de doubler l'enthousiasme que vous avez mis jusqu'à présent dans votre travail et dans votre vie. Si vous appliquez cette résolution, vous doublerez probablement vos revenus et votre bonheur »

1.2.3 La persévérance

> La persévérance est au courage ce que la roue est au levier : c'est le renouvellement perpétuel du point d'appui.
>
> VICTOR HUGO

« Persévérer, c'est continuer de faire, d'être ce qu'on a résolu, par un acte de volonté toujours renouvelé. » *(Le Robert).*

Vous laissez-vous décourager par quelques échecs successifs ? N'y a-t-il pas des moments où vous commencez à douter de vous-même ? À douter d'avoir choisi la bonne voie ?

S'il en est ainsi, rassurez-vous, vous n'êtes pas le seul. Beaucoup de grands savants ont connu ces moments de dépression avant leur découverte ; Edison lui-même n'a-t-il pas échoué dix mille fois avant d'inventer la lampe électrique à incandescence ?

Et beaucoup de bons vendeurs, sinon tous, passent par ces périodes de vague à l'âme. Les hauts et les bas du moral sont le lot de tout un chacun dans la vente, c'est cyclique.

D'autant plus cyclique que beaucoup de vendeurs sont des inquiets. La crainte de l'échec est commune à beaucoup de personnes. Les difficultés existent, il ne faut certes pas les ignorer, mais **il ne faut pas les grossir** et en avoir peur. Elles sont faites pour être vaincues et entretenir l'optimisme.

Le vendeur doit faire preuve de courage et surmonter ses faiblesses.

Le courage pour le vendeur, ce n'est pas seulement surmonter les difficultés, c'est savoir les analyser, en tirer les enseignements et repartir de pied ferme, recommencer.

Le courage, c'est de se lever, partir, voir du monde, parfois fatigué, voire même déprimé. C'est faire appel à sa volonté pour que l'enthousiasme resurgisse.

L'alchimie de la vente

La persévérance, c'est ce courage renouvelé chaque jour, ce travail de fourmi, la ténacité dans l'effort qui fait s'accrocher à toutes les affaires à partir du moment où nous avons décidé de les mettre dans notre collimateur.

Les entreprises savent très bien qu'elles ne peuvent pas bâtir leur réussite sur quelques vendeurs « brillants ». Elles s'appuient sur la masse des « courageux », des « travailleurs », des « accrocheurs » qui peuvent leur assurer un chiffre régulier, sûr. Elles s'appuient sur du solide.

Ce ne sont pas que les trombes d'eau, les orages, les cyclones qui usent la roche de la falaise, ce sont surtout les assauts des vagues répétés inlassablement.

Bien sûr, c'est au début de la carrière que les doutes nous assaillent le plus, que le courage est le plus nécessaire, car il faut faire ses preuves, et le plus vite possible. Il est clair que la réussite entraîne la réussite et la confiance en soi. Aussi est-ce pour de jeunes amis vendeurs ou débutants dans le métier que je vais vous citer cet exemple personnel.

C'était mon tout début dans le métier de vendeur. J'avais quitté une situation stable, technique, bien rémunérée, pour aller vendre des machines comptables chez un constructeur connu, payé entièrement à la commission. J'avais bien sûr un quota à réaliser sur l'année. Mon prédécesseur, très bon vendeur, ayant eu une promotion, me laissa un territoire bien travaillé, trop bien peut-être, car je dus reconstituer totalement le fichier et repartir sur des bases de prospection nouvelles.

Il fallut neuf mois pour décrocher enfin ma première grosse affaire à la mairie de S... Lorsque le secrétaire général de cette mairie me téléphona pour m'annoncer que le conseil municipal avait choisi mon matériel, j'en pleurai.

Vous rendez-vous compte ? Neuf mois, le temps de gestation d'un enfant. Combien de fois le doute m'avait envahi : « *Suis je fait pour ce métier ? Où ai-je entraîné ma famille ?* »

Mais **la volonté de vaincre,** de se prouver à soi-même ses capacités, avait enfin donné des résultats.

Et vous connaissez la fameuse loi des séries : dans le trimestre qui suivit, les affaires se mirent à tomber, résultat du travail de l'année, et mon quota fut largement dépassé.

Si cette anecdote a pu vous montrer que la constance dans l'effort et une grande patience peuvent mener vers le succès, alors elle aura rempli sa mission.

1.2.4 Être organisé, méthodique

> *Il n'est rien de plus précieux que le temps, puisque c'est le prix de l'éternité.*
>
> BOURDALOUE

Nous avons vu dans le précédent thème que la quantité de travail était importante pour réussir dans la vente. Certes, mais est-ce suffisant ? Comme pour tout travail, la qualité est également primordiale.

Comment concilier quantité et qualité dans la vente ? Comment trouver le temps de tout faire et de le faire bien ? Car nous sommes au siècle de la course contre la montre.

Le seul moyen efficace est de s'organiser, d'être méthodique. En effet, nous connaissons tous des vendeurs actifs, courageux, mais dont les résultats ne sont pas en rapport avec le travail fourni. Ils confondent activité et fébrilité, se dispersent, refont deux fois la même chose, en oublient d'autres, etc. En gâchant leur temps, ils gâchent leurs chances de trouver de nouveaux clients, d'augmenter leur chiffre d'affaires.

Le vendeur « artiste » est une légende tenace. Les bons artistes travaillent, répètent, s'organisent ou s'offrent des « managers » pour diriger leurs activités. Les meilleurs vendeurs sont tous des hommes super-organisés.

Ce sont des hommes conscients de leur mission, de la politique de leur entreprise, de leurs objectifs dans le cadre de cette politique, de leur marché par rapport au secteur et par rapport aux produits, des hommes conscients de la gestion de leur temps d'une manière rationnelle.

Ce point est tellement important que je lui réserve le prochain chapitre et vous invite d'ores et déjà à y consacrer le « temps » de lecture nécessaire.

1.2.5 Être psychologue

C'est peut-être là un bien grand mot, galvaudé, qu'il nous faut démythifier. Beaucoup se piquent de psychologie, de caractérologie, de thérapie, de... vouloir connaître les autres, alors qu'ils ne se connaissent pas eux-mêmes.

Si j'emploie ce terme, c'est parce qu'il recouvre pour le vendeur un ensemble de qualités, de dispositions mises en évidence surtout depuis une dizaine d'années, par l'application des découvertes psychologiques à la vente, au management, aux relations humaines.

Être psychologue, c'est être apte à comprendre, à prévoir les comportements, apte à connaître les sentiments, les états de conscience d'autrui.

Être vendeur, n'est-ce pas comprendre les désirs, les motivations, connaître les besoins, qui déterminent les comportements d'achat ? L'aspect relationnel dans le métier de vendeur prend une grande part, la qualité du contact, le rayonnement personnel de l'homme, sa compréhension de l'autre, sa générosité, sa diplomatie, son désir d'aider, sa chaleur, sa maîtrise sont autant d'éléments qui se regroupent dans ce qu'on appelle **le sens de l'humain**.

Aux chapitres relatifs à la négociation, vous retrouverez développés ces différents critères de la personnalité du vendeur. De même, au chapitre « La Psychologie du client », sera abordée la typologie des clients, tout en sachant pertinemment qu'une encyclopédie serait nécessaire afin de connaître les différents genres de clients possibles.

1.2.6 La compétence

Le Bon vendeur doit bénéficier d'une triple compétence technique :

– connaissance technique de la branche d'activité (produits, marché, concurrence, clientèle, applications, technicité particulière, etc.) ;

– connaissance technique de la vente (méthodes d'organisation, d'approche de la clientèle, de prospection, de négociation, de suivi, de relance, de démonstration, etc.).

– connaissance technique de gestion et d'économie, c'est-à-dire être capable d'appréhender les problèmes de son entreprise et de ses clients sur un plan financier, afin de s'adapter aux évolutions et de parler le langage d'un homme d'affaires.

Un professionnel de la vente possède cette triple compétence, car aujourd'hui, il faut pouvoir conseiller son client, quel que soit le type de vente.

Si c'est un bon technicien de sa branche, mais un piètre technicien de la vente, le représentant ne songera qu'à parler technique, à montrer sa compétence technologique et il oubliera souvent de conclure.

Si, par contre, l'homme est bon vendeur, mais piètre technicien, il réussira à faire illusion un certain temps, mais petit à petit sa crédibilité s'effritera par son inaptitude à répondre à des questions concrètes.

retenez bien ceci : aujourd'hui, on ne vend pas seulement un produit, mais aussi un service.

Prenons un exemple : tous les chocolats se ressemblent ou presque, ce qui fait la différence à la vente, c'est l'emballage et la manière de les présenter. En faisant une analogie avec la vente, le vendeur doit être compétent en chocolats (technologie produit) et compétent dans l'art de l'emballage et de la présentation (technique de vente).

D'ailleurs, le « bon vendeur » choisit la catégorie de produits qu'il aimerait vendre, fait toujours les efforts nécessaires pour acquérir une technicité élémentaire dans cette branche, et toujours les efforts volontaires d'une remise en cause de ses méthodes de vente.

La compétence est certainement l'une des rares qualités que tout vendeur peut acquérir par la connaissance et l'expérience, mais elle nécessite une grande vigilance car l'obsolescence est rapide dans les branches techniques, et la routine une grande faucheuse, mauvaise conseillère de trop nombreux vendeurs dits « chevronnés ». Il faut chaque année repenser les principes dont dépend notre activité professionnelle.

1.2.7 Être soi-même

Soyez naturel, soyez vous-même, c'est le meilleur conseil que vous puissiez suivre et donner.

Le fait de devenir un vendeur, un négociateur, ne change pas un homme. N'imitez pas d'autres vendeurs, n'essayez pas de passer pour quelqu'un d'autre. C'est là d'ailleurs une chose que vous ne pourriez faire de façon naturelle et qui fausserait votre personnalité.

Rappelez-vous que les personnes que vous respectez, que vous admirez, qui vous impressionnent le plus sont celles qui savent être naturelles, qui savent rester toujours elles-mêmes.

Alors, me direz-vous, comment rester naturel tout en essayant d'adopter de nouveaux principes, de développer ses qualités ?

N'est-ce pas là notre crainte, notre peur du stéréotype ?

Cette peur serait justifiée si nous versions dans le mimétisme. Mais rappelez-vous mon conseil : développez les méthodes et les idées qui vous conviennent le mieux, celles qui correspondent le mieux à votre personnalité, à l'image que vous vous faites de vous-même, à l'idéal que vous désirez atteindre.

Mais attention, ne modifiez pas tout ce qui vous plaît d'un coup, ne bouleversez pas votre comportement, vos méthodes de travail. Procédez à la manière de Benjamin Franklin : choisissez une idée, appliquez-la systématiquement durant un mois, par exemple, jusqu'à ce qu'elle devienne une bonne habitude, une seconde nature, puis recommencez avec la deuxième idée et ainsi de suite.

Durant cette expérience, il vous faudra accepter le fait de « ne pas paraître naturel ».

Je m'explique : changer une habitude est quelque chose de très difficile, et il vous semblera au début de l'application d'une idée que vous êtes gauche, maladroit, que tout le monde devine vos intentions, que vous devenez moins bon, moins efficace, en un mot que vous n'êtes plus naturel.

C'est tout à fait normal, logique. Faites-vous du sport ? Alors, vous comprendrez facilement l'analogie. Les personnes qui ont appris à faire du ski ou du tennis, par exemple, par leurs propres moyens, le savent très bien. Un beau jour, elles atteignent leurs limites, elles plafonnent et décident de prendre des cours avec un professeur. Celui-ci commence par leur faire perdre les mauvaises habitudes acquises dans l'amateurisme, les mauvais gestes, les mauvaises positions, et que se passe-t-il ? Le joueur a l'impression qu'il joue plus mal qu'avant de prendre les cours. Mais avec l'aide de son mentor, il persévère et, petit à petit, le bon geste remplace le mauvais, la position devient meilleure, le jeu devient plus efficace, **naturellement**, les limites sont reculées, les performances améliorées.

Il faut accepter de passer par ce stade de régression et persévérer pour pouvoir se dépasser. C'est un peu comme l'athlète qui prend du recul pour mieux sauter l'obstacle, sauter plus loin, sauter plus haut.

Une autre image qui illustre bien cette idée, c'est la célèbre danse d'Echternach, au Luxembourg, composée de « deux pas en avant, un pas en arrière ». Dans la vente, c'est pareil, on progresse pas à pas avec parfois quelques pas en arrière.

1.2.8 L'optimisme

> Le pessimisme est une affaire d'humeur, l'optimisme est une affaire de volonté.
>
> ALAIN

Pour être enthousiaste, soyez optimiste !

Il n'est pas question ici d'un optimisme béat, d'irréalisme ou d'utopie. Il est question d'une certaine manière d'être, d'une certaine façon de voir les choses.

« C'est une tournure d'esprit qui dispose à prendre les choses du bon côté, en négligeant leurs aspects fâcheux. C'est un sentiment de confiance heureuse, dans l'issue, dans le dénouement favorable d'une situation particulière... » *(Le Robert).*

Combien de gens passent un temps précieux à parler de ce qui ne va pas, à regretter de n'avoir pas fait, à dénigrer, à se plaindre, à chercher de vains alibis, en un mot à se détruire à petit feu plutôt que de se tourner délibérément vers l'avenir après avoir goûté l'instant présent.

Dans les couloirs de toute entreprise, nous croisons ces gens gris, ternes, oiseaux de mauvais augure, qui se complaisent dans le négativisme, dans le défaitisme, dans le « ça ne va jamais bien ». Quel gâchis, quelle énergie perdue, que de lampes mises en veilleuse...

Si ces rancœurs, ces agressivités étaient mises au service de l'efficacité, que de montagnes seraient soulevées !

Ce qui est vrai pour tout individu dans sa vie privée comme dans sa vie professionnelle, devient impératif pour celui qui a choisi d'être vendeur. Il ne peut jouer les miroirs à deux faces, c'est-à-dire tantôt être gai, aimable, enthousiaste et tantôt être triste, apathique, agressif.

Commencer... CO1

Sa personnalité doit refléter l'optimisme en permanence, pour ce jour, pour demain, pour sa famille, pour ses produits, pour son entreprise et pour l'avenir de son pays.

Pour illustrer mon propos, je vous rappelle le vieil exemple de la bouteille que l'on voit, selon sa forme d'esprit, à moitié vide ou à moitié pleine. C'est cette vision des choses qui détermine le comportement et l'action de l'homme face à chaque événement et la réaction de ceux qui subissent son influence.

Vous connaissez certainement l'histoire de ces deux représentants envoyés par leur patron, fabricant de chaussures, pour prospecter l'Afrique. Huit jours plus tard, le premier représentant envoie son rapport : « Rien à faire dans ce pays, ils marchent tous nu-pieds – stop – Je rentre par le prochain bateau. » Deux jours plus tard, l'entreprise recevait le rapport du second représentant : « Marché formidable ! Ils marchent tous pieds nus. Je recherche bons distributeurs. Envoyez échantillons. »

Comme vous le voyez, il n'y a jamais de situations complètement négatives. L'optimisme sait nous faire découvrir le bon côté d'un événement, les bonnes dispositions d'un interlocuteur, des opportunités.

Le danger, pour le vendeur, est de se laisser entraîner par le pessimisme du prospect. En effet, le prospect ou le client sont toujours plus ou moins pessimistes : **ils cherchent les raisons pour ne pas acheter.** Ils invoquent la mauvaise marche des affaires, le mauvais temps, l'inflation, le chômage, les élections, les vacances, la concurrence, le stock, le… etc., qui finissent, par la répétition, à le persuader, à le convaincre lui-même.

Le vendeur ne doit pas se laisser influencer par cette stratégie de défense, il ne doit pas tomber dans le piège de ces « fausses barbes noires ».

Le vendeur doit être persuadé que dans les pires périodes économiques, il y a toujours des hommes d'affaires qui s'en sortent, qui réussissent. Il faut faire partie de ceux-là. Et pour cela adopter la mentalité et l'attitude d'un homme d'affaires, ferme, décidé, volontaire, confiant dans sa bonne étoile. Un homme d'affaires qui sait tirer partie de ses échecs pour engendrer de futures victoires, parce que tout le stimule et le fait sourire à la vie.

1.2.9 Honnêteté, loyauté

Voilà une qualité qui va laisser bien des apprentis vendeurs perplexes : être honnête.

La réputation des vendeurs, de certains vendeurs, pourrait bien battre en brèche cette affirmation. Mais dans ce livre, quand je parle de vendeur, je ne parle pas du camelot ou de vente à la tire. Vous le savez, je parle du professionnel. Est professionnel l'homme de métier, l'homme d'affaires.

Or, en affaires, tous les vendeurs expérimentés vous le diront, les relations commerciales sont basées sur une sincérité et une honnêteté incontestables.

Comment traduire cette honnêteté ?

Aucun produit n'étant parfait, pourquoi masquer l'éventuel défaut, pourquoi nier l'absence de telle ou telle caractéristique ? Vous aurez toujours à mettre dans la balance de nombreux avantages : alors, exposez franchement et directement les faits. Et si la vérité a l'air d'un mensonge, taisez-vous.

Un critère de loyauté, vis-à-vis du client : **tenir ses promesses.** Il est navrant de voir nombre de vendeurs insouciants, faire de fallacieuses promesses dans l'euphorie de la négociation et dès l'accord obtenu oublier totalement leurs engagements.

Cette inconséquence est préjudiciable à double titre : c'est un manque de loyauté et d'honnêteté vis-à-vis du client, mais c'est aussi un manque de loyauté vis-à-vis de l'entreprise et qui peut à terme donner à celle-ci une réputation néfaste.

Commencer... CO1

À terme, rapidement, parce que les mauvaises réputations sont comme les calomnies, des bruits qui courent vite, s'infiltrent partout, et qu'il est très difficile d'étouffer.

Par contre, les bonnes réputations sont longues à établir, mais sources d'affaires durables et profitables pour les deux parties.

la loyauté fait naître la fidélité

Une autre forme de loyauté est celle que nous devons à notre entreprise en donnant le meilleur de nous-même pour notre travail. Car si une réputation suit un produit, une entreprise, une marque, elle suit aussi les hommes.

1.3.0 La présentation

Sujet controversé s'il en est, n'en faisons pas un conflit de génération.

Réfléchissons seulement quelques instants ensemble.

Qu'on le veuille ou non, lorsque deux individus se rencontrent, ils ont automatiquement l'un de l'autre une impression qui les amène malgré eux à porter un jugement. Cette première impression conditionne l'entretien et influe sur le résultat de la négociation.

S'il est rare de gagner une vente dans les premières secondes de l'entretien, il est fréquent de la perdre.

C'est pourquoi nous devons faire attention à notre présentation physique et vestimentaire.

Un bon vendeur est attentif à son physique, au soin apporté à ses mains (attention aux mains moites et aux ongles en deuil), à sa coiffure (on peut avoir des cheveux longs, mais soignés), à sa transpiration (il existe de bons déodorants), à son haleine. Il évite de donner l'impression d'un homme fatigué, las.

Le bon vendeur sait trouver le juste milieu pour le choix de sa tenue vestimentaire. Si le costume et la cravate sont toujours recommandés, il est malgré tout toléré quelque décontraction dans les régions ensoleillées. Une chose est certaine, le classique passe-partout, ne gêne personne, tandis que l'excentricité choque, irrite.

N'oublions pas l'appellation de « représentant » : le vendeur est l'ambassadeur de sa société et se doit d'être mieux que ce que l'autre attend. C'est aussi lui marquer la considération qu'il est en droit d'attendre de son visiteur.

Peut-être nous sentons-nous bien dans notre tenue préférée, mais l'important n'est pas l'image que nous avons de nous-même, mais l'image perçue par notre interlocuteur. Un jour, un vendeur me fit la réflexion suivante : « Je mets une cravate rouge pour que le client se souvienne de moi. » Ma réponse fut la suivante : « Votre personnalité n'est-elle donc pas suffisante pour marquer sa mémoire ? »

Notre originalité ne réside-t-elle pas dans notre personnalité ?

En matière de tenue, de nombreux vendeurs me citent en exemple les cadres américains, décontractés, en chemise, col ouvert et manches relevées... dans leur bureau. J'ai travaillé pendant sept ans pour une entreprise américaine, et je puis vous dire qu'il est vrai que l'on rencontre une grande décontraction, **mais à l'intérieur de l'entreprise elle-même.** Qu'un « représentant » américain frappe à la porte d'un client dans cette tenue « libre », il se fera refouler. Les Américains attendent un ambassadeur, pas un dilettante. Au bout de quelques minutes d'entretien, d'eux-mêmes ils inviteront leur visiteur à se mettre à l'aise.

Veillons à ne pas choquer, respectons le juste milieu, nous devons plaire au plus grand nombre.

C'est également vrai pour le choix de la voiture : attention aux voitures de sport, voyantes, aux voitures de luxe, impressionnantes. Le proverbe *on ne prête qu'aux riches* n'est pas tout à fait juste dans la vente. Il est juste lorsqu'il nous incite à une élégance raffinée et discrète, mais il est faux lorsqu'il risque d'entraîner la jalousie, l'envie de notre partenaire d'affaires.

Il est bon de réussir, cependant si le client juge notre réussite trop criarde, il peut nous écarter de son choix, jugeant que nous n'avons pas besoin de son contrat pour vivre. Évitez donc les signes extérieurs de richesse ou de snobisme. Ne jouez pas au « Grand Monsieur » ; toute personne qui est véritablement d'une certaine envergure se fait remarquer par sa simplicité, sa modestie – modestie dans l'apparence et dans l'expression.

Enfin, n'oublions pas : l'homme d'affaires se présente toujours impeccablement, quels que soient le lieu ou l'interlocuteur (costume propre et repassé, chaussures cirées), quitte à s'adapter rapidement à la situation (qu'il a prévue), exemple : bottes à la campagne ou sur un chantier, blouse dans un atelier, etc.

Rappelez-vous toujours :

on n'a jamais l'occasion de faire
une seconde première bonne impression

1.3.1 Un gagneur

Le bon vendeur est quelqu'un d'ambitieux au bon sens du terme, c'est-à-dire qu'il est **animé d'un désir ardent de succès**. Il aime à devancer, dépasser, vaincre la concurrence, mais sait être sport, avoir l'attitude et l'esprit sportifs lorsqu'il se fait lui-même coiffer sur le poteau.

Il aime rallier à sa cause dans les réunions, convaincre, persuader dans les négociations. Il aime conquérir, voire acquérir un profit matériel, bien que l'appât du gain ne soit pas le seul facteur de motivation du bon vendeur.

Il aime au plus haut point la griserie de la victoire, enlever la décision dans une affaire. Apte à se dépasser, il aime des objectifs à sa mesure.

Tout bon vendeur est un champion en puissance dont la forme physique et le moral de gagneur cultivent l'enthousiasme.

L'alchimie de la vente

1.3.2 Un homme fort

Le bon vendeur doit être **fort** à différents titres :

– **Fort moralement,** dans la mesure où il doit faire face à des obstacles. C'est-à-dire qu'en toutes circonstances il doit conserver la maîtrise de lui-même et du dialogue, être calme, résolu, constant. De sa personnalité doit émaner assurance et autorité. Il doit dominer son interlocuteur sans lui faire ressentir sa faiblesse. Il s'agit de dominer dans le sens d'influencer. Il faut savoir résister aux pressions, aux demandes, faire montre de fermeté commerciale. Nous possédons une force qui doit inspirer la confiance, non la crainte, car le sentiment d'infériorité fait fuir. En fait, la force du bon vendeur est d'atteindre à une certaine sérénité pour résister à l'échec.

– **Être fort techniquement,** c'est-à-dire qu'il doit être expérimenté, habile dans ses démonstrations, dans la présentation de ses produits, de ses arguments. C'est conforter encore la confiance, par la sécurité qu'inspirent des paroles et des gestes précis et concrets, une connaissance affirmée.

– **Cette force est aussi physique,** car les négociations demandent de la résistance, de l'endurance. Le bon vendeur est un homme en forme, c'est-à-dire en bonne santé physique et morale.

Être fort pour un vendeur, c'est provoquer l'estime et le respect.

1.3.3 L'esprit d'initiative

Qualité de celui qui, par nature, est disposé à entreprendre, à oser.

Quand on aime l'indépendance, l'autonomie, la liberté, comme la majorité des vendeurs qui en font l'une des raisons de leur choix pour cette carrière, il faut savoir être responsable, conséquent.

Et cette responsabilité (de territoire, de clientèle, de produit) passe par la prise d'initiatives, par la faculté d'entreprendre.

Commencer... C01

Le bon vendeur sait faire les choix qui correspondent à la politique et à la rentabilité de l'entreprise qui l'emploie. Il n'est pas toujours en train de « tirer le parapluie ».

Prendre l'initiative, c'est aussi être le premier à entreprendre, à organiser, à décider. Être le premier ? Mais y a-t-il une place sur un podium pour le second, dans la vente ?

Pourquoi H.E.C., cette grande école commerciale, a-t-elle choisi pour devise à l'occasion de son centenaire

apprendre à oser

1 1.3 Qu'est-ce que vendre ?

Désirer avec force, c'est presque posséder.

A. FRANCE

Lorsque je pose cette question à des vendeurs au début de mes séminaires de vente, j'obtiens des réponses très diverses, du genre :

« Vendre, c'est faire acheter. » – « C'est enlever une commande. » – « Vendre, c'est vivre. » – « C'est gagner sa vie. » – « C'est échanger. » – « C'est faire du chiffre d'affaires. » – « C'est faire mon travail. » – « C'est convaincre. » – « Vendre, c'est donner aux autres l'occasion d'assouvir leurs désirs en me permettant de réaliser les miens. » – « Vendre, c'est violer le client... » – « Vendre, c'est communiquer. » – « Vendre, c'est pousser à l'action. » *Et caetera.*

En fait, il y a une part de vérité dans ces affirmations, mais là encore ai-je consulté nos deux grandes encyclopédies, *Larousse* et le *Robert*, et l'on trouve :

Larousse : *Céder moyennant un prix convenu. – Faire le commerce de. Trafiquer immoralement.*

L'alchimie de la vente

Le Robert : *Céder à quelqu'un en échange d'une somme d'argent. Faire commerce de. – Faire acheter par un client une chose qui appartient à quelqu'un d'autre.* Et cette mention : *Souvent péjoratif quand il s'agit de ce qui, normalement,* **ne fait pas** *l'objet d'une tractation commerciale.*

Péjoratif, le mot n'est pas trop fort, car nous y trouvons à titre d'exemples les verbes suivants :

aliéner – coller – se débarrasser – bazarder – saler – voler le client – trafiquer – cameloter – trahir – solder – brader, etc.

J'arrête là mon énumération. Aussi, ne nous étonnons pas des jugements préconçus portés sur le métier, car ces définitions et exemples traduisent parfaitement l'opinion généralement admise de nombreuses personnes.

À tel point que la plupart des vendeurs, avalisés par leur entreprise, honteux de cette appellation, s'attribuent des casquettes diverses, telles que : *représentant, délégué, attaché, ingénieur technico-commercial, inspecteur, consultant, chef de secteur, animateur, V.R.P., etc.*

Mais alors, qu'est-ce que vendre ?

Comme vous le savez, l'objet d'une vente n'est pas forcément une marchandise, ce peut être une idée, un service, un projet, une étude, une intervention, une participation, un *leadership*, que sais-je encore ? Ou vous-même, peut-être, dans le cadre d'une demande d'emploi, d'une augmentation de salaire, d'une promotion.

Il s'agit donc dans tous les cas de proposer, de suggérer et de persuader. C'est pourquoi je vous propose la définition suivante :

vendre, *c'est exercer une certaine influence sur une autre personne, dans le but de l'amener à se décider en faveur de notre proposition.*

Chacun d'entre nous possède un certain niveau d'influence, une certaine capacité à influencer les autres, un potentiel d'influence. Mais nous devons être conscients que cette capacité a des limites. Il y a des gens sur lesquels nous avons du pouvoir, de l'influence, et d'autres sur lesquels nous ne pouvons rien. Il y a enfin ceux qui sont plus forts que nous, ceux sous l'influence desquels nous tombons.

Pour mieux vendre, il est donc nécessaire d'augmenter notre influence sur les autres, c'est-à-dire développer les qualités qui affirmeront notre personnalité.

Ainsi, vendre est loin d'être péjoratif, dans la mesure où cette notion amène celui qui embrasse cette carrière à se dépasser.

1.4 Quelles sont les missions du vendeur?

À l'origine, le vendeur avait pour seule mission de vendre, c'est-à-dire d'aller présenter ses marchandises de porte en porte, c'était l'ère du colportage.

Avec le développement de la production industrielle, de la consommation, de la concurrence et l'apparition de nouveaux modes de distribution, les missions du vendeur se sont élargies, faisant de lui un véritable gestionnaire de secteur, conseiller de ses clients et promoteur de ses produits.

Ce qui fait que l'efficacité d'un bon vendeur aujourd'hui dépend des facteurs suivants :

1 – De la connaissance qu'il a de lui-même et de ses aptitudes,

2 – De la connaissance des principes qui font son métier,

3 – De la connaissance des produits ou services qu'il a choisis de vendre,

4 – De la connaissance des clients, du milieu qu'il est chargé d'approcher.

J'essaierai donc de dresser une liste non exhaustive des missions du vendeur actuel, en tenant compte que certaines d'entre elles sont propres à certains types de vente.

MISSIONS :

VENDRE – RÉALISER UN CHIFFRE D'AFFAIRES PROFITABLE – PROSPECTER – INFORMER SA CLIENTÈLE – INFORMER SON ENTREPRISE – PROMOUVOIR SES PRODUITS – DÉMONTRER – ÉTUDIER LES APPLICATIONS – ÉTUDIER LES MOYENS DE REVENTE – FORMER ET ANIMER UN RÉSEAU – ASSURER L'APRÈS-VENTE DE LA VENTE – GÉRER SON SECTEUR DE VENTE.

1.4.1 Vendre

Vendre est le premier mot qui nous vient à la bouche évidemment. Mais pas vendre n'importe comment. Ce mot, dans l'esprit de beaucoup de gens, dresse systématiquement un mur. Or, il y a déjà suffisamment de portes à franchir dans la vente sans élever des barrières supplémentaires, arrêtons de parler de la vente en termes de combat, et raisonnons plutôt *partenariat*.

C'est pourquoi meilleur est le comportement du vendeur qui sait **faire acheter**.

Le but est le même, c'est la conclusion, mais la démarche est différente dans la mesure où elle provoque une décision libre et volontaire, une adhésion de l'autre.

1.4.2 Réaliser un chiffre d'affaires profitable

Corollaire de la précédente mission, la conclusion doit se traduire en terme de chiffre d'affaires bénéfique.

Nombre de vendeurs, poussés en cela par leur entreprise, ne songent qu'à leur quota, vu sous l'angle du montant des ventes et non sous l'angle de la rentabilité.

Faire de mauvaises ventes, telles que : remises importantes, inadéquation du produit aux besoins, clients insolvables, ventes forcées, et j'en passe, amène beaucoup d'entreprises à avoir des difficultés ultérieures.

C'est de plus à la portée du premier venu. Il n'y a pas besoin pour cela d'être bon vendeur.

C'est de la politique à court terme, la politique de la « terre brûlée », derrière laquelle il ne fait pas bon passer.

Le vendeur qui veut se faire une bonne réputation et faire carrière doit raisonner « recettes et dépenses », mesurer son apport et ses coûts. C'est agir en responsable.

1.4.3 Prospecter, rechercher des clients

Le vendeur ne peut pas vivre longtemps sur un acquis. Il doit faire vivre son fichier clients.

Lorsqu'il part du point zéro, la question ne se pose même pas. C'est son premier travail, il doit creuser son trou, se faire connaître.

Mais ensuite, lorsque les affaires vont bien, s'installe le risque de négliger la prospection en prétextant le manque de temps, pris par les occupations d'après-vente.

Veiller à entretenir la masse d'affaires en cours, **se fixer un pourcentage de nouvelles affaires à obtenir par rapport aux anciennes.** Dans certains créneaux de vente, il est bon par exemple de réaliser 75 % de son chiffre avec des anciens clients et 25 % avec des nouveaux.

1.4.4 Informer sa clientèle en permanence sur les produits qu'il vend

La fabrication de nouveaux produits, leur obsolescence rapide, la venue de nouveaux confrères sont autant d'éléments qui rendent de plus en plus nécessaire l'information rapide et permanente de la clientèle.

Un client n'est jamais acquis définitivement. Il faut assurer une présence constante, régulière, attentive. C'est le seul moyen d'être présent au bon moment, celui de la décision.

1.4.5 Informer son entreprise

Le vendeur est la personne la mieux placée de son entreprise pour recueillir des informations utiles sur le marché, les besoins, les innovations, la concurrence, etc.

Il se plaint souvent de manque de moyens, de produits difficiles à vendre, mais si le vendeur songeait à glaner davantage d'informations et surtout s'imposait la discipline de les faire remonter au siège de son entreprise, il récolterait aussi plus de retombées. Réfléchissez un instant à la somme d'informations que pourrait traiter une entreprise si chacun de ses vendeurs lui adressait chaque semaine seulement une information concrète. Et quelle serait la qualité des décisions !

Cette mission est non seulement nécessaire, elle est vitale pour la prévision des objectifs de production et de commercialisation.

1.4.6 Assurer la promotion

Promouvoir les produits fait partie de notre rôle. Promouvoir, c'est aider à faire vendre, et dans certains secteurs d'activité, il est nécessaire de mettre en place chez les clients (revendeurs, distributeurs, concessionnaires, etc.) des gondoles, des affiches, des échantillons, de faire des démonstrations, d'installer des vitrines, de réaliser des animations.

Beaucoup de vendeurs rêvent de faire du « marketing ». Informer et promouvoir, c'est participer au marketing de son entreprise de manière concrète.

1.4.7 Démontrer

Être capable de faire la démonstration de ses produits n'est pas chose aisée. Cette phase nécessite de l'entraînement, bien connaître ses produits, leurs applications et avoir de bonnes facultés d'élocution.

Je reviendrai sur ce sujet au chapitre 5.3.3., car savoir faire une bonne présentation ou démonstration de ses produits est un atout important de l'argumentation et de la phase *convaincre*.

1 *1.4.8 Étudier les applications*

En contact avec les utilisateurs, le vendeur est à même d'étudier sur, place l'adéquation entre l'utilisation de ses produits et les besoins des clients. Il peut également à leur écoute découvrir de nouvelles applications.

Cette mission est très formatrice car elle oblige à une constante mise à jour de ses connaissances.

1 *1.4.9 Étudier les moyens de distribution*

Lorsque le vendeur traite avec des clients revendeurs (détaillants, grossistes, coopératives, chaînes, intermédiaires, etc), il peut étudier avec eux les meilleurs moyens de distribution pour ses produits, les inciter à profiter des périodes de promotion, les aider à mettre en place des actions (démonstrations, expositions, etc.).

1 *1.5.0 Former et animer un réseau*

Dans le cadre de la mission précédente, le vendeur peut être amené à initier les représentants ou vendeurs de ses propres clients à la vente de ses produits, à leur démonstration, à leur argumentation, et pour cela développer ses facultés d'expression et ses qualités d'animateur.

De plus, son action l'amène aussi à sortir avec ses confrères clients, pour montrer sur le terrain la manière de présenter et de conclure. Il devient alors un véritable inspecteur des ventes, un animateur. Ce rôle bien rempli est complexe, car il est souvent plus difficile d'expliquer que de faire soi-même.

D'autant que souvent, les confrères sont peu motivés et que notre difficulté est de leur faire accepter l'idée de vendre nos produits, d'y penser...

1.5.1 Assurer l'après-vente de la vente

J'ai travaillé pendant dix ans dans un service après-vente. Combien de fois ai-je entendu mes clients prononcer la phrase suivante : « Après la vente, les vendeurs, on ne les voit plus, ils s'en moquent. »

Si vous voulez asseoir une bonne réputation, dans le bon sens, tenez vos promesses, visitez périodiquement vos clients, assurez-vous de la bonne livraison, de la concordance avec la commande, soyez présent lors de mise en route, de mise en place.

Un autre aspect de l'après-vente, moins grisant que la prise de commande, moins réjouissant, est la nécessité du recouvrement de créances. Il arrive que des clients payent mal pour diverses raisons, mauvaise volonté, difficultés passagères, etc. Il est du rôle du représentant qui a conclu l'affaire de procéder aux premières démarches chez ces clients. En tant que commercial, diplomate, il a une chance de récupérer l'argent et de préserver les ventes futures.

Tandis que si l'entreprise confie tout de suite la mission de recouvrement au service comptable, voire à un service contentieux, elle récupérera peut-être l'argent, mais a de grandes chances de perdre irrémédiablement le client.

Enfin, une après-vente bien faite, tel un nénuphar qui double sa surface à chaque floraison, assure la pérennité de la vente.

1.5.2 Gérer son secteur

Résultante des autres missions, la gestion du secteur est la mission globale.

Tel un indépendant, le représentant est son propre patron sur le secteur et c'est à lui qu'il revient de veiller à son développement, à la tenue du fichier, à l'ensemble des actions qui y sont menées par l'entreprise.

Gérer son secteur, c'est savoir s'organiser efficacement pour en tirer le meilleur profit dans l'intérêt commun. Mais l'organisation est notre prochain sujet.

1 2 COMMENCER PAR S'ORGANISER
GÉRER SON TEMPS, DÉTERMINER LES PRIORITÉS – ÉTUDIER LES PRODUITS, CRÉER DOCUMENTAIRE ET ARGUMENTAIRE – GESTION DU SECTEUR ET CIRCUITS, PRÉVOIR LES TOURNÉES – ÉTUDIER ET GÉRER LA CLIENTÈLE – CRÉER ET TENIR UN FICHIER (PROSPECTS ET CLIENTS).

1 2.1 Gérer son temps, déterminer les priorités*

> *Ne soyons pas de ceux qui profanent le temps en usant mal de lui ; de ceux qui le « tuent » en n'en usant point ; de ceux qui le gaspillent en l'employant à des riens ; de ceux qui le surchargent et s'en font les « bourreaux » ainsi que d'eux-mêmes.*
>
> A. SERTILLANGES

1 2.1.1 Principes de base

L'objet de l'organisation rationnelle du travail est d'assurer l'efficience la plus grande au travail effectué, sur trois plans :

– le contrôle de la bonne marche du poste,

– les contacts intérieurs et extérieurs jugés nécessaires,

– les travaux de réflexion personnelle (prévoir, organiser, se former, innover).

Cinq principes favorisent la réussite d'un tel objectif.

---

* Pierre Rataud : *Du temps pour vivre mieux*, Éditions d'Organisation.

Premier principe :

---

*ne pas subir les événements (sauf cas d'espèce),
mais les provoquer !*

Ceci suppose que l'on soit relativement maître de son temps et que que l'on ne soit pas dérangé à tout moment par son chef hiérarchique, parfois pour des questions très secondaires et non urgentes. On notera cependant que, bien souvent, pour éviter un tel état de fait, il suffit de faire part à son chef de son planning de travail, en lui demandant quelles heures il souhaite ou désire que vous lui réserviez.

Des rencontres régulières, et assez brèves, s'avèrent de loin préférables à des contacts au gré des circonstances et des problèmes à résoudre. L'une des raisons pour justifier ce mode de relation réside dans le fait que **tout rendez-vous bien préparé est à moitié réussi.**

D'ailleurs, pour bien des sujets secondaires, le téléphone suffit pour que vous puissiez rester en liaison.

Il faut lutter contre les dérangements, interruptions, interventions à l'improviste. Combien de temps perdu par une ou plusieurs personnes par l'interruption d'un coup de téléphone prolongé ou d'un visiteur inattendu ?

Lorsque cela arrive lors d'un rendez-vous, ne pas reprendre la parole de suite, laisser le client refaire le point et resituer la conversation. S'il peine, répéter le dernier argument. Si cette situation se répète plusieurs fois, demander courtoisement mais fermement à l'interlocuteur s'il ne préfère pas fixer un autre rendez-vous à un moment plus favorable. Les hommes d'affaires ne se laissent pas manger leur temps.

À ce propos, ne pas accepter de perdre son temps à la réception, surtout lorsqu'on a pris rendez-vous. Faire antichambre le moins possible ou, si l'on se trouve dans cette obligation, avoir toujours un travail à faire (courrier, lecture, etc.). Au-delà d'une demi-heure, faire rappeler son correspondant et faire sentir que notre organisation va en souffrir. Si le

Commencer... CO1

rendez-vous suivant est important (il serait mieux d'avoir prévu une marge de sécurité), fixer un nouveau rendez-vous et partir pour être à l'heure.

Second principe :

> *regrouper les tâches répétitives par nature,*
> *à heures fixes si possible.*

L'analyse de plusieurs semaines de travail montre souvent combien **nous travaillons de façon parcellaire,** tout en n'assurant pas la rentabilité optimale de notre fonction.

C'est le courrier « arrivée » qui traîne sur notre bureau plusieurs heures ou plusieurs jours, ou le courrier « départ » qui ne part que le lendemain, faute de signature.

C'est le téléphone qu'il est si facile de préparer. Il suffit de regrouper tous nos appels à une heure favorable, pour gagner en efficacité et de se tenir à de courtes communications téléphoniques.

C'est l'organisation du circuit de nos visites qui réduit le temps de nos déplacements.

Et combien de fois nous sommes-nous plaints de ce que les informations ne circulaient pas assez vite au sein de notre société ?

De tels inconvénients, qui occasionnent parfois des pertes de temps considérables ou des manques à gagner (faute d'information), pourraient être en partie évités si chaque homme responsable se réservait dans la journée ou dans le courant de la semaine des heures bien précises pour ces tâches répétitives.

Troisième principe :

> *équilibrer son emploi du temps*
> *entre les travaux de la pensée et ceux de l'action*

Si la matinée est assez souvent propice aux travaux qui exigent de la réflexion de notre part, car notre esprit est alors frais, l'après-midi convient davantage aux contacts, qui ne demandent pas toujours un travail très intensif de la pensée. Il est juste de noter toutefois que chacun doit trouver son propre rythme ; Monsieur X... est un homme du soir, tandis que Monsieur Y... travaille moins bien l'après-midi du fait du repas de midi et préfère concentrer ses travaux de pensée le matin. Il est bon enfin de reposer l'esprit assez fréquemment par toutes sortes de moyens pour parvenir à maintenir ses capacités intellectuelles dans un état de fraîcheur presque permanent.

Dans une certaine mesure, le bon principe de l'Armée, qui assure une halte de cinq minutes toutes les heures à ses fantassins au cours de marches, est applicable aux travaux de l'esprit ; il suffit de diversifier ces haltes successives, qui, naturellement, n'ont pas lieu systématiquement toutes les heures.

Quatrième principe :

savoir économiser sa fatigue et sa mémoire.

Le paragraphe ci-dessus nous amène à la notion d'économie qui peut, à priori, choquer mais qui s'impose d'autant plus que l'on avance en âge et que souvent, parallèlement, l'on monte les échelons de la hiérarchie.

Économiser sa fatigue...

– **Physique,** en limitant ses déplacements, tout en assurant un minimum de détente physique nécessaire (marche...), en organisant ses tournées ;

– **Intellectuelle,** en étant totalement à ce que l'on fait au moment présent (on ne peut travailler valablement à deux choses à la fois) ;

– **Nerveuse,** en acceptant pleinement les événements indépendants de sa volonté, qui contrecarrent son action. Vivre pleinement l'instant présent facilite cette attitude et accroît l'efficacité.

Économiser sa mémoire...

– En sachant utiliser les moyens modernes mis à notre disposition (semainiers de rendez-vous, agenda électronique, fiche précisant les

Commencer... CO1

coups de téléphone à donner et les personnes à voir, dossiers « Première urgence », « Seconde urgence », « En attente de réponse », « À contrôler », « À classer », fichiers prospects et fichiers clients, magnétophone, etc.) ;

– En utilisant pleinement les possibilités du secrétariat.

Cinquième principe :

> *assurer périodiquement le contrôle de son travail et de sa méthode de travail.*

Il s'agit tout d'abord de comparer les résultats réels, chiffrés si possible, avec le programme prévu, en vue de dégager le pourquoi des écarts et d'en tenir compte pour l'avenir.

Par ailleurs, il faut être persuadé que toute méthode ne peut être statique, mais est améliorable. Des techniques nouvelles, parfois, viennent modifier l'organisation rationnelle du travail personnel (exemple : machine à dicter, magnétophone de poche, qui remplace le petit carnet de notes, ordinateur, minitel, etc.).

Sixième principe :

> *savoir choisir les ordres de priorité.*

L'étude des travaux de réflexion se fait **par ordre d'importance et d'urgence.** À importance et urgence égales, il y a intérêt à débuter par le travail le plus ennuyeux, afin de se dégager de cette préoccupation rapidement. Enfin, il faut éviter de reprendre ce qui est commencé après une période assez longue, car toute remise en route est souvent laborieuse.

Il faut savoir distinguer ce qui est :

ESSENTIEL et URGENT de ce qui est SECONDAIRE et URGENT

ESSENTIEL et NON URGENT
        de ce qui est SECONDAIRE et NON URGENT

L'alchimie de la vente

Une bonne règle est :

ne prendre en main une chose qu'une seule fois si elle peut se régler de suite.

Le tableau suivant, « filtre de décision », peut vous y aider. Il vous suffira de vous rappeler le moyen mnémotechnique I-T-U pour ne plus jamais l'oublier (Il TUe le temps).

I (Importance) T (Temps) U (Urgence) = ITU

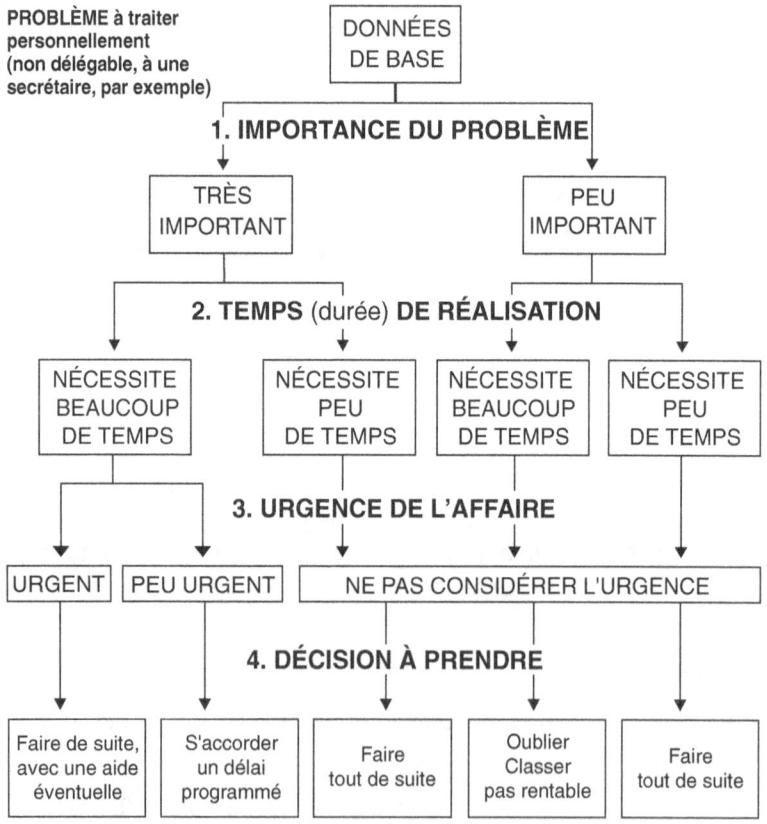

Commencer... CO1

La pression des événements nous fait trop souvent considérer les données urgentes comme prioritaires, nous faisant perdre de vue la **notion de rentabilité de notre temps.** N'oublions pas le vieil adage : *le temps, c'est de l'argent ;* sachons utiliser notre temps à bon escient.

2.1.2 Applications

organiser sa documentation interne et externe.

De nombreux outils essentiels peuvent être utilisés par le vendeur pour accroître son efficacité. Je citerai pour mémoire les fichiers, car je développerai plus loin leur intérêt.

Mais il existe toute la documentation fournie par l'entreprise qui peut être plus ou moins bien exploitée et classée

– la documentation sur les produits (techniques),

– les notes de service,

– les publicités et articles de presse,

– les notes et documents sur la concurrence

– les documentations à remettre à la clientèle,

– les réglementations,

– les informations sur le secteur,

– les tarifs et bons de commande,

– les rapports, etc.

Utilisez des classeurs, des répertoires, des index, des check-lists (listes de contrôle), vous faciliterez vos recherches et vos présentations.

organiser ses contacts internes et externes.

Il est essentiel de ne pas se couper de la réalité et d'entretenir le maximum de relations, tant avec les membres du personnel qu'avec les gens de l'extérieur. Ces rapports avec l'environnement se résument ainsi :

– **Les rencontres individuelles** avec le personnel intérieur (si possible à heures fixes, périodiquement, sinon sur rendez-vous) ;

– **Les rencontres collectives** cycliques ou acycliques (réunion hebdomadaire avec ses collègues vendeurs, par exemple, pour assurer une bonne coordination et une information réciproque au sein du service) ;

– **La réception de visiteurs,** si possible sur rendez-vous (par exemple pour effectuer des démonstrations) ;

– **Les visites de ses propres services et visites extérieures.** Cette rubrique est souvent négligée parce que l'on pense connaître suffisamment ses collègues, et parce que l'on évalue mal l'apport que les gens de l'extérieur pourraient nous faire si nous les rencontrions. Une visite coûte parfois beaucoup moins cher qu'un échange prolongé de correspondance ; une visite permet d'enlever une affaire là où un seul contact par écrit n'aurait pas abouti. La **visite du service,** quand le personnel travaille, peut nous apprendre certains renseignements qui nous auraient échappé autrement.

---
prévoir ses travaux de pensée dans le calme,
après les avoir préparés.

Il s'agit d'abord de :

– Bien poser le problème et le but à atteindre, en partant de faits réels, chiffrés si possible, pris à des sources sûres.

De quoi s'agit-il ? Pour le définir, il faut pouvoir répondre aux questions :
QUI ?
OÙ ?
QUAND ?

Commencer... CO1

COMMENT ?

COMBIEN ?

et POURQUOI ?

Après avoir recueilli les avis des personnes compétentes,

– Décomposer le problème en questions élémentaires, à étudier successivement de façon logique,

– Déterminer les solutions possibles, puis la meilleure solution, par éliminations successives, en se méfiant des généralisations hâtives,

– Prendre sa décision **sans précipitation,** (cf. les bonnes habitudes japonaises).

– Passer à l'application **sans délai**

– Contrôler l'exécution, à ses divers stades,

– Rendre compte à son chef hiérarchique, si la décision est importante,

– Conserver un tracé du travail, ainsi que l'éventuelle solution de rechange.

Il ne faut en principe pas vouloir trop bien faire, ni trop vite faire.

---

1 *2.1.3 Comment mieux gérer son temps ?*

L'étude systématique des diverses occupations au cours de quatre semaines de travail par la *Méthode d'Auto-Analyse* est à la base d'une organisation rationnelle du travail personnel du vendeur.

Si une telle étude rebute souvent de prime abord, elle n'en demeure pas moins très utile pour parvenir à mieux s'organiser soi-même dans son travail de tous les jours. Un grand nombre de mes stagiaires, sceptiques au début, reconnurent en avoir tiré un grand profit.

La *Méthode d'Auto-Analyse* demande rigueur et volonté pour être appliquée. Elle se décompose en quatre phases :

1 – La phase d'observation,

2 – La phase d'analyse,

3 – La phase d'auto-contrôle,

4 – La phase annuelle de contrôle.

N° d'ordre	Heure de début	Lieu	Nature de la tâche effectuée	Tâche provo-quée	Heure de début	Observations personnelles immédiates

1. La phase d'observation.

Il faut recenser les tâches effectuées pendant un mois :

Ce recensement peut se faire à l'aide du tableau ci-dessus et nécessite peu de temps, seulement celui de noter les tâches qui composent notre fonction, c'est-à-dire quelques minutes par jour, au fur et à mesure de leur déroulement.

2. La phase d'analyse des divers travaux exécutés.

Nous devons essayer de détecter :

– Les tâches inutiles, qu'il nous faut supprimer ;

Commencer... CO1

– Les tâches délégables (à qui, quand, comment déléguer ?), à une secrétaire, par exemple ;

– Les tâches non effectuées et qui devraient être faites ;

– Les tâches restant à notre charge, tâches à regrouper par grandes fonctions, chacune des fonctions faisant si possible l'objet « d'objectifs » spécifiques (de l'ordre de 6 à 10 fonctions au maximum).

3. Phase d'auto-contrôle de l'emploi de son temps

HEURES	NATURE DES FONCTIONS (numérotées)								Observations personnelles faites sur-le-champ
	N° 1	N° 2	N° 3	N° 4	N° 5	N° 6	N° 7	N° 8	
8 - 8.30									
8.30 -9									
9 - 9.30									
9.30 - 10									
etc.									
TOTAL									

Pour effectuer l'auto-contrôle, il est souhaitable d'utiliser une grille d'auto-analyse pendant 18 à 20 jours ouvrables normaux.

FEUILLE JOURNALIÈRE

Chaque feuille journalière remplie, le total est effectué en fin d'analyse pour chacune des fonctions. Ensuite reporter les totaux sur une feuille récapitulative selon le modèle ci-dessous. Pour l'analyse, ce n'est pas le temps passé qui est important, mais le pourcentage affecté à chaque occupation.

FEUILLE RÉCAPITULATIVE

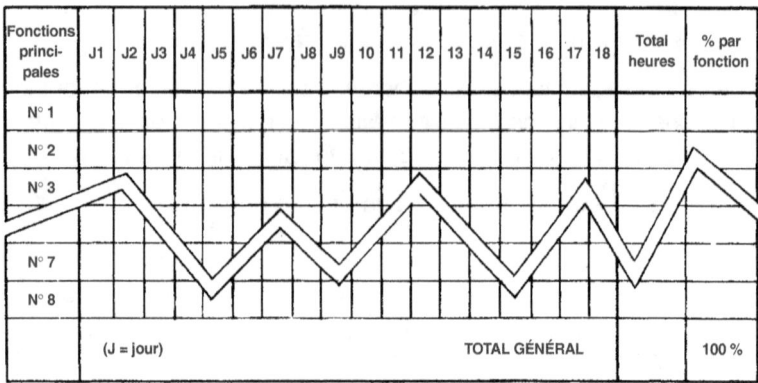

À noter l'importance de procéder à une étude détaillée des observations notées au cours de la phase d'auto-contrôle ; des phrases du type suivant sont fréquentes :

– « ce n'est pas à moi de la faire ! »
– « j'aurais dû déléguer cette tâche... »
– « il me fait perdre mon temps, etc... »

Nous sommes souvent conscients que telle ou telle activité nous grignote notre temps, mais nous sommes surpris de constater, après une étude de notre temps, l'importance exacte de nos carences. L'étude en pourcentage nous indique quelle activité réduire et quelle autre augmenter. Par exemple : réduire les déplacements et augmenter la prospection.

4. Phase annuelle (ou bisannuelle) de contrôle de la gestion de son temps.

N°	Classement des fonctions par importance décroissante du point de vue qualitatif	Répartition quantitative	
		Prévu	Réalisé
1	Programmation du travail	X %	X %
2	Prospection	Y %	Y %
etc...			

Classer ses activités par ordre d'importance décroissante et noter les écarts entre les prévisions après une étude et la réalisation effective trois mois, six mois ou un an plus tard.

Cette remise en cause est salutaire à condition de prendre les décisions qui s'imposent et d'avoir la volonté de les mettre en œuvre.

2.2 Étudier les produits
Créer documentaire et argumentaire

2.2.1 Pourquoi étudier les produits ?

Au chapitre « Les principales qualités requises », j'ai développé la notion de **triple compétence** et le rôle de **conseiller** que doit jouer le vendeur actuel auprès de ses clients.

En dehors de cet aspect qui pourrait à lui seul justifier l'acquisition des connaissances nécessaires à la vente de ses produits ou services, j'y vois bien d'autres avantages :

L'alchimie de la vente

– Bien connaître son produit donne de l'assurance, une maîtrise de soi beaucoup plus grande. C'est bâtir son argumentation sur une base solide ;

– Bien connaître son produit provoque chez le client une réaction de confiance, favorable au dialogue ;

– Bien connaître son produit permet de maîtriser la négociation en répondant mieux aux objections, aux questions, donc d'avancer plus vite vers la conclusion de la vente ;

– Bien connaître son produit permet de mieux appréhender ceux de la concurrence et ainsi d'affronter celle-ci sans complexe dans un marché de plus en plus difficile ;

– Bien connaître son produit permet encore un meilleur contact avec les différents services de l'entreprise, réduisant les litiges possibles ;

– Bien connaître son produit permet une meilleure adéquation, avec les besoins des clients.

2.2.2 Que devons-nous connaître ?

Comme je le notais, **il n'est pas question pour le vendeur d'être un super-technicien.** Dans certains domaines (informatique, robotique, appareils médicaux, etc.), les produits sont de plus en plus élaborés, complexes, et demandent l'intervention avant, pendant et après la vente, de spécialistes qui soient capables d'en déterminer avec précision les applications exactes en fonction des besoins des clients. Ces spécialistes viennent en support, en appui de vente.

Cependant, le vendeur doit connaître les caractéristiques essentielles de ses produits, leur fabrication, leurs utilisations, leurs contraintes, leur diffusion.

Et, rôle commercial, il doit être capable de les présenter correctement pour les vendre et pour les faire vendre. Pour cela, il doit bien connaître :

Commencer... CO1

- La politique commerciale de l'entreprise ;
- La politique des prix et les tarifs ;
- Les actions promotionnelles et la publicité faite ;
- La concurrence ;
- Les arguments de vente et la réponse aux principales objections ; c'est la raison pour laquelle il est nécessaire de bien préparer « argumentaire » et « documentaire » en liaison avec les services commerciaux de l'entreprise.

L'utilisation de ces connaissances nécessite quelques précautions. En effet, **mieux le vendeur connaît ses produits et plus il a tendance à en parler,** négligeant par ce fait même les points d'intérêt de son interlocuteur. Il finit par oublier de vendre.

Donc, attention à la « professorite aiguë », maladie du vendeur qui veut faire étalage de son savoir avec un « jargon » professionnel.

c'est le langage du client qu'il faut parler.

2.2.3 Documentaire et argumentaire

Le vendeur fait trop souvent confusion entre le documentaire et l'argumentaire, c'est pourquoi j'en donnerai une brève définition dès maintenant, bien que l'argumentation soit traitée lors de la phase « convaincre ».

Le **documentaire** est un outil parfois fourni par l'entreprise, parfois laissé à l'initiative du vendeur, composé soit d'un classeur, soit d'un présentoir, comprenant un ensemble de documents, de photographies, de schémas, de dessins, de lettres de références, de fiches techniques, d'essais, etc., mis en valeur pour être présentés aux prospects ou aux clients, soit pour introduire le dialogue de vente, soit pour appuyer l'argumentation, ou pour effectuer une démonstration. (Il existe aujourd'hui de grands classeurs de présentation que l'on peut poser debout sur une table et qui facilitent grandement la présentation des produits). De plus, c'est un excellent aide-mémoire.

L'argumentaire, comme son nom l'indique, est le document qui contient l'ensemble des arguments relatifs aux produits. Je dis bien arguments, et pas seulement une liste des principales caractéristiques. C'est un document **pensé en fonction des besoins et des motivations de la clientèle** et qui permet de lui exposer les avantages que lui offrent :

– l'entreprise (implantation, réputation, dimension, etc.),

– les produits (fabrication, applications, etc.),

– le marché (débouchés, nouveauté, mode, etc.).

L'argumentaire est un outil vivant, car il s'enrichit au fur et à mesure des expériences et permet ainsi de répondre aux principales objections ou questions posées par les clients. D'autant qu'un bon argumentaire comporte les contre-arguments sur les produits concurrents.

Il doit être relu régulièrement afin de bien assimiler les arguments et de donner des réponses naturelles.

1 2.3 Gestion du secteur et circuit. Prévoir les tournées

1 2.3.1 Le secteur

Zone d'activité du vendeur, délimitée géographiquement, le secteur représente le potentiel, le capital que doit faire fructifier le vendeur. C'est pourquoi il doit apprendre à le gérer le mieux possible, car, comme le disait Condorcet : *Intelligence, imagination et connaissances constituent des ressources essentielles, mais seule l'efficacité les convertit en résultat.*

Mais que devons-nous gérer ?

Commencer... CO1

En premier lieu, **notre temps,** comme nous l'avons vu au chapitre précédent, puisque nous déplaçant sur un territoire, nous allons devoir organiser nos trajets en fonction des distances à parcourir.

En second lieu, la clientèle. La richesse du secteur, c'est sa densité (nombre de clients) et sa qualité (activités économiques).

Les déplacements devront donc être organisés également en fonction de la clientèle à voir, d'après un plan de travail double :

1 – Plan de tournée pour les clients,

2 – Plan de prospection pour découvrir de nouveaux clients.

Ces deux plans nécessitent un préalable : une parfaite connaissance de son secteur.

1 2.3.2 Circuits

La connaissance de son secteur commence par l'étude géographique, les limites, les routes, pour gagner du temps dans les déplacements. Ensuite, par l'étude des « poches » ou concentrations de clients pour organiser les tournées.

Ces éléments réunis permettent d'établir des circuits rentables et des programmes d'activité.

Je vous donnerai un exemple d'organisation de circuit que j'appelle le **trèfle à quatre feuilles**. Cette manière de procéder est valable pour les grands secteurs géographiques et doit être préférée à l'organisation **en marguerite** (déplacements fréquents à partir du centre du secteur).

ORGANISATION

EN MARGUERITE

En effet, dans la marguerite, chaque tournée effeuille un pétale et permet de rentrer chaque soir au centre. Dans un secteur étendu, ce procédé est source de fatigue et de dépenses par les kilomètres parcourus.

C'est lors d'un séminaire avec la société H... que les vendeurs m'ont posé le problème de la marguerite. Et de notre réflexion commune est née l'idée de la rotation **en trèfle à quatre feuilles.**

ORGANISATION
EN TRÈFLE

Le système du « trèfle à quatre feuilles » permet de planifier ses tournées avec souplesse. En effet :

– La première semaine, le représentant tourne sur le secteur 1, ce qui lui permet éventuellement de répondre à une demande urgente sur les moitiés mitoyennes des secteurs 3 et 4. Si la demande émane du secteur 2, il fera patienter jusqu'à la semaine suivante (sauf cas exceptionnel), puisque c'est le prochain circuit. Pour les deux autres moitiés des 3 et 4, il fera également patienter ;

– La deuxième semaine, il se rendra donc sur le secteur 2 et répondra aux urgences possibles sur les moitiés mitoyennes des secteurs 3 et 4 ;

– La troisième semaine, tournée sur le secteur 3 avec réponse aux urgences sur les moitiés mitoyennes des secteurs 1 et 2 ;

– La quatrième semaine, tournée sur le secteur 4 avec réponse aux urgences sur les moitiés mitoyennes des secteurs 1 et 2.

Ainsi, en permanence, avec un minimum de déplacements, peut-on couvrir la moitié de son secteur.

Dans le cas de circuits plus fréquents, par exemple un secteur couvert dans la semaine, cette organisation permet de faire le secteur 1 le

Commencer... CO1

lundi, le secteur 2 le mardi, le secteur 3 le mercredi, le secteur 4 le jeudi et d'attribuer le vendredi soit aux urgences, soit au secteur 1. Ce qui fait que nous passons deux jours par semaine sur le même secteur.

1re SEMAINE   2e SEMAINE   3e SEMAINE   4e SEMAINE

La semaine suivante, nous effectuons une rotation, en commençant le lundi par le secteur 2 et ainsi de suite, terminant le vendredi dans le secteur initial.

En procédant de cette façon, il n'y a plus lieu de se détourner sans cesse de son chemin et de son programme de travail. De plus, cela permet de *prévoir ses déplacements* et de **prendre plus aisément ses rendez-vous.**

1 2.3.3 *Prévoir les tournées*

Il est bien sûr difficile, sinon impossible, de prévoir l'imprévisible, mais sous ce prétexte, nombre de vendeurs ne font pas de plan de travail, ou ne font que des ébauches de programme d'activité.

Mais il y a toujours moyen de prévoir des intervalles de temps libre pour des urgences et de les remplir par de la prospection directe si tout se passe normalement.

Qu'est-ce qu'un programme d'activité ?

C'est la planification sur un document spécial des diverses tâches que l'on se propose de réaliser au cours de la prochaine journée ou de la prochaine semaine. C'est l'organisation de son activité en fonction de certains objectifs qui doivent être réalisés.

Quels peuvent être ces objectifs ?

1 – Visites de prospection (première des choses à considérer) ;

2 – Rendez-vous (à prendre ou pris pour cette période) ;

3 – Visites de relance (prévues pour cette période) ;

4 – Visites après-vente (la vente ne se termine pas au bon de commande) ;

5 – Démonstrations (matériel et personnel à prévoir) ;

6 – Renouvellement du contrat d'entretien (c'est une rente annuelle intéressante) ;

7 – Litiges à régler (1 client satisfait = 3 clients en puissance ; 1 client mécontent = 10 contre-références) ;

8 – Mise en route de matériel (*on doit y être* ; ne pas laisser les autres seuls en face des mille et un soucis d'un démarrage) ;

9 – Études (même si elles sont faites en dehors des heures dites ouvrables) ;

10 – Administration, rapports (les informations doivent circuler), etc.

---

aucune action humaine
n'est exécutée correctement sans préparation.

Ou bien il appartient à une seule et même personne de préparer le programme de travail qu'elle devra ensuite exécuter.

Ou bien le travail est exécuté selon un programme établi par d'autres. En outre, ce programme peut être le même chaque jour et devient alors un emploi du temps.

L'avantage d'être « son patron » ne doit pas, ne peut pas exclure la nécessité de penser le programme que l'on se chargera de réaliser.

Vous trouverez à titre d'exemple dans la page suivante un modèle de plan. Ce modèle permet de planifier ses tournées sur une semaine, jour par jour, ville par ville, client par client.

Commencer... CO1

PRÉVISION DE SEMAINE

VENDEUR :		TOURNÉE N°		SEMAINE	
	MATIN	HEURE	APRÈS-MIDI	HEURE
LUNDI	VILLE :		VILLE :	
MARDI	VILLE :		VILLE :	
MERCREDI	VILLE :		VILLE :	
JEUDI	VILLE :		VILLE :	
VENDREDI	VILLE :		VILLE :	

2.4 Étudier et gérer la clientèle

2.4.1 Clients et prospects

Lorsqu'un vendeur débute dans la vente, il se trouve dans l'un des deux cas suivants : ou bien il démarre sur un secteur vierge ou pour une société nouvelle, ou pour le lancement d'un nouveau produit, c'est-à-dire qu'il part de zéro, ou bien il commence dans une société bien implantée, sur un secteur déjà travaillé.

Dans les deux cas, il existe un marché **potentiel** de clients à visiter, de gens qui n'ont encore jamais traité avec l'entreprise, et que l'on appelle des *prospects*. Certains ont peut-être déjà été visités, d'autres ne l'ont jamais été.

Ce marché potentiel ne doit jamais être négligé, car c'est lui qui fait vivre le fichier et qui permet d'assurer le remplacement des clients que l'on perd et une partie de l'augmentation du chiffre d'affaires.

Dans le deuxième cas, lorsqu'un fichier clients existe, c'est la clientèle **actuelle** de l'entreprise, c'est le **capital** que le vendeur est chargé de faire fructifier.

Que ce soit pour des visites régulières (clients) ou pour des visites sporadiques (clients ou prospects), le vendeur doit programmer son activité.

2.4.2 Comment connaître sa clientèle ?

Le premier travail du vendeur est de recenser sa clientèle ; aussi dispose-t-il de plusieurs moyens :

– Tout d'abord le fichier clients de l'entreprise, qui existe soit sous la forme de fichier commercial, soit sous la forme de fichier comptable, soit sous la forme de fichier technique (après-vente), soit l'ensemble de ces fichiers.

– Les listings fournis par l'entreprise qui permettent d'analyser la clientèle soit par secteur géographique, soit par branche d'activité professionnelle.

– Les études de marché faites par l'entreprise sur sa clientèle.

En ce qui concerne la recherche des prospects, nous verrons ultérieurement au chapitre 1.4.2 quels sont les sources et moyens de prospection.

Mais que ce soit pour connaître ses clients ou ses prospects, rappelons ce qui a déjà été dit plus haut, il est bon que le vendeur, selon les cibles qu'il vise, apprenne le jargon professionnel de ses interlocuteurs. Pour communiquer, il faut parler le même langage – le leur, pas le nôtre.

Le modèle de prévision n° 2 permet d'allier la prévision de tournée à la prévision d'objectifs. En effet, certaines colonnes obligent le vendeur à réfléchir sur sa future activité :

– en nombre de visites de prospection (P) ;

– en nombre de visites avec rendez-vous (RV) ;

– en nombre de visites de relance ;

– en nombre de premières visites ;

– en pourcentage de chance de réussite (combien : 25 % ?, 50 % ?, 75 % ?...) ;

– seul ou accompagné (directeur, chef, service après-vente, etc.) ;

– en objectif de visite (documentation, démonstration, analyse, proposition, conclusion, etc.).

L'alchimie de la vente

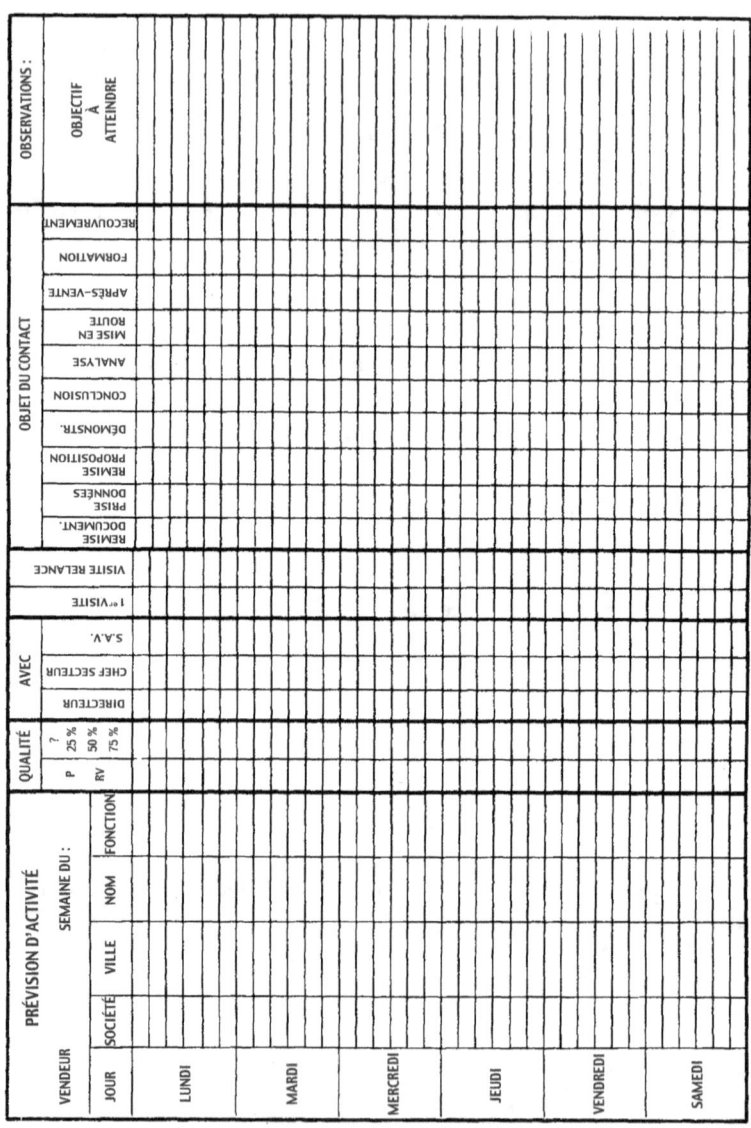

Modèle n° 2 (origine KARDEX)

Commencer... CO1

2.4.3 Analyse de la clientèle

Lorsqu'on prend un fichier en main, il est difficile d'apprécier l'importance des clients, car ne les connaissant pas physiquement, il nous manque des paramètres. Néanmoins, au vu du chiffre d'affaires, nous pouvons nous faire une idée de cette importance.

C'est la première analyse : **l'importance en chiffre d'affaires.**

Nous devons nous intéresser particulièrement aux clients qui font **régulièrement** un chiffre d'affaires conséquent, plus qu'à ceux qui ne travaillent qu'épisodiquement.

La seconde analyse : **l'importance du potentiel.**

Certains de nos clients qui réalisent un faible chiffre d'affaires avec notre entreprise peuvent représenter pour le futur un potentiel intéressant, soit parce qu'ils n'utilisent que partiellement nos produits ; soit parce qu'ils se fournissent en majeure partie auprès de la concurrence.

Nous verrons au chapitre 7.2., « Analyse des résultats », que la connaissance de notre clientèle permet d'affiner cette appréciation. Et ceci est important, car évaluer le chiffre d'affaires réalisé, c'est faire un bilan, c'est une vision comptable de la gestion de son secteur, c'est prendre acte du passé. Tandis que baser son action sur le potentiel du secteur, c'est faire de la gestion prévisionnelle, analytique, c'est miser sur le futur. Avouez que cela est plus dynamisant.

2.4.4 Exploitation

L'analyse de l'importance des clients peut se rapprocher de l'analyse du secteur et permettre d'élaborer ses tournées de manière plus précise et plus efficace.

En effet, en classant les clients en plusieurs catégories, par ordre d'importance décroissante (se référer au chapitre 7.2.), et en localisant ce que l'on appelle les « poches » de clientèle, c'est-à-dire les lieux où les clients sont concentrés, il est possible de parfaire son organisation.

En supposant que vous déterminiez les clients à visiter une fois par an (C), à visiter deux fois par an (B) et à visiter trois fois par an (A), en les localisant sur une carte avec un triple jeu de calques, vous pourrez étudier les tournées au plus juste. Ceci est un exemple que vous pouvez adapter à votre cas particulier de vente.

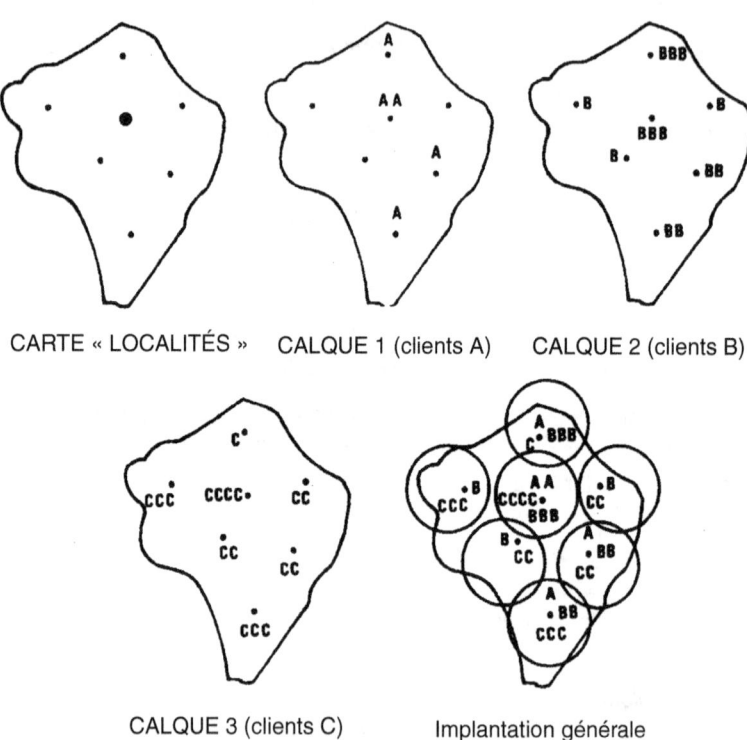

CARTE « LOCALITÉS »   CALQUE 1 (clients A)   CALQUE 2 (clients B)

CALQUE 3 (clients C)   Implantation générale

1 2.5. Créer et tenir un fichier (prospects et clients)

Plus personne ne conteste aujourd'hui la nécessité absolue de tenir un fichier résumant et visualisant les activités commerciales d'une société.

Commencer... CO1

Or, il existe bien dans toute entreprise un « fichier clients », c'est celui de la comptabilité. Malheureusement, il est inutilisable pour la pratique quotidienne de l'activité commerciale d'une affaire.

Si un service commercial, et par là même les représentants qui le composent, veut travailler de façon efficace, il doit avoir un fichier le mieux adapté possible à ses besoins.

Quels sont donc les principaux besoins d'un service commercial, en vue de la meilleure connaissance de sa clientèle ?

2.5.1 Ouvrir le fichier

Il y a d'abord et essentiellement la liste des clients existants que, bien sûr, tout le monde possède.

Mais la mise sur fiche ouvre des perspectives bien plus grandes : au prix d'un certain travail – mais une fois pour toutes – on peut rassembler les principaux éléments dont nous allons parler plus loin, et « ouvrir le fichier ».

Dès l'abord, on voit qu'une certaine recherche au-delà des éléments de base est nécessaire, car l'idée vient tout de suite d'identifier, en plus du nom de la société, ceux des personnages les plus intéressants de l'entreprise, c'est-à-dire, suivant les cas : le patron, le chef des achats, l'ingénieur ou le chef d'atelier (qui sont le plus souvent les « vrais acheteurs » pour certains produits industriels et techniques), voire, pourquoi pas, la secrétaire du patron, qui a si souvent tant d'influence.

Limité seulement à ce point, ce fichier embryonnaire peut déjà servir de façon importante dans de nombreuses occasions :

– documentation technique,

– circularisation d'informations,

– invitations,

– cadeaux de fin d'année, etc.,

tant le plaisir du client est grand d'être « identifié » et **tant l'on aime voir son nom reproduit** à la place d'une désignation anonyme. Car, ainsi que le disait Dale Carnegie :

*son nom est la plus belle musique
qu'un homme aime entendre...*

Les représentants peuvent aussi, suivant un certain code, caractériser le client suivant les nécessités :

– volume de l'entreprise ou standing,

– nombre d'employés ou d'ouvriers, d'hommes, de femmes,

– position de la firme par rapport à la concurrence, etc.

Tous ces renseignements ont leur valeur, suivant le genre de société et les produits que l'on vend.

2.5.2 Classement des fiches

Ce fichier doit être classé dans un certain ordre, et dans des « sous-ordres » pour être d'une utilisation facile.

De l'avis de nombreux vendeurs, le classement le plus pratique est celui par ordre alphabétique des clients, par département ou par circonscription, avec un intercalaire séparant ces départements entre eux.

Dans le cas de petits secteurs de vente, le classement peut s'effectuer par ordre alphabétique des clients et par ville ou commune.

L'adresse retenue (cas des sociétés avec filiales) est en principe celle où le représentant contacte « l'acheteur » principal.

Quels sont les renseignements qui peuvent figurer sur une fiche client ?

Citons par exemple :

Commencer... CO1

– Le nom, la raison sociale, l'adresse, le téléphone, le télex ou la télécopie, le e.mail ;

– Le capital social, les risques en valeur, ou en délais ;

– La gare d'expédition et les modalités d'expédition, les conditions administratives et les délais de paiement ;

– Le nombre d'exemplaires des envois de documents (factures, accusés de réception de commande, etc.), le franco de port ou non, la remise de base ;

– Les noms des personnes compétentes, les numéros de téléphone intérieur, le rang hiérarchique, les heures de visite, etc.

1 *2.5.3 Enregistrer les commandes*

Il est nécessaire d'enregistrer sur la fiche les commandes reçues avec :

– La date, le numéro de commande du client (suivant la numérotation du client) ;

– Le numéro d'enregistrement de la commande ;

– Bref, tout moyen interne permettant de retrouver cette commande rapidement dans vos propres services administratifs ou de fabrication.

Il est essentiel de faire figurer sur la fiche le montant de la commande hors taxes en francs ou en euros, base de l'estimation du chiffre d'affaires mensuel ou annuel réalisé avec le client.

Cette indication du volume global en francs/euros est insuffisante et ne permet pas d'avoir les renseignements vrais sur le client. Il est le plus souvent nécessaire de sous-détailler ce chiffre d'affaires par catégorie de produits ou de services, et cela naturellement en fonction des cas particuliers.

Cela permet, entre autres, de tirer facilement le chiffre d'affaires mensuel ou trimestriel du client (pour estimation d'ensemble, calcul de remises ou de dégressifs) et le volume par catégorie de produits (pour vérifier si le client équilibre ses commandes sur toute la gamme, ou au contraire se spécialise sur certains produits, etc.).

Une fiche client doit surtout permettre de suivre un client dans le temps : son chiffre augmente-t-il, ou diminue-t-il ?

Un fichier clientèle n'a de vraie valeur que lorsqu'il représente plusieurs années d'exploitation, pour pouvoir justement juger de l'évolution des clients.

Il faut donc reprendre en tête de la fiche les renseignements des trois ou mieux des cinq dernières années. Cela revient à reporter au début de chaque année, en ouvrant la fiche, le total des colonnes de l'année écoulée.

On juge donc facilement de l'évolution des relations avec un client, à la fois au total et pour chaque catégorie de produits.

2.5.4 Visualisation des fiches

Un grand nombre de renseignements peuvent être signalés de manière très vivante, par des signets, index ou onglets de couleurs différentes.

On peut avoir des fiches perforées à l'impression, dans lesquelles on peut glisser des signets de couleur, en plastique, ou disposer à l'extérieur des fiches des cavaliers de couleur (onglets ou index métalliques). Mais ceux-ci ont tendance à glisser. Ainsi on peut affecter une couleur différente aux signets :

– par type de produits,

– affaire en attente de conclusion,

– fréquence de relance,

– volume relatif des clients, etc.

Commencer... CO1

La ventilation des clients est déjà faite par département pour le classement. Cela permet de sélectionner facilement les tournées de représentants, la propagande régionale, etc.

Certains vendeurs utilisent des fiches de couleurs différentes permettant de séparer les clients par grands types d'activités :

– Particuliers, commerçants, grossistes, revendeurs, PME-PMI, grandes entreprises, administrations, etc., ou bien :

– Magasins de sport, alimentation, bijouterie, quincaillerie, supermarché, etc.

Il faut éviter de trop subdiviser si l'on veut que le fichier reste lisible (cinq ou six couleurs au maximum). Il ne s'agit pas de faire des « dossiers » clients, mais seulement un « fichier ».

2.5.5 Utilisation du fichier

Quelles sont les principales utilisations d'un fichier, dans la pratique courante ?

Il y a d'abord la réponse à la demande instantanée de renseignement, par exemple à un appel téléphonique (« Avez-vous bien reçu ma commande du... ? », – « Est-elle bien enregistrée... ? »).

Il y a ensuite l'analyse de la clientèle du représentant, et son contrôle celui dont la clientèle boude systématiquement certains produits, ou dont les commandes sont trop faibles unitairement, ou trop dispersées, ou au contraire trop rares et trop volumineuses (signe d'un manque de prospection « en surface », etc.).

C'est également un moyen hors pair de relance en publicité directe (ou plus simplement en courrier) de la clientèle sélectionnée par catégories : soit régionale, soit par volume de chiffre d'affaires, soit par type de produit, soit par type d'activité.

Enfin, c'est un excellent moyen pour préparer ses tournées de manière rationnelle et pour préparer les visites en fonction des informations recueillies préalablement.

La limite d'utilisation pratique d'un fichier manuel simple est de l'ordre de 2 000 à 2 500 fiches. Au-delà, il est recommandé d'utiliser un classement mécanique.

Mais le développement de l'ordinateur portable bouleverse ces conceptions.

2.5.6 Tenue du fichier

Un tel fichier n'a de valeur que dans la mesure où on est bien décidé à l'utiliser et à l'enrichir au jour le jour.

C'est pourquoi je recommande vivement aux vendeurs de **mettre à jour la fiche client ou prospect dès la fin de la visite,** en sortant de chez le client, dans toute la mesure du possible. Tous les bons vendeurs m'ont assuré qu'ils procédaient ainsi.

Cette discipline ne prend que quelques instants dans ce cas, alors que réalisée plus tard, la mise à jour prendra le double de temps et les informations seront moins précises.

De plus, remplie à chaud, la fiche obligera à réfléchir sur l'action passée et à améliorer l'action future.

Si on veut bien s'en servir, le fichier clientèle bien adapté aux besoins est l'outil de base du vendeur, indispensable, dont il n'est pas concevable de pouvoir se passer.

---
le fichier, c'est la « mémoire » du représentant.

Commencer... C01

MODELE DE FICHE CLIENT/PROSPECT

J	F	M	A	M	J	J	A	S	O	N	D	J	F	M	A	M	J	J	A	S	O	N	D						
Dernier contact												Prochain contact prévu												à suivre			client		

NOM .... ADRESSE .... Origine : ....
TÉL. : .... ACTIVITÉ : .... C.A. .... Pers. : ....
PDG : .... D. Cl. : .... D. Ad. : .... D.T. : .... Sec. : ....

mes possibil. concurrent fourn. actuel	Produit 1	Produit 2	Produit 3	Mailing	Date	Réponses	Date

DATE	Visite		Document		Démonstration	Étude	Propos.	Suivi	Relances		Observations :
	Rep.	Insp.	Rem.	Env.					Date	Objectif	

origine : KARDEX

1 2.5.7 Le fichier sur ordinateur

Aujourd'hui, dans beaucoup d'entreprises, l'ordinateur prend en charge l'organisation du travail du vendeur, en fonction de ses instructions, de l'analyse des résultats et des statistiques.

Lors de ses tournées, ce dernier peut à partir d'un terminal de poche, ou par minitel, transmettre instantanément par téléphone à l'ordinateur central de son entreprise toutes les informations recueillies (commande, état du marché, état du stock client, mise à jour du fichier client, date de relance, etc.) ; il peut également s'informer lui-même sur l'état des stocks de son entreprise, les délais de livraison, les conditions de paiement, etc., l'ordinateur étant capable de dialoguer en toute convivialité.

Le vendeur peut également utiliser un micro-ordinateur portable dont les données seront utilisées ultérieurement lors de son passage dans l'entreprise. C'est l'attaché-case électronique, connectable ou non au réseau de communication.

Pour celui qui se déplace beaucoup, ou est éloigné de sa Direction, la messagerie électronique (minitel) ou le téléphone mobile permettent de rester en contact permanent avec ses correspondants.

Tous ces moyens informatiques et télématiques suppriment les délais postaux et les rapports manuscrits et permettent :

– une mise à jour automatique du fichier avec édition des fiches clients ou prospects à visiter ;

– de fournir le plan de travail du vendeur périodiquement, lequel s'organisera en fonction de son secteur ;

– d'informer immédiatement la clientèle de toute action promotionnelle ou autre (par courrier, téléphone, télécopie (fax), e.mail ou visite) ;

– d'établir des statistiques opérationnelles (prévisions d'objectifs, de fabrication, d'interventions, etc.).

Tous ces outils permettent de réagir très vite aux fluctuations du marché et, par là même, orienter l'action commerciale. C'est l'organisation actuelle des équipes de vente, mais Internet nous offrant déjà le monde d'une vente virtuelle, que nous réserve le futur ?

Commencer... CO1

1 3 COMMENCER PAR SE PRÉPARER
IMPROVISER OU PRÉPARER – LA PHASE DE PRÉPARATION – LES IMPÉRATIFS DE LA PRÉPARATION – UNE BONNE PRÉPARATION MATÉRIELLE – PRÉPARER SA STRATÉGIE – LES OBJECTIFS – Q.Q.O.Q.C.C./P. – ÊTRE EN FORME PHYSIQUE – PSYCHOLOGIQUEMENT.

Mieux vaut penser avant d'agir, que de rêver en agissant.

GIRAUDOUX

Le génie doit un pour cent à l'inspiration et quatre-vingt-dix-neuf pour cent à la transpiration.

EDISON

1 3.1 Improviser ou préparer ?

Pourquoi un acteur, un comédien, répète-t-il même après la millième représentation ?

Pourquoi nos grands hommes politiques se font-ils préparer près de quatre cents questions par leur entourage la veille d'une conférence de presse ?

Pourquoi le bon compagnon vérifie-t-il sa boîte à outils avant de commencer un travail ?

Entreprendriez-vous une longue route sans jeter un œil sur la carte ?

Pourquoi les sportifs soignent-ils tant leur préparation ?

Dans tout sport, l'entraînement est intensif, pour acquérir des automatismes, devenir meilleur, que l'on soit amateur ou professionnel. Mais dans la vente, pouvons-nous nous permettre aujourd'hui de travailler comme des amateurs ?

La vente ne s'improvise pas ! L'organisation, les réunions, les contacts, la direction, la gestion ou les réparations non plus.

Entendons-nous bien : il n'est pas question de développer ici les germes de stéréotypes. Chacun doit puiser dans ce manuel les idées qui conviennent le mieux à sa personnalité, les adapter et s'en enrichir. Mais il faut comprendre la nécessité d'une auto-discipline, de faire des efforts pour acquérir de bons réflexes, comme en sport.

Méditons cette remarque : « *On ne trouve jamais le temps pour faire un travail correctement, mais on prend toujours le temps de le refaire…* »

Dans la vente, cela se traduit par des visites supplémentaires et du chiffre en moins. Sans commentaires…

Je citerai Roland Caude* :

« Bien sûr, nous ne sommes pas maîtres du futur, car, on le constate, "l'imprévisible survient toujours" et c'est la raison pour laquelle tant de gens préfèrent ne pas se préparer du tout ! »

« **L'esprit organisé est d'abord un esprit qui prévoit,** qui établit des plans, des programmes. Sans doute, ceux-ci ne se réaliseront-ils pas exactement comme ils avaient été prévus : il faudra faire des corrections, apporter des modifications en cours d'exécution. Mais il est préférable de chercher à savoir où l'on va, ou à déterminer où on veut aller, plutôt que de se fier à l'improvisation du moment, aux hasards des circonstances, ou à la volonté d'autrui. »

13.2 La phase de préparation

Cette phase est aussi appelée « planning » ou « planification ».

Faire un planning, c'est prévoir un travail en détail ou les différentes étapes d'une action. Ce terme désigne également les tableaux qui permettent de suivre le déroulement d'une activité organisée.

---

*Roland CAUDE : *Organiser et s'organiser*, éditions Le Centurion.

L'intérêt de planifier n'est pas seulement de pouvoir prévoir, mais de pouvoir agir, comparer les réalisations aux prévisions, mesurer les écarts et « rectifier le tir ».

La préparation ne s'appuie pas sur des rêves, mais sur des faits réels et concrets (c'est-à-dire mesurables et contrôlables), elle s'appuie aussi sur l'expérience et les expériences vécues, et sur ce que nous pouvons connaître des actions à entreprendre.

Il est évident que la phase de préparation nécessite du temps, c'est pourquoi beaucoup de vendeurs préfèrent improviser. Mais le fait de travailler sans préparation prend du temps, je dirais même « vole » du temps. Car non seulement nous perdons du temps par manque d'efficacité, mais nous volons du temps à ceux auxquels nous rendons visite.

Pourquoi ne pas **investir** quelques minutes précieuses de notre temps dans la préparation, pour l'utilisation du temps suivant ?

Un inspecteur des ventes d'une société vendant des produits de grande consommation posa un jour la question suivante à un acheteur professionnel :

« Pourquoi ne recevez-vous pas mon représentant ? »

Cet acheteur répondit :

« Parce qu'il ne prend pas rendez-vous. Voyez-vous, Monsieur, je ne reçois que sur rendez-vous, car cela me permet de me préparer. »

Une autre réflexion d'acheteur : « Les vendeurs qui traitent des affaires importantes avec nous sont toujours remarquablement préparés à leur visite. Ils savent ce dont nous avons besoin, ont leur tarif, les spécifications, les délais ; ils connaissent nos fournisseurs et savent quels produits de leur maison pourraient remplacer ceux de la concurrence. Ils nous font des propositions en conséquence. C'est pourquoi je me prépare aussi… »

LA PRÉPARATION REPRÉSENTE 80 % DU SUCCÈS FINAL !

visite sans préparation

visite avec préparation

Commencer... CO1

EXEMPLE DE PLAN D'ACTION

I	**INVENTAIRE** qualitatif et quantitatif des clients et prospects.	sources d'informations internes et externes.
	▼	
II	**PLAN DE TOURNÉE**	positionner sur la carte.
	▼	
III	**PRISES DE RENDEZ-VOUS**	préparer les dates
	▼	
IV	**PRÉPARATION de VISITE** objectif temps objectif entretien.	matérielle, stratégique, physique, psychologique.
	▼	
V	**PREMIÈRE VISITE**	prendre des notes, remplir la fiche.
	▼	
VI	**DEUXIÈME VISITE** objectif ?	avant : consulter la fiche pendant : objectif après : remplir la fiche.
	▼	
VII	**AUTRES VISITES...** si nécessaire	commande ! remplir la fiche.
	▼	
VII	**ANALYSE - SUIVI CONTRÔLE**	mes objectifs mes résultats.

1 3.3 Les impératifs de la préparation

Prévoir une organisation, préparer les bases d'une réorganisation, préparer une réunion, une visite, un discours, une conférence, préparer son travail ou ses vacances consiste toujours à déterminer d'abord :

DES OBJECTIFS À ATTEINDRE !

C'est **le premier impératif,** qui nous paraît couler de source, mais qu'il est indispensable d'exprimer clairement et concrètement, pour soi et pour les autres.

Pensons-nous pouvoir atteindre un but, s'il est dans les nuages ? Et pouvons-nous alors en fixer les étapes ?

C'est donc la réponse à la question : *QUOI ?* qui tout naturellement commence une bonne préparation.

QUOI ?

QU'EST-CE QU'UN OBJECTIF ?

– C'est un **but** à atteindre,

– Dans un **délai** déterminé,

– **Ambitieux**, mais réalisable (ce qui oblige le responsable à « se dépasser »),

– **Quantifié** (c'est-à-dire représenté par une valeur donnée), sinon **repérable** (c'est-à-dire comparable à une valeur précise),

– **Hiérarchisé** dans le cadre d'une « batterie » d'objectifs compatibles entre eux et avec les objectifs généraux de l'entreprise.

Second impératif, il nous faut trouver les meilleures méthodes et les meilleurs moyens pour y parvenir. Car fixer des objectifs sans réfléchir aux moyens pour les atteindre relève de l'utopie.

Par conséquent, la réflexion personnelle en premier lieu, et éventuellement la réflexion de groupe, priment dans cette seconde phase de la

Commencer... CO1

préparation. Le meilleur système pour réfléchir concrètement est encore de pouvoir répondre aux éternelles questions ;

Q.Q.O.Q.C.C./P.

(QUI ? QUOI ? OÙ ? QUAND ? COMBIEN ? COMMENT ? et POURQUOI ?)

Comment ? : le mot-clé pour la **recherche des moyens**.

Pourquoi ? : le « presse-pensée » de la négociation concrète.

Si nous prenons une entrevue pour exemple, son développement est important, mais il ne faut surtout pas négliger de préparer l'introduction et la conclusion qui précisent et concrétisent le but. Là encore, la meilleure technique est de préparer notre formulation sous forme de questions.

CONTRÔLER

Enfin, le **troisième impératif** est de suivre le déroulement des activités et de confronter prévisions et réalisations pour corriger s'il y a lieu et surtout rectifier les futures préparations.

1 3.4 Une bonne préparation matérielle

Une bonne préparation matérielle est nécessaire pour bien vendre. La certitude d'avoir avec soi tous les outils de vente utiles donne une liberté d'esprit indispensable pour bien maîtriser la négociation.

La préparation matérielle rejoint l'organisation (chapitre 12), puisqu'elle comprend :

– La connaissance du territoire, du secteur, de la clientèle,

– La connaissance du produit et de ses applications,

– La préparation des outils de travail.

Ayant déjà étudié les deux premiers points, penchons-nous sur le troisième :

L'alchimie de la vente

QUE DOIT CONTENIR LA VALISE DU VENDEUR ?

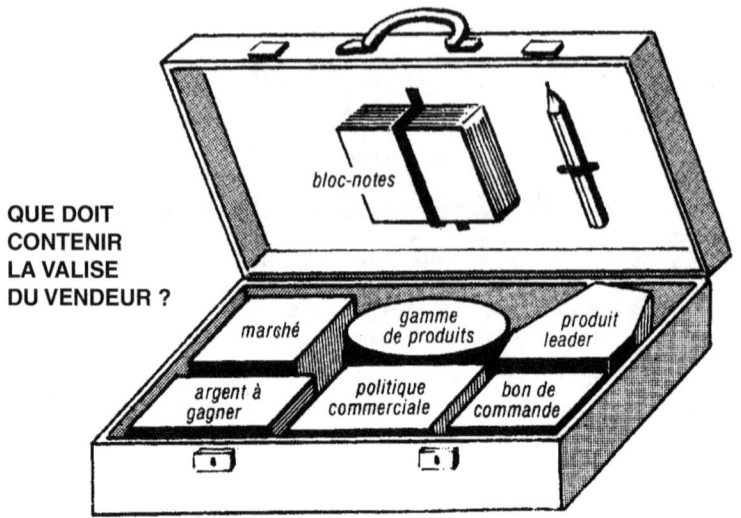

Voici une liste (non exhaustive) que chacun pourra améliorer ou abréger selon son type d'activité. La consulter de temps en temps pourra éviter bien des désagréments.

QUE DOIT PRENDRE LE VENDEUR POUR VISITER ?

1. Son porte-documents (serviette ou attaché case).
2. Des objectifs de visite concrets.
3. Un dossier conférence avec bloc-papier.
4. Ses cartes de visite.
5. Un agenda de poche ou planning, le carnet d'adresses.
6. Stylo-mine ou crayon pour noter les rendez-vous, une gomme.
7. Stylo-encre ou feutre pour signer la commande.
8. Une machine à calculer de poche, micro-ordinateur ou terminal portable.

9. Une agrafeuse (pour agrafer votre carte de visite) et des agrafes.

10. Plan du secteur, un plan de ville.

11. Téléphone portable.

12. Le tarif à jour et suffisamment de bons de commande.

13. Un présentoir, avec documentation et photographies (documentaire).

14. L'argumentaire de vente.

15. Les fiches clients ou prospects de la journée, des fiches vierges.

16. Les dossiers clients ou les propositions.

17. La liste des références du secteur ou de la branche d'activité.

18. Copies de lettres de félicitations.

19. La documentation à remettre, bien classée.

20. Des modèles d'imprimés ou de documents clients.

21. Le matériel de démonstration ou des éléments à montrer.

22. Des échantillons.

23. Check-lists des applications, avec les questions à poser.

24. L'aide-mémoire de visite.

25. La liste de préparation de tournée.

26. Carnet de rapports de visites.

27. Un chiffon ou du « non tissé »... pour les chaussures.

28. Du feu... pour offrir au client fumeur.

29. Du détachant.

30. Un petite bombe rafraîchissante pour l'haleine (ou pastilles).

31. Du déodorant.

L'alchimie de la vente

32. De l'aspirine ou autres médicaments nécessaires.
33. En voyage : trousse de couture.
34. En voyage : costume, cravates de rechange et autres vêtements.
35. Un mouchoir, un peigne.
36. De l'argent, carnet de chèques ou carte de crédit.
37. Une montre... pour être à l'heure au rendez-vous.
38. Un parapluie, c'est mieux qu'un imperméable ruisselant...
39. Si une voiture : propre et en bon état de marche.
40. Et surtout, ne pas oublier...

son enthousiasme !

1 3.5 Préparer sa stratégie

Avant toute, visite, le vendeur doit réfléchir sur son action, sur la manière soit d'aborder un nouveau prospect (en fonction de son activité professionnelle), soit d'orienter l'entretien avec un ancien prospect (ou un client), en fonction des entretiens précédents.

Dans le premier cas, une bonne connaissance du marché, de la profession, permet d'évaluer les besoins possibles, de supposer les motivations humaines probables.

Dans le second cas, la prise de notes, la fiche, permettent de repenser les données du problème en les situant dans le temps, de préparer l'argumentation, les explications, les questions à poser.

Dans les deux cas, cette préparation a pour but de réaliser en fin d'entretien la concordance entre l'image des besoins exprimés par le client et l'image qu'il se fait de nos produits ou services, nous permettant d'atteindre ainsi notre objectif.

Afin de mieux préparer les visites suivantes et de les rendre plus efficaces, il est indispensable, en sortant de chaque entretien, **de se fixer des objectifs précis** d'action, de volume d'affaires, pour le prochain contact.

Vous trouverez ci-dessous un plan pour une négociation par étapes.

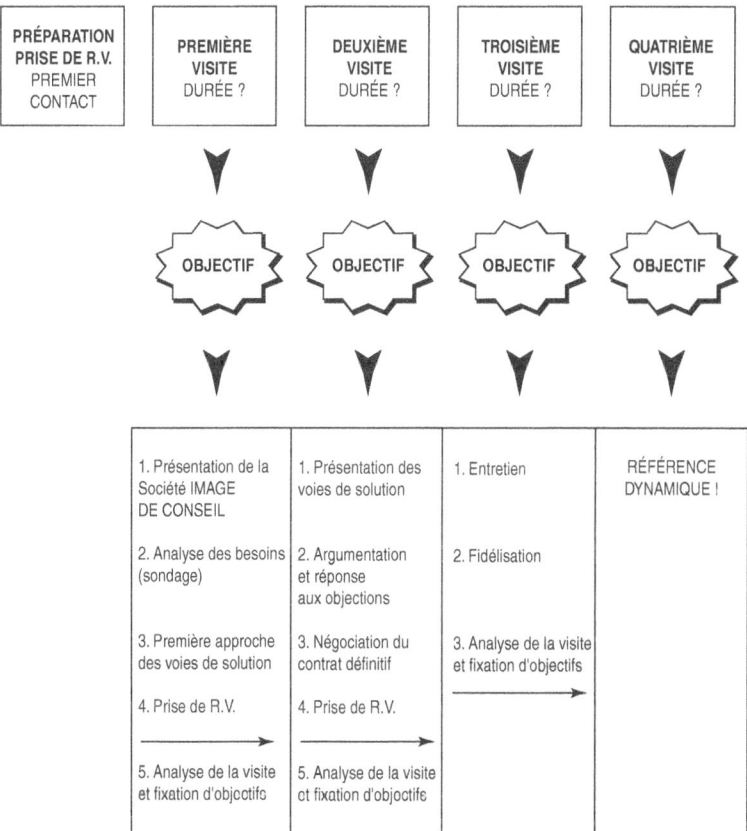

1 3.5.1 Objectifs concrets de première visite

Lors d'un premier contact, il faut se fixer des objectifs minimaux. Deux cas peuvent se présenter : ou le prospect est intéressé, ou il ne l'est pas.

Dans les deux cas, une hiérarchie d'objectifs doit nous permettre de rentabiliser notre déplacement, par exemple :

SI LE PROSPECT EST INTÉRESSÉ,

– Prendre la commande !

– Sinon, faire une proposition... une démonstration... un essai...

– Trouver le « right man ». Qui est le vrai décideur ?

– Découvrir les besoins : Q.Q.O.Q.C.C./P. ?... les motivations profondes...

– Prendre un rendez-vous physique : pour **quoi** faire ? Et **quand** ?

– Prendre un rendez-vous téléphonique : dans **quel but** ?

– **Demander un NOM !**... Une référence... Une introduction...

Nota. **Right man :** l'homme juste, moyen mnémotechnique pour trouver l'homme (**MAN** en anglais) qui a les **M**oyens financiers, l'**A**utorité pour décider, la **N**écessité d'utiliser. Ce peuvent être une, deux ou trois personnes.

SI LE PROSPECT N'EST PAS INTÉRESSÉ,

– Il faut s'informer et savoir **pourquoi** il ne l'est pas...

– **Quand** pourrait-il l'être ? Rendez-vous à prendre ?

– Trouver le « right man ». Qui est le vrai décideur ?

– Est-il déjà équipé ?

– Par quel fournisseur et pour quel type de produit ?

– A-t-il un prescripteur extérieur ? Qui ?

– Obtenir un **NOM** !... Une référence... Une introduction.

Commencer... CO1

1 3.5.2 Q.Q.O.Q.C.C./P.

J'ai déjà évoqué ce moyen mnémotechnique, idéal pour se rappeler les bonnes questions à préparer ou à poser en cours d'entretien ou d'exposé. J'aimerais cependant dire encore quelques mots sur chacune de ses composantes, et donner quelques exemples :

QUI ? et POURQUOI ?

– Suis-je le plus qualifié pour ce genre d'intervention ? de prospection ? de vente ?

– Est-il l'interlocuteur valable ? le DÉCIDEUR ?

– Suis-je assuré d'avoir toutes les réponses ?

– Faut-il voir d'autres personnes ?

– Ai-je bien compris ses motivations ?

– Est-ce que je frappe à la bonne porte ?

– Ceux qui me reçoivent, sont-ils bien ceux qui pourront agir ?

– Etc.

Et derrière chaque réponse, préciser la pensée par la formule simplificatrice par excellence :

POURQUOI ?

QUOI ? et POURQUOI

– Quelle est son activité ?

– Quel est mon objectif ?

– Que dois-je lui dire ?

– Quels sont les produits que je peux lui présenter ?

– Qu'a-t-il besoin de savoir pour se décider ?

– Quelles sont les objections possibles ?

– Etc.

et POURQUOI ?

OÙ ? et POURQUOI ?

– Où vais-je le rencontrer ? À son bureau ? À l'atelier ? Sur un chantier ?

– Où implanter le produit ?

– Dans quel quartier se situe-t-il ?

– Où ferai-je ma démonstration ?

– Où pourrai-je garer ma voiture ?

– Etc.

et POURQUOI ?

QUAND ? et POURQUOI ?

– Le moment est-il bien choisi ?

– Aurons-nous le temps d'examiner complètement l'affaire ?

– À quelle heure les bureaux ferment-ils ?

– Quand prend-il sa décision ?

– Quand pourrai-je le livrer au mieux ?

– Puis-je obtenir la commande à cette visite ?

– Etc.

et POURQUOI ?

COMBIEN ? et POURQUOI ?

– Où en est mon chiffre d'affaires ?

– Combien peut-il mettre ?

– Combien peut-il en prendre ?

– Combien de personnes utilisent-elles de… ?

- Combien d'employés dans cette entreprise ?
- Quel est le prix de la concurrence ?
- Etc.

et POURQUOI ?

COMMENT ? et POURQUOI ?

- Dois-je prendre rendez-vous ?
- Dois-je m'introduire par référence ?
- À quels sentiments dois-je faire appel ?
- Dois-je le voir seul ou accompagné ?
- Comment faut-il que je m'y prenne pour atteindre mon but ?
- N'ai-je pas été trop bavard ?
- Etc.

et POURQUOI ?

POURQUOI ? POURQUOI ? POURQUOI ?

- Quel est exactement mon objectif de vente ?
- Pourquoi voir telle personne et pas telle autre ?
- Pourquoi ce créneau et pas tel autre ?
- Pourquoi cette ville et pas telle autre ?
- Pourquoi pas aujourd'hui ?
- Pourquoi ce modèle, cette quantité ?
- Etc.

Le pourquoi du pourquoi du pourquoi… concentre les réponses et simplifie l'action, car il oblige à réfléchir concrètement.

Adoptez cette technique Q.Q.O.Q.C.C./P. pour toute préparation, à tout moment de votre vie, **ce sera l'une des clefs de votre réussite personnelle.**

Quand les gens réussissent, on dit qu'ils ont de la chance. C'est vrai que cela aide de temps en temps, mais le plus souvent, dans le métier de vendeur, il n'y a pas de hasard, surtout quand le résultat est connu d'avance.

3.6 Être en forme physique

La vente est une activité qui demande une tension certaine : le vendeur est constamment en alerte, éveillé, prêt à interroger ou à répondre avec calme et efficacité. D'autre part, selon son secteur, les déplacements plus ou moins fréquents et plus ou moins longs seront autant de facteurs de fatigue physique.

Le vendeur doit donc se trouver en bonne condition physique et se préparer à sa tâche : apprendre à se calmer, à se relaxer.

En dehors de la pratique de certaines activités sportives, il doit apprendre à bien respirer, du ventre et non de la poitrine ; cette relaxation est essentielle dans les négociations.

En fait, il faut arriver à respecter et à discipliner son corps. C'est pourquoi il est raisonnable de veiller à son sommeil, à son alimentation, à sa santé.

La fatigue physique fait de nous des mous et nous rend vulnérables. Elle tue l'enthousiasme.

3.7 Psychologiquement

Les préparations matérielles, stratégiques et physiques, sont importantes, mais elles seraient vaines sans une bonne préparation psychologique, une excellente mise en condition.

Un bon vendeur doit se sentir à l'aise, bien dans sa peau, sûr de lui, combatif sans agressivité, enthousiaste. Il doit être **disponible**, c'est-à-dire libre de toute préoccupation.

Comment se préparer psychologiquement ?

– Tout d'abord, essayer d'équilibrer sa vie privée pour qu'elle ne perturbe pas la vie professionnelle. C'est éventuellement la première vente à faire à son entourage ; sinon, c'est la vie professionnelle qui perturbera la vie privée.

– Adopter une attitude positive, c'est-à-dire : parler calmement, éviter les remarques complexantes, remplacer les mots négatifs par des mots positifs, admirer sincèrement, complimenter naturellement sur les choses bien faites, dire merci, trouver des choses positives à dire lors de discussions négatives, garder le sourire, quoi qu'il arrive !

– Si vous avez choisi ce métier, c'est que vous l'aimez ; alors montrez-le, ou changez. **On ne fait bien que ce que l'on aime.**

– Perfectionnez vos méthodes de travail, remettez périodiquement vos techniques de vente en question. Faites le point de temps en temps, pour vous assurer qu'elles sont bien appliquées.

– Développez vos connaissances personnelles, votre culture, vos facultés de communication, vous augmenterez la confiance en vous.

– Multipliez vos relations, le vendeur ne doit pas vivre en vase clos.

Rappelez-vous que…

le succès est une question d'attitude devant les réalités.

En conclusion, préparer ses activités, c'est en somme avoir une direction, un guide, un chemin à suivre et non se laisser aller aux inspirations du moment, à l'arbitraire du sort, au ballottement des événements.

Les programmes, les plans, nous lient et nous contraignent à une discipline, à un ordre, à des méthodes efficaces.

Ils permettent une coordination des efforts et représentent **un facteur de réussite** !

La bonne utilisation de notre temps, de nos vingt-quatre heures potentielles, ne vaut-elle pas la peine de consacrer quelques minutes pour une utilisation plus rationnelle des minutes restantes ? C'est là un des plus importants critères d'efficacité dans la réussite des hommes de valeur.

1 4 COMMENCER PAR PROSPECTER
L'APPROCHE – SOURCES ET MOYENS DE PROSPECTION – L'APPROCHE PAR CORRESPONDANCE – L'ENQUÊTE – LE TÉLÉPHONE ET LA PRISE DE RENDEZ-VOUS – L'INTRODUCTION DIRECTE.

1 4.1 L'approche

1 4.1.1 Qu'est-ce qu'une approche ?

On a défini l'approche par de nombreuses façons et on la trouve sous beaucoup de formes. Les définitions données dans le dictionnaire sont : « S'avancer plus près. », « Un moyen par lequel quelque chose peut être atteint ». Une personnalité de la vente a dit : « C'est le fait de pénétrer dans l'esprit du prospect. » D'autres disent que c'est « surmonter les obstacles pour acquérir un acheteur », « ouvrir la vente », « séduire dès son entrée par un motif ». Il est important d'avoir toujours à l'esprit que vous **devez** entrer et que vous **devez** arriver à la personne qui peut acheter, si vous voulez avoir la chance de faire une **vente**.

1 4.1.2 Les types d'approche

Les différents types d'approche peuvent être utilisés dans les conditions suivantes :

Commencer... CO1

1 – Pour demander un rendez-vous par téléphone.

2 – Faire une visite quand on ne connaît pas le nom de la personne qui achète chez un client important.

3 – Faire une visite quand on connaît le nom de la personne qu'il faut voir chez un client important.

4 – À la suite d'une doléance.

5 – Faire les deux visites d'approche (à la réceptionniste et à la personne qui a le pouvoir d'acheter).

6 – La sollicitation par téléphone (l'enquête).

7 – Suivre les contacts par courrier direct.

8 – L'approche par correspondance (le publipostage, ou *mailing*).

9 – Évaluer l'entretien.

10 – Les appels téléphoniques aux clients actuels.

11 – Une approche par référence (quand un client vous recommande à une autre entreprise ou à une personne). Etc.

QU'EST-CE QU'UN PROSPECT ?

Le prospect est une personne que l'on visite et qui peut être intéressée par un produit déterminé. Qui, par conséquent, est susceptible de nous signer à plus ou moins brève échéance un bon de commande.

Mais comment le détecter ? Comment alimenter son fichier prospects ?

1 4.2 Sources et moyens de prospection

Le vendeur a deux sources pour préparer sa prospection : la source propre à l'entreprise et la source extérieure à l'entreprise.

1 4.2.1 Source propre à l'entreprise

La première des choses à consulter dans l'entreprise, c'est le fichier prospects (s'il existe) laissé par le prédécesseur.

Ensuite, l'on peut se pencher sur les études de marché éventuellement réalisées ou sur les statistiques en possession sur les branches professionnelles et les produits. Cela permet d'orienter ses efforts en connaissance de cause.

De plus, l'entreprise met parfois à la disposition de ses représentants des annuaires professionnels ou régionaux, tels le *Kompass* ; le *Bottin* ; *Qui décide en région parisienne ?*, *... lyonnaise ?*, *... en France ?* ; *L'Essor* ; *France 10 000*, etc.

Enfin, les collègues, les autres services de l'entreprise, tel le service après-vente, peuvent fournir d'excellentes indications.

1 4.2.2 Source extérieure

Selon le type de vente, les origines de l'information peuvent être diverses et je les classerai en :

– **Origine chronologique :** amis d'enfance, amis d'études, amis du service militaire, amis d'anciennes professions, amis actuels, collègues, relations et clients, etc.

– **Origine catégorielle :** Les experts comptables et comptables agréés (souvent « prescripteurs ») ; les personnes à qui on effectue un paiement (fournisseurs, docteurs, dentistes, boulangers, épiciers, bouchers, coiffeurs, etc.) ; les organisations politiques, sportives, scolaires, professionnelles, culturelles, religieuses, clubs, associations ; les connaissances : de la rue, du voisinage, du trajet, du garage, etc. ; les organismes publics, semi-publics ou parapublics (gendarmerie, H.L.M...).

Commencer... CO1

En somme, tout ce que l'on pourrait appeler « les indicateurs », tels que : employés municipaux, agences (voyages et immobilières), E.D.F., concierges, etc.

– **Recherche personnelle :** Connaissances de l'épouse. Une nouvelle voiture dans la rue : qui ? Le gérant d'un nouveau magasin, nouvelle maison en construction, nouveaux voisins, naissances, fiançailles, mariages, décès, rentrées scolaires (primaire, secondaire, supérieur...). Des changements de profession, agrandissement d'un magasin. Les réunions professionnelles (entreprises, professions libérales), participation à des clubs (Rotary, Lions...), des syndicats, les vacances et voyages, etc.

– **Les listes** (annuaires, bottins, sur Cédéroms...) : même nom... (originalité pour introduction). Même groupe (médecins, notaires, dentistes, architectes, etc.). Les listes de la Chambre de commerce et d'industrie, des organismes et syndicats professionnels, de clubs ou d'associations, les bulletins municipaux, la même école, etc.

J'insisterai vivement sur une source extrêmement efficace, **celle de nos clients et prospects,** une source que nous n'utilisons pas assez et ceci à notre détriment. Mais j'y reviendrai au chapitre 7.3.1.

4.2.3 Les moyens de prospection

Lors de mon explication sur l'approche, j'ai déjà abordé en partie ce sujet, les moyens de prospection étant très liés aux types d'approche.

Citons, sans être exhaustifs

– Les relations publiques et la publicité, les offres d'emploi,

– La vente par correspondance,

– La vente par téléphone, par minitel, par télex, par télécopie (fax), par internet,

– La vente par self-service,

– La vente par référence dynamique (clients ou prospects),

– L'approche par correspondance ou publipostage (appelé aussi *mailing*),

– La télénégociation ou prise de rendez-vous par téléphone,

– L'introduction directe, etc.

Je développerai particulièrement les quatre derniers points, les premiers étant plus le fait de choix de politique commerciale.

Auparavant, deux questions auxquelles nous devons apporter une réponse : pour se faire recevoir, le vendeur **doit-il** s'annoncer ? et si oui, **comment** le vendeur doit-il s'annoncer ?

4.2.4 Se faire recevoir

Le représentant doit-il s'annoncer ?

La réponse à cette question est variable, selon le produit et le type de vente.

Beaucoup de vendeurs préfèrent ne pas s'annoncer parce qu'en réalité ils ne maîtrisent pas assez la technique de prise de rendez-vous par téléphone.

À l'heure actuelle, dans la majorité des cas, il est préférable de s'annoncer et surtout de prendre rendez-vous. Dans le cas de clients importants, c'est impératif.

Même dans le cas d'une première visite à un prospect, je dirais **OUI, il faut s'annoncer !** Pourquoi ?

– Parce que c'est le respect de règles établies, du jeu de la négociation.

– Parce que cela permet de venir à une date convenant au client ou au prospect (cf. l'anecdote page 99).

– Parce que cela permet au vendeur de choisir ses dates et d'organiser son planning de tournée.

Commencer... CO1

- Parce que la visite offre alors le caractère d'être destinée à ce client ou prospect et non faite au hasard d'un passage.
- Parce qu'une visite coûte cher et mérite attention.
- Parce que le fait de s'annoncer valorise la démarche et le vendeur lui-même.

Aujourd'hui, les gens sont pressés, ils vivent vite ; c'est pourquoi, même dans le cas de la vente à des particuliers, je crois vraiment qu'il faut remplacer le porte-à-porte par une vente plus valorisante pour tous, par un contact pré-établi qui permet de prendre en compte l'organisation du temps de l'autre.

Lorsque vous trouvez devant vous cette pancarte : « Messieurs les représentants sont reçus tel jour, de telle heure à telle heure... », prenez rendez-vous dans cette fourchette, vous serez mieux accueilli et vous gagnerez du temps.

COMMENT S'ANNONCER ?

Plusieurs moyens existent pour s'annoncer

- Le téléphone,

qui suit une lettre ou un avis de passage dans un délai relativement bref pour éviter l'oubli (3 à 8 jours).

La prise de rendez-vous téléphonique : meilleur moyen dont dispose le vendeur, que nous étudierons en détail au chapitre 1.4.5.

- Le courrier

qui peut être un avis de passage (procédé un peu cavalier), une lettre personnelle lorsque le nom de l'intéressé est connu, le publipostage (courrier circulaire) dont nous parlerons plus loin, ou une télécopie.

Dans le cas du courrier, il est bon de joindre sa carte de visite ou une lettre d'introduction faite par un client ou une relation.

Dans tous les cas, il est utile de se servir d'une recommandation verbale, avec l'accord préalable de la personne à laquelle on se réfère.

Mais attention : être sûr que ce soit positif, certaines entreprises ou personnes entretiennent de mauvaises relations (jalousies, concurrence, etc.).

1 4.3 La vente par référence dynamique

Parmi les sources et moyens de prospection les plus efficaces, il faut citer la « référence dynamique », appelée également « référence active », ou « boule de neige ».

C'est être recommandé à d'autres prospects par le client ou le prospect lui-même, soit de sa propre initiative, soit sur l'incitation du vendeur.

Cette manière de faire permet d'obtenir rapidement des noms et des adresses dont la fiabilité est plus grande que dans les autres cas. Les rendez-vous sont obtenus plus facilement, sont plus nombreux et aboutissent à de meilleurs résultats. Le climat relationnel des contacts est plus chaleureux. Cela devient un réel plaisir que de vendre ainsi. Compte tenu de l'importance de cette pratique, nous l'approfondirons au chapitre 7.3.1.

1 4.4 L'approche par correspondance (publipostage)

Prospecter par lettre est un moyen dont les résultats sont actuellement très décevants. C'est pourquoi, compte tenu du coût, il faut s'entourer de conseils pour entreprendre ce que l'on appelle un « publipostage » ou « mailing » en anglais.

Deux sortes de publipostages peuvent être faits. Le premier, appelé **publipostage de masse** (1 000 envois et plus pour des raisons de plus faibles tarifs postaux) est en principe envoyé directement par l'entreprise à partir de listes (INSEE, par exemple). Pour que l'impact soit meilleur il faut qu'il soit répétitif, c'est-à-dire envoyé au moins trois fois à la même cible.

Le rendement est relativement faible pour des prospects, puisqu'il peut être de l'ordre de 0,5 % à 5 %. Envoyé à des clients, le rendement est bien sûr plus fort ; cela peut aller à des taux de réponses atteignant 30 %, provoquant 7 % de ventes et même exceptionnellement 80 % de ventes (cas de proposition jointe à un quittancement-terme en assurances).

La deuxième sorte de publipostage est la prospection **par petits paquets**. C'est ce moyen que je recommande vivement, à une condition expresse : c'est de suivre impérativement par un appel téléphonique ou une visite dans la semaine qui suit, que le correspondant ait ou non répondu.

Il s'agit d'envoyer chaque semaine, soit sur un secteur géographique déterminé, soit sur une cible professionnelle particulière, soit sur les deux combinés, une dizaine de lettres annonçant soit votre appel, soit votre passage. Ces dix adresses seront l'ossature de votre prochaine tournée dans tel ou tel secteur.

Une troisième sorte de publipostage est l'envoi de fax multiples aux heures nocturnes. La présentation en est moins conventionnelle que celle des lettres, car elle permet l'utilisation de dessin, de message publicitaire, une personnalisation de la cible.

Voici quelques conseils pour rédiger de tels messages, mais n'hésitez pas à consulter des amis, des relations ou à faire des tests avant de vous lancer.

4.4.1 Le contenant d'une lettre de vente

La forme d'un tel message a une grande importance. La négliger réduit l'impact ; la travailler renforce considérablement l'effet produit sur le lecteur.

L'alchimie de la vente

Voici dix principes à suivre **pour que la FORME d'une lettre soit MOTIVANTE :**

1 – Rédiger la lettre en simili-manuscrit, avec une enveloppe neutre, si l'intérêt est privé ; elle sera en simili-dactylographie, avec une enveloppe imprimée, si l'intérêt est commercial.

2 – Utiliser du papier de bonne qualité.

3 – Faire repiquer les nom, prénom, titre et adresse du destinataire.

4 – Utiliser des phrases courtes (15 mots environ), c'est-à-dire ce qui se lit sans respirer.

5 – Laisser du blanc, aller souvent à la ligne, aérer.

6 – Faire ressortir certains mots ou phrases (ne pas en abuser) et appuyer l'argumentation par des caractères différents du caractère général, des caractères gras, des lettres capitales (majuscules), des mots ou phrases soulignés ou entourés par un cercle d'une autre couleur, une coche ou un trait en marge de couleur différente, des renvois, des décalages ; des points d'exclamation, de suspension (à bon escient), des phrases imprimées en rouge, un post-scriptum, un mot manuscrit, etc.

7 – Ne pas oublier que la signature manuscrite est préférable à la signature imprimée (à condition d'être lisible).

8 – Prévoir l'adresse du destinataire collée sur le coupon-réponse et placée sous l'enveloppe à fenêtre (ce qui évite le repiquage de l'adresse et ainsi l'enveloppe à fenêtre peut servir à l'aller et au retour).

9 – Plier la lettre en laissant apparaître sur le dessus soit la phrase d'accrochage, soit l'argument choc.

10 – Affranchir au tarif des lettres closes avec des timbres **récents** ; ce moyen est préférable au timbrage à la machine (20 % à 30 % de rendement en plus).

Commencer... CO1

1 *4.4.2 Le contenu d'une lettre de vente*

L'effet sera d'autant plus fort que la lettre présentera un caractère d'individualité et de communication **personnelle**.

RÈGLES À RESPECTER.
D'abord se mettre dans la peau du destinataire. Toutefois, il n'existe pas vraiment de lettre standard, car le produit, la cible et les circonstances pouvant changer, le mieux consiste à se rapprocher le plus possible d'un vrai courrier. Un moyen de se mettre dans la peau du destinataire revient à penser à **Monsieur X ou Madame Y, que l'on connaît et qui appartient à la cible visée.**

Employer le langage courant (en évitant le jargon), et choisir les termes précis (exemple : *juste prix* est meilleur que *prix coûtant...*). S'exprimer de façon vivante (exemples concrets, imagés...).

Entrer au plus vite dans le vif du sujet, c'est-à-dire aller droit au but.

Ne rien écrire de désagréable au lecteur.

Ne traiter qu'un seul sujet par lettre, en n'utilisant qu'une page, si possible, de 20 lignes au maximum. Sinon, deux pages recto sont préférables au recto-verso (dans ce cas, le lecteur doit être incité à tourner la page, en interrompant la phrase en bas de page et en notant *T.S.V.P.*).

CONSTRUCTION DE LA LETTRE.
Personnaliser sur l'enveloppe, et si possible sur la lettre, le message en indiquant les prénom, nom, titre et adresse.

Dater la lettre de la date d'envoi vraisemblable. Noter : « Ce mardi... », « Ce vendredi », si la date d'envoi n'est pas sûre.

Attirer l'attention par une formule, soit en objet, soit en début de lettre, après avoir indiqué « Cher Client » s'il s'agit d'un client, ou

« Monsieur » s'il s'agit d'un prospect. **L'accroche de départ** est soit manuscrite, soit un gadget, soit une phrase choc, telle que :

« Vous allez partir en vacances... »,

« Bientôt, vous fêterez votre anniversaire de mariage... »,

« Vous ferez des économies en... »,

« Vos affaires seront bonnes cet hiver... »,

« Vous serez les premiers à bénéficier... »,

« Vous battrez vos concurrents... »,

« La santé de vos enfants... », etc.

Vous pouvez attirer l'attention et susciter la réflexion par une bonne formule interrogative. Exemple : « Comment allez-vous réagir face à la crise ? ».

Utilisez de préférence *vous..., vos..., les vôtres...* à *je..., et à nous...,* sauf si vous pouvez remplacer *je* et *vous* par *nous*. Exemple : « Quand pouvons-nous nous rencontrer ? »

L'important est d'éviter à tout prix que le lecteur jette la lettre au panier.

Susciter l'intérêt : de quoi s'agit-il ? Faire miroiter l'essentiel du produit à partir d'une question ouverte au lecteur : « Que penseriez-vous de... ? », « Avez-vous déjà pensé à... ? ».

Déclencher le désir, du fait de l'attrait impérieux de l'offre. Sélectionner les arguments positifs et négatifs (lever une objection) :

– du point de vue du vendeur,

– du point de vue du lecteur. Partir de ses préoccupations immédiates et les classer par ordre d'importance décroissante. En choisir une, deux ou trois au maximum, telles que : la santé, la sécurité, la nouveauté, l'économie, un service spécifique, en fonction de la cible, des points forts de vos produits, de la faiblesse de la concurrence et du contexte psychologique.

Cette phrase est l'une des plus délicates à trouver et se résout plus facilement par un travail de recherche en groupe (arguments logiques et psychologiques). On veut souvent trop en dire :

savoir se limiter à l'essentiel.

Provoquer l'action, c'est-à-dire concrétiser la démarche du lecteur par le renvoi du coupon-réponse. Utiliser un verbe d'action. Proposer éventuellement un avantage (remise ou cadeau) » ... si la commande est passée avant le... » ou si le destinataire « ... répond avant le... ».

La formule de politesse simple suit immédiatement. Se rappeler que la zone avant la formule de politesse est souvent peu lue ; d'où la nécessité de réveiller l'attention par un artifice graphique.

Le *post-scriptum* est toujours lu : y résumer l'argument Numéro 1 ou attirer l'attention sur tel paragraphe ou indiquer l'avantage concédé en cas de réponse rapide...

La signature est si possible manuscrite, sinon imprimée en **noir**, après le nom et le titre du signataire en clair.

Pièces jointes : toujours un coupon-réponse, souvent un dépliant publicitaire.

1 4.4.3 Comment lancer une campagne de vente ?

PRÉPARER LA CAMPAGNE.

Choisir les objectifs :

Produit (nouveau, ancien) ;

Cible : des clients, des prospects n'ayant pas encore réagi, des prospects ayant déjà réagi.

Il s'agit de segmenter la population en groupes homogènes, ayant des caractères socio-économiques communs, ce qui rend le comportement et les motivations similaires.

Choisir les moyens :

– Lettre seule, avec ou sans coupon-réponse, avec ou sans dépliant publicitaire ;

– Carte de visite ou carte postale ;

– Lettre-dépliant incluant le coupon-réponse.

Ne pas oublier qu'il s'agit d'un document :

– d'attaque (en vue de vendre),

– de préparation à la vente (prise de rendez-vous, annonce de visite...

– de relance (première, deuxième, troisième,...),

– de réponse à une demande de renseignements, etc.

Choisir l'argumentaire, en fonction de la cible visée.

Nota : **Le projet de lettre** doit être testé avant que le texte définitif ne soit imprimé (par exemple auprès de relations, de secrétaires).

SÉLECTIONNER LES ADRESSES

... à partir d'un bon fichier d'identité (clients ou prospects), ou à partir d'un fichier de motivations (catégoriel).

Ces fichiers peuvent être préparés par l'entreprise ; ils sont souvent fournis par des organismes spécialisés en fonction de certains paramètres. **Les questions suivantes sont à se poser :**

1 – À **quand** remonte la dernière expédition sur ce fichier ? **Quel** a été le pourcentage de retours postaux ? Les corrections ont-elles été faites ? Le code postal est-il juste ?

2 – **Quel** est le pourcentage de « doublons » entre plusieurs fichiers d'adresses ?

3 – S'il s'agit d'un fichier-maison, **où** trouverai-je les adresses des prospects ?

4 – **Qui** se charge de la mise à jour ? **Qui** élimine les retours et inscrit les bonnes adresses ?

5 – **Comment** enrichir le fichier de base ? **Comment** parer à la dégradation du fichier ?

6 – Si c'est un fichier de clientèle « Entreprises », **qui** est le vrai décideur ? (nom et adresse fraîche).

7 – Faut-il informatiser mon fichier ? (la télématique est pour aujourd'hui !).

8 – **Comment** optimiser l'exploitation de mon fichier ? (états statistiques de ventilation par sexe, origine, secteur géographique...).

9 – **Quels** paramètres prévoir dans mon fichier ? (âge, profession, titre, origine de l'adresse, historique d'achat, population des localités, synthèse du profil du consommateur...).

AUTRES TRAVAUX PRÉPARATOIRES

– Quantités d'envois (cartes T ou non) ;

– Dates d'envoi : fin de semaine en début de mois pour les particuliers, début de semaine pour les entreprises (savoir choisir la période **en saisissant des opportunités**).

– Établir le planning des relances (première relance : une semaine après ; deuxième relance : deux semaines plus tard ; troisième relance : quatre semaines plus tard).

– Faire les choix techniques (qualité de papier, format, caractères, photos, couleurs, mode de reproduction).

– Prévoir le budget (frais fixes, frais variables).

Suivre la campagne, c'est-à-dire le déroulement des opérations selon une fiche planification.

Voici un exemple pour un vendeur qui envoie une lettre de vente tel jeudi, afin de prendre des rendez-vous avec des clients :

Nom et Adresse	Date de réception du coupon réponse	Date et heure du rendez-vous obtenu	Nombre et montant H.T. des commandes	Observations

Après la campagne, plusieurs contrôles permettent de mesurer le rapport coût/efficacité de l'effort de vente entrepris :

– S'assurer auprès de quelques destinataires témoins de l'état du matériel reçu.

– Contrôler les listes d'adresses (pourcentage des retours : en cas de listes achetées, remboursement des timbres si le pourcentage est supérieur à 5 %).

– Contrôle du rendement de l'opération :

- nature de la campagne,

- durée (date initiale d'envoi + cadence des relances),

- type de lettre et de relances expédiées,

- nombre d'envois effectués auprès de telle nature de cibles,

- **nombre de rendez-vous obtenus,**

Commencer... CO1

- **nombre de ventes réalisées,**
- montant du chiffre d'affaires (hors taxes),
- temps consacré à la préparation (en heures de travail) pour le responsable, pour le personnel administratif,
- temps consacré aux rendez-vous,
- frais divers (postaux, impression, déplacements...)...

D'où les ratios suivants :

$$\frac{\text{nombre de ventes réalisées X 100}}{\text{nombre d'envois effectués}} = X\%$$

$$\frac{\text{nombre de ventes réalisées X 100}}{\text{nombre de rendez-vous}} = Y\%$$

$$\frac{\text{montant des commandes de la première année X 100}}{\text{montant des dépenses engagées (1)}} = Z\%$$

(1) Dépenses en temps passé (à valoriser) + frais divers engagés.

4.4.4 L'enquête au téléphone

Afin de visiter avec le maximum de chances, certains vendeurs ou certaines entreprises pratiquent une enquête auprès des particuliers ou des sociétés cibles pour savoir leur degré d'équipement, leurs besoins, leur importance et déterminer ainsi l'opportunité de rendre ou non une visite.

Voici un modèle de carte-enquête sur les moyens informatiques qui permet de suivre un canevas sans omettre de questions. Le recto permettant de noter les réponses positives, le verso de noter les réponses négatives.

(voir page suivante)

L'alchimie de la vente

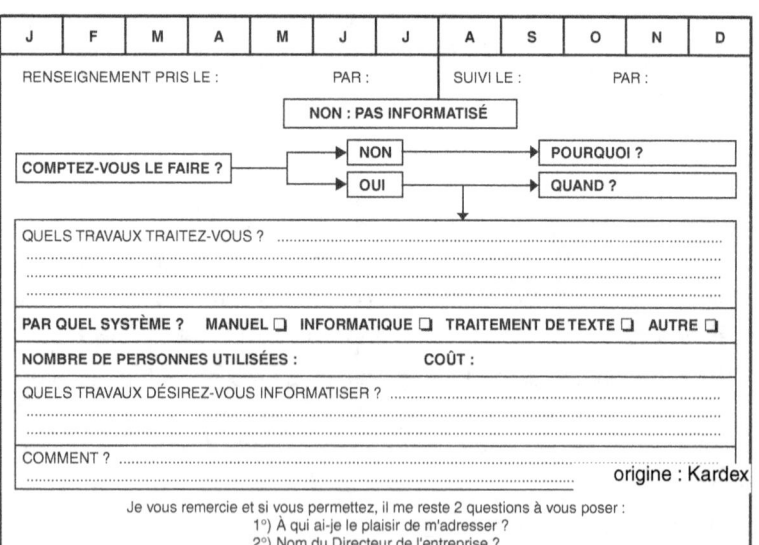

origine : Kardex

Commencer... CO1

1 4.5 Le téléphone et la prise de rendez-vous

> N'importe quel vivant, par sa structure, est un récepteur admirable de toutes ondes.
>
> ALAIN

Le téléphone fait partie désormais de notre vie de tous les jours et il est devenu un outil indispensable à la vie moderne active. Cependant, son utilisation est encore laissée trop souvent à l'improvisation, tant individuellement qu'au niveau de l'entreprise.

Or, pour une entreprise, les communications téléphoniques comme la correspondance peuvent en donner une bonne ou une mauvaise image...

Cette image peut être...

positive :

gaie, ouverte, dynamique, efficace, sympathique, bien organisée...

ou négative :

vieillotte, terne, endormie, passive, antipathique, mal organisée...

... en fonction de notre propre comportement au téléphone, car...

---
pour notre interlocuteur, notre société, c'est nous.

Comment pouvons-nous intervenir pour présenter une « image de marque » positive ?

Il suffit, comme pour l'emploi de tout outil, de faire l'apprentissage d'une technique, qui, dans le cas précis du téléphone, est une technique rigoureuse qui aboutit à l'efficacité.

Cette efficacité se traduit par une prise de rendez-vous plus aisée, que la téléphonie soit entrante (on nous appelle), ou qu'elle soit sortante (nous appelons).

L'alchimie de la vente

Mais il y a nécessité absolue d'avoir « l'esprit vendeur » au téléphone et d'être conscient de son comportement.

La prise de rendez-vous téléphonique est un moment vital de l'acte de vente ; suivant sa qualité, on obtient ou non le rendez-vous avec le responsable de haut niveau que l'on attaque. Donc, suivant sa qualité, on aura le premier entretien qui nous permettra d'engager toute notre affaire. Si notre prise de rendez-vous téléphonique est mal faite, c'est toute notre vente qui peut être mise en cause ; il peut être, en effet, très difficile d'essayer de reprendre contact avec un responsable à haut niveau après que le premier entretien n'ait pas été accordé.

Le plus beau compliment que j'aie reçu, c'est celui d'un V.R.P., vieux routier de la vente qui, à l'issue d'un stage de vente, m'accorda avoir appris au moins une chose : à téléphoner ! Il expliqua à ses jeunes collègues qu'auparavant, ne préparant pas ses appels et n'ayant aucune méthode, il obtenait cinq rendez-vous sur dix appels ; après le cours, c'est sept réussites sur dix appels qu'il obtint. N'est-ce pas un bel exemple d'humilité ?

Buts de la prise de rendez-vous téléphonique :

– Être reçu au moment **nous convenant le mieux** et au moment convenant au prospect ;

– Être reçu par **l'interlocuteur** véritablement **compétent et autorisé** avec lequel nous allons pouvoir entreprendre notre vente.

– Être reçu lors d'un entretien où notre interlocuteur nous accordera toute **son attention** parce qu'il y sera préparé.

– Être reçu pour **une démonstration** dont le motif est prévu.

Le but final de la prise de rendez-vous téléphonique est d'obtenir l'entretien lors duquel sera vendue l'idée d'un nouvel équipement, la présentation de la gamme et du modèle le mieux adapté aux besoins du prospect : en un mot, l'idée d'acheter notre produit ou service.

Commencer... CO1

– Nous examinerons successivement les trois clés d'une bonne télé-négociation : la préparation, l'entretien, le suivi.

Nota : il est évident que selon le produit ou le service, il est possible de vendre au téléphone. Pour pratiquer la télévente, il faut utiliser les techniques de négociation de face à face, à condition d'être certain d'avoir l'interlocuteur valable au bout du fil. Cette pratique élimine les visites non rentables et les prospects indécis.

1 4.5.1 La préparation au téléphone

Préparation matérielle.

Avant de téléphoner, il est nécessaire de bien se préparer sur le plan matériel. Les conditions d'écoute doivent être favorables et il est souhaitable d'être isolé pour téléphoner. Ce n'est malheureusement pas toujours possible, mais veiller au maximum à l'environnement (bruit, place).

Une conversation téléphonique devant par principe être courte, il est utile d'avoir devant soi un chronomètre ou pour le moins sa montre.

Quels sont les éléments à préparer avant de téléphoner ?

– La fiche du client ou du prospect, ce qui nous permet d'y lire les renseignements ou de la mettre à jour (**nom de l'interlocuteur valable**, de la firme, numéro de téléphone exact, fonction, adresse, but, motivations, suites, etc.).

– Une feuille de travail, sur laquelle nous avons noté notre phrase d'attaque (argument orienté vers l'intérêt de l'interlocuteur), si possible formulée sous forme de question ouverte et technique, **les dates possibles** pour le rendez-vous et notre **but** clairement défini.

– Un bloc-notes et un crayon sont fort utiles près du téléphone, par exemple pour faire un calcul, ou noter une information diverse, une adresse, une référence,...

– Le carnet de rendez-vous ou l'agenda, pour **noter immédiatement le rendez-vous** obtenu.

– Parmi les préparations matérielles, nous pouvons également avoir un annuaire (récent) des téléphones, la liste préparée des appels (noms et numéros) que nous devons effectuer, avoir une trame **(argumentaire téléphonique).**

– Ne téléphoner que pendant des moments propices, car certaines heures sont encombrées selon les régions, et certains jours sont plus favorables. Savoir que l'on joint plus facilement certaines personnes soit tôt le matin, soit tard le soir. Attention aux jours de réunion, aux heures de courrier,...

– Les meilleurs jours pour prendre rendez-vous avec un prospect vont du lundi après-midi au vendredi matin.

– Généralement, les meilleures heures pour téléphoner pour un rendez-vous sont de 8 h 30 à 10 heures, de 12 h 30 à 17 heures et à partir de 18 heures jusqu'à 20 heures.

Il peut se faire, par suite d'encombrements de circuits ou d'occupations de votre prospect, que vous ne puissiez le joindre à des heures dites « normales ». Notre expérience montre que l'on joint facilement un haut responsable et directement, sans standard ni secrétaire, à des heures « anormales », soit :

de 8 à 9 heures – de 12 heures ou 12 h 30 à 14 heures – de 18 à 20 heures

– Il faut rappeler l'interlocuteur que l'on désire joindre s'il est absent, durant la même journée, jusqu'à ce que l'on ai pu l'obtenir, sans toutefois indisposer sa secrétaire.

– Ne pas compter sur la secrétaire pour qu'elle lui transmette notre demande de rendez-vous et ne pas s'attendre à ce qu'elle nous rappelle pour obtenir ce rendez-vous (sauf cas d'espèce).

– Dans tous les cas, joindre directement l'interlocuteur.

– Veiller à ne pas être dérangé lors des entretiens téléphoniques.

Préparation personnelle.

L'utilisation du téléphone crée une tension et il est important de se détendre, de se relaxer avant de téléphoner. Bien respirer, inspirer et expirer longuement, et **sourire avant de décrocher le combiné.** Cela détermine l'ambiance de la conversation.

Il faut aussi être installé confortablement.

Mais une préparation matérielle, physique, serait vaine sans une bonne préparation psychologique.

Il faut se sentir à l'aise, sûr de soi, enthousiaste et convaincu de la réussite de l'objectif : obtenir un rendez-vous.

Cette maîtrise de soi passe par une maîtrise des techniques de négociation qui nous rend totalement disponible pour percevoir l'autre.

Enfin, il faut avoir bien préparé la ou les phrases d'attaque pour accrocher l'intérêt de l'interlocuteur et pouvoir enchaîner rapidement sur la phase d'action. C'est une condition essentielle pour rester dans une limite raisonnable de temps, car un coup de téléphone doit être bref : deux à trois minutes au maximum.

– Être bref, concis, précis, sans engager la discussion et sans anticiper sur le sujet pour ne pas déflorer l'entretien qui viendra ensuite.

– Aller directement au sujet de l'entretien en véritable homme d'affaires ; agir en homme d'affaires ne signifie pas adopter un ton rude.

– Quoi qu'il arrive dans la prise de rendez-vous téléphonique, n'être en aucun cas ambigu ni verbeux.

– Si l'on ne peut vendre son idée avec une présentation musclée, ce n'est pas le nombre de paroles que l'on prononcera qui la fera vendre.

L'alchimie de la vente

– La voix doit être amicale, et les questions posées doivent être claires et énoncées lentement et calmement de telle façon que l'on soit parfaitement compris.

– Il faut se souvenir que le téléphone permet non seulement de porter la voix à son interlocuteur mais permet également de lui apporter une grande partie de sa personnalité. Il faut donc parler avec fermeté et autorité en véritable homme d'affaires, mais également se faire un peu « caméléon », c'est-à-dire ressentant la personnalité de l'interlocuteur au téléphone, suivre sa personnalité dans notre propre élocution.

– Notre voix, notre tonalité doivent inspirer la confiance par la sincérité et l'enthousiasme que l'on sent au travers.

Soyons certains que si nous faisons correctement notre prise de rendez-vous téléphonique, nous obtiendrons l'entretien. Quatre sur cinq des appels téléphoniques auprès de clients sont couronnés de succès lorsqu'ils sont correctement faits. **La réussite auprès de prospects peut atteindre 50 %.**

1 4.5.2 L'entretien téléphonique ; l'appel

L'entretien téléphonique peut se diviser en trois phases principales :

– La phase de présentation,

– La phase de développement et d'action,

– La phase de conclusion.

LA PHASE DE PRÉSENTATION

Cette phase est également appelée « phase d'identification », puisqu'elle permet de s'identifier et d'identifier l'interlocuteur.

Elle est constituée par quatre éléments principaux qui sont : la considération témoignée, la présentation complète, la phrase d'attaque, l'élocution.

Commencer... CO1

C'est une phase **lente et courtoise**. Pourquoi ?

Parce que le téléphone est une agression ! Notre interlocuteur ne nous attendait pas, il faisait quelque chose (penser, parler, écouter, compter, classer, etc.), notre intervention le dérange, c'est certain. Il faut le poser en postulat.

---
de la considération !

Il est donc inutile de renforcer l'impression négative du dérangement en s'excusant de façon trop marquée. Par contre, il nous faut faire preuve de courtoisie, de politesse et d'égards à l'encontre de notre partenaire.

C'est la **chaleur** de notre présentation, le ton de notre voix, la marque de considération qui consiste à **l'appeler par son nom**.

Présentation complète :

L'identification doit être claire et réciproque, c'est-à-dire qu'il faut savoir si nous avons affaire avec la bonne personne.

Nous devons donc, en lui demandant s'il est bien Monsieur D..., ayant telle fonction dans l'entreprise, nous assurer de son identité.

Ensuite, nous devons nous présenter **lentement**, en articulant bien, pour éviter à notre interlocuteur de nous faire répéter (ce qui se passe souvent pendant la phase de développement).

Exemple : « Bonjour, Monsieur Martin, mon nom est Jean Duval, représentant de la société E... Voici pourquoi je vous téléphone : ... »

Bien ponctuer le *bonjour* (considération), puis enchaîner par votre prénom et votre nom, puis celui de la firme, ajouter si besoin le nom de la ville ; faire une pause légère (silence pour donner le temps d'enregistrer), puis lancer la phrase d'attaque.

Éviter de se présenter en disant « Monsieur Duval », préférer l'emploi du prénom, qui, lorsqu'on connaît celui de l'interlocuteur, permet au niveau du barrage de créer un lien d'intimité.

Si le nom est un prénom, par exemple Monsieur Roger, pourquoi ne pas se présenter en disant :

« Bonjour, Monsieur Martin, mon nom est Roger, René Roger... ».

Ainsi, notre interlocuteur perçoit bien notre nom et le retient. De plus, le prénom annonce le nom, car n'oublions pas que notre auditeur « débarque », et il lui faut un certain temps pour « être dans le coup ».

Répéter éventuellement le *bonjour* par courtoisie, mais éviter les formules désuètes telles que les : « À qui ai-je l'honneur », ou mécaniques « Allo », « Oui ? ».

La phrase d'attaque

Il faut toujours se souvenir que c'est nous qui appelons le prospect et non lui qui nous appelle. C'est donc nous qui devons prendre toujours l'initiative des opérations et commencer la conversation.

Ce début sera effectué par une question d'ordre technique et éveillant l'intérêt comme nous allons le voir en traitant le déroulement de la prise de rendez-vous téléphonique.

La phrase d'attaque doit contenir un élément insolite, mais d'intérêt pour l'autre, afin de capter son attention. Ce peut être une référence connue de lui, un événement professionnel de sa branche, une manifestation ou une démonstration , sa réputation personnelle, etc.

C'est l'imagination, la créativité, qui nous fournira cet élément, ou une bonne observation, lors de la phase de préparation.

Cette phrase doit amener une réaction positive ; son utilisation est donc capitale, pour éviter les argumentations inutiles.

L'élocution :

La relation étant aveugle, il est important d'adopter au téléphone une tonalité basse, et lors de la première phase, un rythme lent, ce qui ne veut pas dire monocorde, car notre contact doit être vivant. Ensuite,

Commencer... CO1

nous entamons la deuxième phase par un débit allègre et un ton persuasif.

DÉROULEMENT DE L'ENTRETIEN

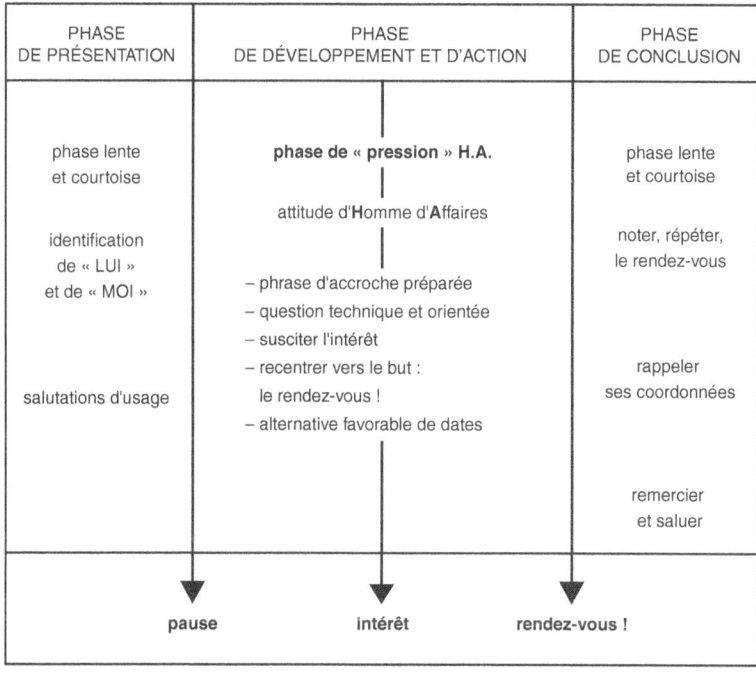

PHASE DE DÉVELOPPEMENT ET D'ACTION

C'est la phase de pression, la phase d'action, celle qui doit nous entraîner vers le but : le rendez-vous.

C'est une phase rapide et assurée.

Si le client s'informe, il faut lui donner un élément concret, sans argumenter, et parler de ce qui l'intéresse **lui**.

Nous devons essentiellement poser des questions de telle façon que nous éveillions l'attention et que nous ne puissions, en discourant trop, en exposant trop, déflorer le sujet de l'entretien.

On doit partir du cas client, du *vous*, du problème dans ses termes généraux.

Nous ne devons jamais utiliser les formules banales et usées comme :

– « Je voudrais vous présenter... »,

– .. Je voudrais savoir si vous avez besoin de... »,

– « Je voudrais vous parler de... »,

– « J'aimerais vous rencontrer... » (c'est l'évidence même !),

– « Connaissez-vous la société X... (la nôtre) ? », etc.

Par expérience, il s'avère que les termes suivants doivent être évités lors de la prise de rendez-vous téléphonique avec des responsables à haut niveau :

problèmes – enquête – achats – ventes

Nous devons également éviter les mots ou verbes faibles suivants :

je pense – peut-être – nous espérons – je suis intéressé à
je crois – je sens – il est possible que – probablement...

En résumé, toujours partir du vous, travailler à partir de questions en utilisant des tournures interrogatives, et des mots pleins de vigueur.

Après avoir entamé l'entretien par une question et l'avoir continué après la première réponse ou contre-question de notre prospect par une seconde question, il faut être prêt à répondre aux objections éventuelles qui peuvent être faites.

En fait, le plus souvent, il faudra anticiper ces objections, les prévenir comme tout au long de la vente. Ainsi que vous le savez, ces objections sont le plus souvent des questions destinées à obtenir des renseignements ou des éclaircissements.

ÉCOUTER, et centrer la conversation téléphonique sur ses motivations possibles sans perdre de vue que la **seule chose à « vendre » est le rendez-vous,** en prise de rendez-vous téléphonique.

Après chaque réponse, revenir sur la proposition ferme de rencontre. Ne pas avoir une attitude de quémandeur, **agir en homme d'affaires** sûr de lui et du service qu'il apporte, proposer et non demander.

Donner à l'interlocuteur l'impression qu'il choisit lui-même la date par la question : « QUAND cela vous arrange-t-il ?... » (et non dérange : rester positif !)... et influencer le choix en enchaînant très rapidement sur notre proposition par une question alternative : « ... lundi, vers dix heures, ou préférez-vous mardi dans la journée ?... » (précis et vague...).

Nous évitons ainsi une opposition catégorique. Si notre interlocuteur paraît gêné par les dates proposées, pratiquez la technique de la *nasse*.

Partir du principe que l'interlocuteur ne dit pas « Non, je ne veux pas vous recevoir », mais « non, je ne peux pas aux dates proposées ». Ensuite, ouvrir la *nasse* et proposer une alternative plus large, de semaine (la fin de cette semaine ou le début de l'autre... ?), puis refermer doucement la *nasse* par l'alternative de jours, de matin ou d'après-midi, d'heures, et conclure.

LA NASSE

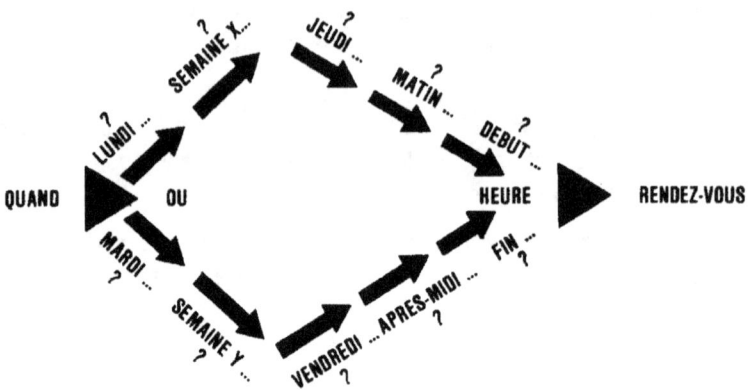

En cas de difficulté, pour fixer l'heure, proposer une heure cassée (quart ou demie), il est rare que les rendez-vous soient déjà pris à moins le quart ou au quart.

Ainsi, nous évitons la recherche du moment qui peut convenir à notre prospect, ce qui peut être assez long et ce qui peut prolonger inutilement la prise de rendez-vous téléphonique. En donnant un choix, nous évitons également la possibilité de refus de l'entretien. **La technique alternative doit toujours être utilisée en prise de rendez-vous téléphonique.**

Surveiller toujours la possibilité de conclure la prise de rendez-vous téléphonique par l'obtention de l'entretien.

Conclure aussi vite et aussi souvent que possible. Dans la majorité des cas, on peut le faire après la première ou la deuxième question que l'on a posée, en utilisant tout de suite la technique alternative. Dans le cas d'objection, proposer tout de suite un rendez-vous par la technique alternative, après réponse faite.

L'insistance à obtenir l'entretien est essentielle pour la bonne réussite de la prise de rendez-vous téléphonique.

Mais rappelons-nous que rien ne sert d'obtenir un rendez-vous si nous n'avons pas toutes les armes pour intéresser notre interlocuteur, ce que nous voulons, c'est *un rendez-vous utile.*

PHASE DE CONCLUSION DE L'ENTRETIEN

L'accord étant obtenu, nous retombons dans une phase lente et courtoise, pour n'omettre aucun renseignement nécessaire et laisser notre correspondant sur une impression favorable en vue du futur entretien.

Confirmer l'heure et le lieu de rendez-vous, ne pas hésiter à répéter pour montrer que nous avons bien enregistré et lui donner le temps de noter sur son agenda : « J'ai bien noté, Monsieur Martin, lundi 15 novembre, à quatorze heures, en vos bureaux, 14, rue…. Merci, Monsieur Martin. »

Rappeler notre nom, notre firme et éventuellement notre numéro de téléphone.

En effet, le prospect pourrait avoir un empêchement et serait ennuyé de ne pouvoir nous prévenir. Il n'y a aucun risque à lui donner notre numéro, car, en supposant qu'il revienne sur sa décision, il trouverait un moyen pour nous éconduire. L'avantage est, dans tous les cas de figure, de gagner du temps.

Enfin, **remercier,** deux fois plutôt qu'une, en formulant une phrase aimable, et l'appeler par son nom, car n'oublions pas que c'est *la plus belle chanson qu'il aime entendre :*

« Au revoir, Monsieur Martin, à lundi 15 le plaisir de faire votre connaissance. Merci, Monsieur Martin… »

4.5.3 Le suivi

Le plus important est de bien noter tous les renseignements obtenus et la date du rendez-vous (nom, adresse exacte et complète, si possible le prénom : pour un futur courrier), indices de motivation, etc.

Si le rendez-vous est lointain (plus de 10 jours), préparer de suite une lettre de confirmation de l'entretien et l'envoyer huit jours avant la date prévue pour le rendez-vous.

En fonction de l'entretien, préparer de suite les documents nécessaires à la visite ; ainsi nous n'oublions rien et passons pour une personne bien organisée.

4.5.4 Le barrage

Combien d'entre nous disent *bonjour* à la standardiste ? N'est-ce pas le premier pas vers le rendez-vous ?

Ce *bonjour* évitera souvent une inquisition à ce premier stade, de même qu'un *merci* ferme et poli.

Lorsque nous avons en ligne la secrétaire, être très courtois et lui donner de l'importance. Son rôle est de filtrer, ne pas s'en offusquer, mais l'aider. Lui demander si elle est « la secrétaire **personnelle** de Monsieur Martin » et valoriser sa position par un « c'est vous, Madame ou Mademoiselle, la personne la mieux placée pour me dire quand Monsieur Martin pourra me rencontrer... »

Dans ce cas, l'élément insolite est notre courtoisie (inhabituelle) à son égard. Elle doit devenir notre « complice ».

Si elle demande pourquoi nous désirons ce rendez-vous, c'est normal. Ne pas lui répondre vaguement, cela ne fait que renforcer sa méfiance. Il faut donner un point précis et concret d'intérêt pour son patron, auquel elle peut avoir du mal à répondre (question technique).

Commencer... CO1

Bien avoir en tête cette question : « Pourquoi me recevrait-il, justement moi ? »

le bonjour, le merci, l'assurance et la bonne raison sont les clés qui permettent la transmission sans délai.

Une recommandation : soyez persévérant, n'hésitez pas à téléphoner plusieurs fois pour joindre votre correspondant. La patience et la courtoisie sont toujours récompensées.

Je me demande pourquoi tant de vendeurs téléphonent une première fois dans une entreprise, et, s'ils n'obtiennent pas le contact, abandonnent et ne rappellent même pas une seconde fois. Le premier appel dans ce cas a été **parfaitement inutile.**

Méditons cette statistique : sur 100 appels refoulés une première fois, 20 représentants appellent une seconde fois, 4 appellent une troisième fois, seulement 1 appellera une quatrième fois !

Soyons celui-là !

Une dernière recommandation : restez simple ! C'est-à-dire n'utilisez pas de mots trop techniques, de jargon, connu de vous seul. Le téléphone est une corne d'abondance, à condition d'appliquer cette règle élémentaire et essentielle de la vente :

se mettre dans la peau de l'autre.

1 *4.5.5 Le télédisque et les principales réponses*

Vous trouverez à la page suivante un document synthétique des principales objections à la demande de rendez-vous et des réponses que l'on peut leur faire.

Trois principes ont guidé la rédaction de ce *télédisque* :

– IL FAUT **VENDRE** UN RENDEZ-VOUS. Par conséquent, éviter d'ARGUMENTER,

- Ne **JAMAIS** dire **NON** au prospect ni accepter ses réticences,
- Toujours **RECENTRER** vers l'alternative de dates et le **rendez-vous**.

Il est bon de connaître les réponses par cœur, mais attention :

- Évitez de les réciter toutes à la suite,
- Ne vous laissez pas surprendre par une objection insolite et non prévue.

Une bonne méthode pour répondre aux objections consiste à utiliser ce que l'on appelle « une pochette Kardex ». Elle contient, en marge visible, les objections-clés qui peuvent être faites (recensées d'après l'expérience), et à l'intérieur, la fiche Kardex contient la réponse adéquate à l'objection figurant en marge.

Certaines entreprises ont réalisé sur ce principe un catalogue des objections-réponses à l'intention de leurs collaborateurs de vente. En voici un bref exemple :

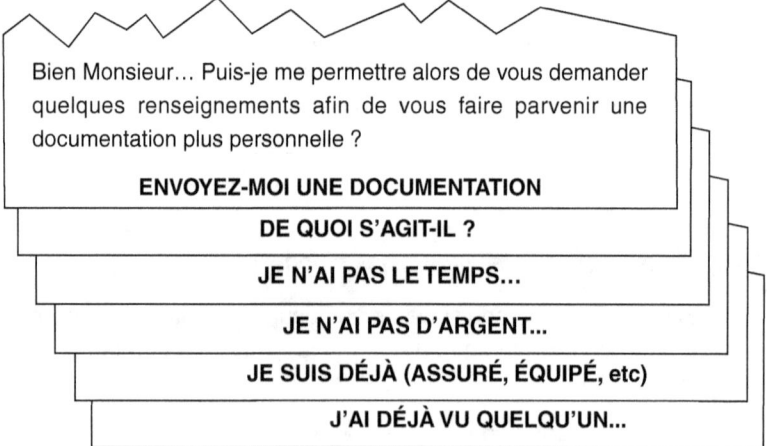

Commencer... CO1

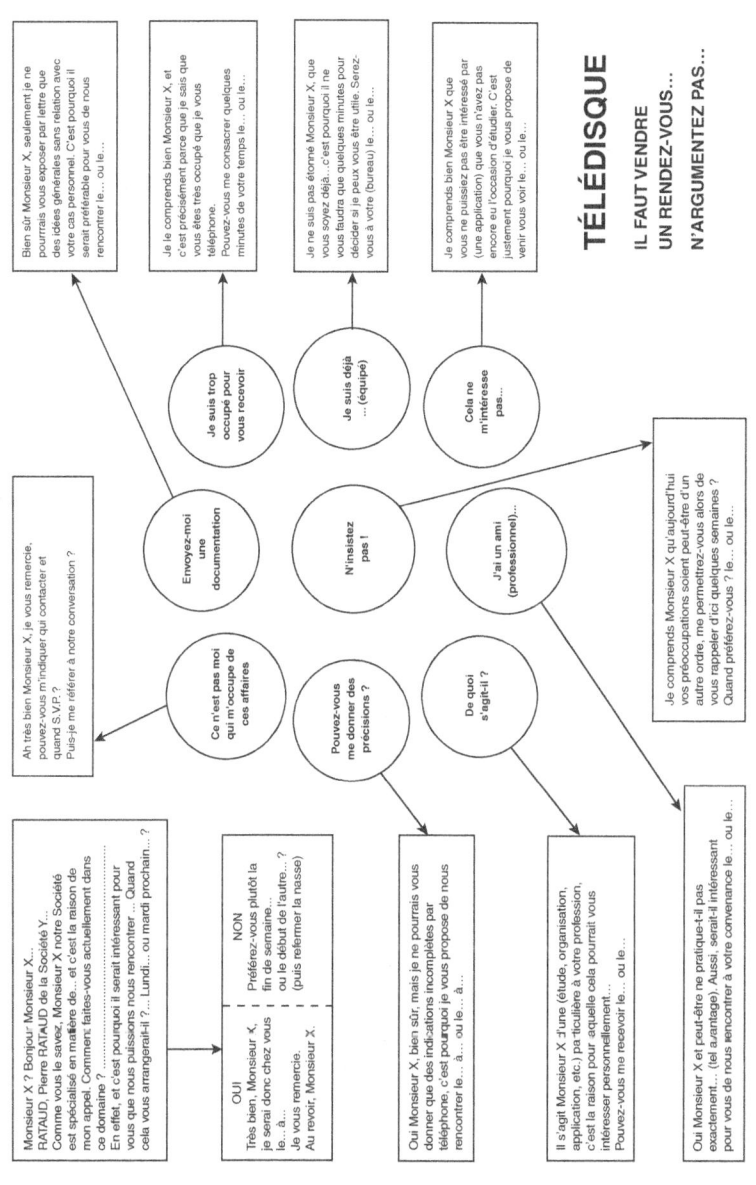

147

L'alchimie de la vente

PRÉPARATION EN 10 POINTS		ENTRETIEN EN 10 POINTS
Ne vendre qu'un rendez-vous au téléphone	1	Préparer l'appel respirer, se détendre, **sourire**
Dans quel but : Pourquoi ?	2	Salutations d'usage, identifier
Être bref, se préparer pour 3 minutes maximum	3	Présentez-vous lentement Nom, prénom, société...
Avoir une ou plusieurs phrases d'accroche	4	Faire une légère pause
Avoir la fiche client ou prospect devant soi	5	Phrase d'accroche question technique orientée vers LUI
Avoir son agenda ou son carnet de rendez-vous	6	Recentrer toujours vers le BUT : « le rendez-vous »
Avoir préparé des alternatives de dates possibles	7	Offrir une alternative de dates favorables
Avoir un bloc-notes et un crayon	8	Noter le rendez-vous, reformuler, confirmer
Avoir en tête le Nom de son correspondant	9	Remercier pour l'accord
Veiller à ne pas être dérangé	10	Saluer et raccrocher après LUI.

Commencer... CO1

1 4.6 L'introduction directe

Dans de nombreux cas de vente (assurances, vins, livres, automobiles, électro-ménager, etc.), il n'est pas toujours possible d'aviser de son passage, bien que cela soit de plus en plus nécessaire. Aussi le représentant doit-il rendre visite à ses clients ou prospects à l'improviste.

Dans le cas de clients, la chose est simple car c'est souvent dans le cadre de tournées plus ou moins régulières. En ce qui concerne la prospection pure, le vendeur confond trop souvent « improviste » et « inorganisation », laissant au hasard de la route le soin de lui faire découvrir de nouvelles cheminées, de nouvelles portes à franchir.

La prospection improvisée s'organise. Pourquoi ne pas prévoir avant de se mettre en route les circuits de prospection en fonction des tournées clients ? Selon le temps disponible, il est alors possible d'aller visiter tel ou tel prospect, sachant où il se situe, et connaissant sur lui un minimum d'informations.

1 4.6.1 La visite

Cette première tentative va se heurter à un barrage, celui de la réception, de l'accueil, qui peut prendre différents visages :

– Tout d'abord, en porte-à-porte, celui du décideur. Ce cas mérite les mêmes attentions que celles traitées au chapitre suivant sur la présentation.

– Le vendeur peut avoir devant lui un portier ou un huissier, agent d'accueil souvent âgé, qu'il faut traiter avec considération : « Vous êtes le seul, Monsieur, à pouvoir me renseigner..., à pouvoir m'informer..., à pouvoir me dire où... ».

– C'est fréquemment la standardiste qui fait office d'agent d'accueil dans les petites et moyennes entreprises, tandis que les plus importantes ont les moyens d'employer des hôtesses. Dans ce cas, se montrer aimable sans ostentation, courtois et poli. Ne pas oublier de dire *bonjour,... S'il vous plaît,... merci*, et de valoriser le rôle de l'employée.

– Si c'est la secrétaire de la personne que vous voulez voir qui fait office de barrage, traitez-la avec considération, et appuyez-vous sur elle en lui demandant ses conseils, son aide. Votre manière d'être aura beaucoup d'influence sur ses premières réactions et sur sa décision de vous introduire ou non.

C'est vraiment dans ce cas qu'une bonne préparation a toute son importance. Car elle vous permet d'offrir des raisons valables et concrètes de voir « son patron ».

La scène peut se passer ainsi :

– *La secrétaire :* « Avez-vous rendez-vous, Monsieur ? »

– *Le vendeur :* « Mais non, Mademoiselle, et c'est la raison pour laquelle je suis heureux de vous voir. Vous êtes la secrétaire personnelle de Monsieur X... ? »

– *La secrétaire :* « Oui, Monsieur... »

– *Le vendeur :* « Alors , Mademoiselle, vous êtes la personne la mieux placée pour dire si Monsieur X... peut me recevoir dans quelques instants ou s'il peut me fixer un rendez-vous. Que me conseillez-vous ? »

– *La secrétaire :* « Oui, Monsieur, mais c'est à quel sujet... ? »

– *Le vendeur :* « Je suis venu spécialement pour exposer (ou présenter) à Monsieur X... la particularité technique *abcd* qui pourrait professionnellement l'intéresser. Pouvez-vous lui demander de me recevoir, Mademoiselle... Merci. »

Et si le vendeur ne peut être reçu de suite, dans tous les cas, essayer d'obtenir un rendez-vous ultérieur et le maximum de renseignements utiles.

Mais si votre présentation physique et verbale ne laisse rien à désirer, si votre assurance (à ne pas confondre avec arrogance) est celle d'un homme d'affaires sérieux et aimable, les portes doivent s'entrouvrir devant vous.

4.6.2 La carte de visite

Lorsque vous demandez à voir un interlocuteur, il est de bon ton de présenter votre carte de visite à la réception pour faciliter la transmission de votre demande et de votre nom. Il est normal de se plier aux usages.

Voici une manière de faire qui est recommandée en cas de barrage ferme :

– Ne jamais partir en abandonnant sa carte de visite. Demander à la réceptionniste de vous restituer votre carte, sortez votre agenda, et sur la carte inscrivez : « À l'attention de Monsieur X... (précision demandée à l'hôtesse), directeur de... – Jean DUVAL (vous) regrette de n'avoir pu vous rencontrer ce jour, se permettra de vous appeler demain... (date), à... heures. Avec ses sentiments distingués. »

Puis vous notez sur votre agenda l'heure, le nom et le numéro de téléphone de votre prospect.

Ensuite, vous glissez la carte à l'hôtesse en lui recommandant : « Pouvez-vous transmettre ce message à Monsieur X..., Mademoiselle, s'il vous plaît ? Merci. »

Dans ce cas précis, votre carte sera transmise comme un courrier, préservé par les usages, et se retrouvera sur le bureau de Monsieur X... au lieu de finir dans la poubelle dès votre départ.

Mais surtout : soyez fidèle à votre rendez-vous téléphonique le lendemain (l'écart entre l'appel et la visite doit être court). Ainsi vous pourrez dire au standard :

« Bonjour, Mademoiselle, pouvez-vous me mettre en relation avec Monsieur X..., s'il vous plaît, je lui ai promis de le rappeler. Merci. »

Un homme qui tient ses promesses est toujours mieux considéré et cela lui donne une chance d'obtenir un rendez-vous avec Monsieur X... qui aura vraisemblablement conservé sa carte... pour voir.

2
Contacter... CO2

... Savoir se présenter
... Le sourire
... Influence des 20 premières secondes
... Attirer l'attention du prospect

Nous n'avons jamais l'occasion de faire une seconde première bonne impression...

2 1 SAVOIR SE PRÉSENTER
L'EXACTITUDE AU RENDEZ-VOUS – LE PREMIER CONTACT – LA PRÉSENTATION DU VENDEUR – LES PREMIERS MOTS – LES PREMIERS GESTES.

2 1.1 L'exactitude au rendez-vous

L'exactitude est dit-on la politesse des rois. Nous pourrions dire qu'elle est la vertu des vendeurs.

Être à l'heure nous place dans une position favorable pour l'entretien qui va suivre. Être en retard nous place en position d'infériorité. Voici quelques principes à respecter

– Ne jamais oublier un rendez-vous.

– Ne remettre un rendez-vous qu'en cas de nécessité absolue et toujours en prévenant.

– Si un rendez-vous est annulé et que l'on en soit prévenu par la secrétaire de l'interlocuteur, par exemple, téléphoner immédiatement pour convenir d'un autre rendez-vous.

– Enfin, si un entretien se prolonge au-delà des prévisions et que l'on risque d'être en retard au rendez-vous suivant, demander à téléphoner de chez le client chez lequel on se trouve, pour prévenir que l'on sera en retard, et proposer l'alternative soit d'arriver plus tard, soit de remettre le rendez-vous. C'est le minimum de courtoisie que l'on doit avoir.

De plus, lorsqu'on arrive, on n'a pas besoin de s'excuser, donc de se minimiser, car on est à l'heure au nouveau rendez-vous. Un simple remerciement pour le décalage aura beaucoup plus d'effet.

Qui plus est, cette pratique sera également appréciée par l'interlocuteur qui vous a retenu.

Procéder de la même façon dès que l'on atteint la demi-heure de retard : quelle qu'en soit la raison (embouteillage, incident, etc.), on n'est plus à cinq minutes de retard près, alors s'arrêter et téléphoner.

Mais le mieux est d'arriver à l'heure prévue et de s'organiser en conséquence.

1.2 Le premier contact, la présentation du vendeur

La vente est un *puzzle* dont chaque pièce a son importance. Elle est faite d'une somme de détails, parfois infimes et dont l'oubli peut nous coûter sa réalisation.

Il est peut-être présomptueux d'affirmer qu'on peut gagner une vente dans les premières secondes (sinon pourquoi prolonger ?), mais il est tout à fait juste d'affirmer que la vente peut être perdue dès le premier contact, également dans les premières secondes.

D'où l'édiction de quelques règles et principes à ne pas oublier. Et parmi ceux-ci, la « règle des 4 fois 20 ».

RÈGLE DES 4 FOIS 20 :

1 – Dans les 20 premières secondes,

2 – Attention aux 20 premiers pas (démarche assurée),

3 – Attention aux 20 premiers mots (présentation),

4 – Attention aux 20 centimètres du visage (regard franc et sourire).

Mais avant de développer ce « flash émotif » du premier contact, quelques précautions à prendre :

– La première est de veiller à sa présentation physique et vestimentaire (cf. chapitre 1.1.3.0.).

– La seconde est de songer au rapport de forces et de venir traiter au même niveau que l'interlocuteur (d'homme d'affaires à homme d'affaires), sûr de venir rendre UN SERVICE.

Peut-être connaissez-vous ce sigle mnémotechnique : V.I.P. ? En anglais : *Very Important Person,* traduit en français par « Visiteur d'une Importance Particulière. »

Le vendeur d'aujourd'hui doit être plus que jamais un V.I.P., c'est-à-dire un homme qui a de la **V**olonté, qui est plein d'**I**magination, qui est un **P**rofessionnel. Volonté de mettre en pratique, de progresser, d'atteindre ses objectifs. Imagination pour savoir sortir des sentiers battus, se renouveler, évoluer. Professionnel conscient de ses responsabilités.

Soyez convaincu d'être « un V.I.P. », un personnage important ; portez moralement un chapeau haut-de-forme, redressez-vous quand vous annoncez : « Voulez-vous dire à Monsieur Martin que Jean Duval désire le voir... Merci, Mademoiselle. »

– La troisième précaution : ne pas jouer les insouciants dès l'arrivée, les désinvoltes, les sans-gêne. On a déjà vu qu'avoir de l'assurance ne signifie pas avoir de l'arrogance.

Par conséquent, traiter avec considération les portiers, guichetiers, hôtesses et autres secrétaires qui sont chargés de vous annoncer.

Nous illustrerons ce point par une anecdote arrivée à un jeune vendeur, Michel M..., qui jura bien qu'on ne l'y reprendrait plus :

En arrivant dans une grande entreprise où il avait rendez-vous, ce jeune collègue gara sa voiture à la seule place qui restait disponible... celle du Directeur ! Puis il se fit annoncer à la réception. Pendant qu'il attendait dans l'entrée, survint un homme irrité qui s'exclama : « Quel est l'i... qui a pris ma place ? » À ce moment, notre vendeur se montre, s'excuse et propose de déplacer son véhicule. « Que venez-vous faire ? », lui demande alors le Directeur. « J'ai rendez-vous avec Monsieur D... », répond le vendeur. « C'est moi, s'entend-il répondre, et je n'ai pas le temps de vous recevoir, retéléphonez-moi ! ». Et il disparut dans son bureau...

– Une quatrième précaution : ne pas développer devant un subalterne sans pouvoir de décision un exposé, une démonstration. Sauf si c'est l'unique moyen qui permette d'obtenir une entrevue directe avec la personne qualifiée.

Essayons toujours de rencontrer l'interlocuteur le plus haut placé dans la hiérarchie car il est plus facile de se faire recevoir en descendant cette hiérarchie qu'en la remontant.

Revenons au contact lui-même. Ainsi que nous l'avons déjà vu, beaucoup d'échecs pourraient être évités par le simple respect de quelques règles :

1 – **Être à l'heure** au rendez-vous, je le répète. L'imprévu est excusable, mais que ce ne soit pas un état de fait permanent.

2 – **La poignée de main.** Ferme, mais pas dure, qu'elle ne soit pas moite, franche mais non « secouante ». Elle traduit souvent les états d'âme et trahit son auteur. Le message de Roosevelt est suffisamment éloquent :

*Malheur à celui qui ne sait pas reconnaître son prochain
à sa poignée de main.*

3 – **Être chaleureux.** Transmettre notre chaleur, notre plaisir de rencontrer notre interlocuteur, sans ostentation mais avec sincérité, communiquer. Cette chaleur transparaît dans notre **sourire**, dans notre **voix**, dans notre **regard**. Que c'est triste un homme qui vous salue sans vous regarder. Comment voulez-vous avoir confiance ?

4 – **Se présenter,** de manière claire et distincte (prénom, nom, société) et éventuellement tendre sa carte de visite.

5 – **Ne pas s'excuser de déranger.** C'est minimiser d'entrée notre intervention, dès lors qu'on a accepté de nous recevoir.

6 – **L'engagement.** Attendre le signal avant de démarrer... comme à la course à pied (ou d'envoyer la balle... comme au tennis). Pourquoi parler avant d'être écouté ? Profiter de ce temps mort pour observer en souriant.

7 – **Éviter les préambules,** sauf si le client est bien connu, car c'est alors une marque d'intérêt, supprimer les préambules de banalités (de la pluie et du beau temps), ne pas « tourner autour du pot » selon l'expression consacrée, mais entrer dans le vif du sujet. Notre interlocuteur (affairé) nous en saura gré.

8 – **Attention au cadre.** Veiller à être reçu dans des conditions matérielles favorables. Un sujet important ne se traite pas dans un couloir, ou sur une jambe... ; préférer la chaise au fauteuil trop confortable.

9 – **Attention au téléphone.** C'est notre allié pour entrer, mais notre ennemi dans la place. Après chaque interruption, faire récapituler par le client. Si les interruptions sont trop fréquentes, proposer une entrevue plus tard, dans un climat plus calme.

10 – **Phrase d'attaque préparée.** Il faut avoir préparé une phrase d'introduction en rapport avec un problème spécifique du client ou de

sa branche d'activité, phrase qui nous permet de franchir le cap des trois minutes et d'accrocher son intérêt.

Alors seulement, nous pouvons entrer dans la phase suivante de la vente : **Connaître**.

2 2 LE SOURIRE

Avant de passer à l'étape suivante, j'aimerais insister sur quelques points et en particulier sur le sourire.

Il est connu que le sourire passe au téléphone. Mais en entretien de face à face, quel est son impact ?

> *Celui qui ne sait pas sourire ne doit pas ouvrir une échope.*
>
> PROVERBE CHINOIS

Il ne s'agit bien sûr pas d'un sourire figé, gêné, avide, crispé, mécanique, d'un sourire « clic », comme mû par un interrupteur ; non, cela manque de naturel. Il s'agit d'un sourire franc, détendu, qui irrise les yeux et dessine la bouche. Le sourire de quelqu'un heureux de rencontrer un ami. Ce sourire-là touche, émeut, abaisse les barrières, ouvre à la communication.

Voici une anecdote qui m'a été relatée par un participant à l'un de mes cours en Belgique. J'avais recommandé à cet homme d'aspect froid d'éclairer son visage d'un sourire. Voici son expérience vécue :

Sa jeune femme attendait un enfant. Cet événement, heureux bien sûr, n'en fut pas moins un moment très difficile à passer. Sa femme, lors de l'accouchement, souffrait beaucoup, il la devinait très angoissée. Que faire pour l'aider ? Il se sentait impuissant devant cette souffrance. C'est alors qu'il se souvint : **Sourire**.

Dès que sa femme ouvrit les yeux, il lui sourit. Et après chaque contraction douloureuse, il lui souriait. Jusqu'au moment où... il fut

Contacter... CO2

papa d'une petite fille. Quelle fut, croyez-vous, la réflexion de sa femme quelques heures plus tard ? Elle le remercia de l'avoir aidée. « Tu as été formidable », lui dit-elle. « Mais, je n'ai rien fait... », répondit-il. « Oh ! si !, lui dit-elle, TU M'AS SOURI ! Et à partir de ce moment-là, j'ai repris confiance, j'ai su que tout irait bien. »

Alors, souriez et vous verrez que tout ira mieux.

2 3 INFLUENCE DES 20 PREMIÈRES SECONDES
OBSERVER L'ENVIRONNEMENT – LES PREMIERS MOTS – LES PREMIERS GESTES.

2 3.1 Observer l'environnement

Pendant le laps de temps très court durant lequel deux individus entrent en contact, se mesurent, se jaugent, il faut être extrêmement vigilant.

Première vigilance, celle qui consiste à observer l'environnement sans « quitter l'autre des yeux ». Tour de force, direz-vous. Et pourtant, l'occasion nous est donnée de jeter un œil sur le bureau de l'acheteur, sur son décor, son équipement, dès l'introduction.

Observez, ce que vous voyez peut modifier votre style d'approche, et vous fournir des indications précieuses pour la suite de l'entretien.

Voici une anecdote amusante qui m'est arrivée en prospection et qui illustre que tout est possible en matière de vente :

J'avais décidé de prospecter l'entreprise G..., à V..., sans rendez-vous, pour boucher un trou dans mon planning. Réception accordée, la secrétaire m'introduit dans le bureau directorial et me prie d'attendre le patron qui arrive. Pendant les quelques secondes de grâce qui s'écoulaient, j'observais l'environnement. Grande pièce, grande bibliothèque contre l'un des murs ; et, au fond, sur une estrade, un immense bureau. Pour le visiteur, un grand fauteuil en cuir, profond. Déjà, j'imaginais le personnage, et me préparais à le « recevoir ». Effectivement, apparut un homme petit, sec et nerveux, qui se précipita vers moi, me serra la main en s'exclamant : « Monsieur, je ne traite jamais à moins de vingt pour cent... », et il fonça vers son « trône ». Alors, d'un pas décidé, je me dirigeai vers lui et, lui tendant la main, lui dis : « Monsieur, je ne traite jamais dans ces conditions. Au revoir, Monsieur ! »

Que croyez-vous qu'il fit ? Il se précipita vers moi, me rattrapa, et me demanda : « Mais vous vendez quoi ?... »

Une bonne observation m'avait préparé à une approche inhabituelle. Et la négociation se poursuivit jusqu'à la conclusion.

3.2 Les premiers mots

Il est navrant de constater que beaucoup de vendeurs commencent leur entretien par des mots à résonnance négative, *des mots termites* qui sapent la vente. Ils débutent par des *phrases suicide* qui sont autant d'obstacles à l'introduction. C'est la seconde vigilance.

Les seuls mots qui doivent franchir leurs lèvres dans les vingt premières secondes sont ceux qui permettent

1 – **De saluer :** Bonjour, Monsieur ou Madame...

2 – **D'identifier l'interlocuteur :** Monsieur D... ?

3 – **De se présenter :** J..., de la société Z...

4 – **De créer l'ambiance et d'accrocher :** Je suis heureux de vous rencontrer... Je suis venu vous voir pour...

Évitons les superlatifs, l'exagération n'apporte rien ; évitons de minimiser notre action par des excuses répétées, la « petitesse » de notre formulation ; évitons l'égocentrisme par l'emploi exagéré du *je, moi, personnellement,* évitons les mots négatifs tels que *cher* (notion de valeur), *concurrent, inconvénient, non, remise, pas d'accord,* etc.

Vous en trouverez ci-après un tableau non exhaustif.

Contacter... CO2

Amusez-vous à chercher leur correspondant positif, filtrez les mots que vous employez... Vous vendrez davantage !

LES MOTS TERMITES

Ne dites plus

Automatiquement	Honnêtement	Par hasard
Absolument	Hostile	Pas mal
Bon ! Bien !	Impossible	Payer
Certainement	Improviste	Perdu, perdre
Cadeau	Inconvénient	Petit
Cher	Inexact	Personnellement
Compliqué	Je	Permettez
Concurrent	Je crois que	Peut-être
Contrat	Je pense que	Problème
Coûter	Je m'excuse	Prix
Crainte	Je vous arrête	Prospectus
Crédit	Je vous coupe	Prouver
Croyez-moi	J'estime	Qualité
Carton	Justifier	Quand même
Dépannage	Mais	Refuse
Défaut	Mais non	Remise
Déranger	Malgré	Rien
Désolé	Malheureusement	Risque
Discuter	Manquer	Il me semble que
Disons	Mauvais	Sans doute
Ennui	Moi, je	Sans indiscrétion
Embêtant	Mourir	Seulement
Euh !	Navré	Si
Évidemment	Négatif	Si vous voulez
En vérité	Ne pas	Supérieur
Excellent	N'est-ce pas	Supplément
Excusez-moi	Non	Tort
Faux	Objection	Tromper
Franchement	On	Un peu
Grave	Ordinaire	Vous ne savez pas

© Éditions d'Organisation

Hasard	Pas d'accord	Voulez-vous
Hein ?	Pas du tout	etc.

Par exemple, ne dites plus *concurrent*, mais *confrère* ; ne dites plus *défaut*, mais *propriété* ou *caractéristique* ; ne dites plus *déranger*, mais *arranger* (on ne reçoit pas les gens qui dérangent) et bannissez de votre vocabulaire des mots comme *problème, cher, objection.*

Les clients heureux n'ont pas de problème, mais recherchent peut-être des solutions nouvelles. L'acheteur ne veut pas payer cher, mais accepte de payer un prix élevé un produit de qualité. **Le prospect curieux ne soulève pas des objections, il pose des questions.**

Ces listes de « mots termites » et de « phrases suicide » vont vous paraître importantes, parce que ces mots sont fréquents. Mais en regard des mots contenus dans l'Encyclopédie, votre effort sera minime. Juste un peu de discipline mentale.

QUELQUES PHRASES SUICIDE

Je viens voir si vous avez un problème...
Les affaires vont mal en ce moment...
Il ne fait pas beau...
Vous connaissez ceci ?...
Que pensez-vous de ceci ?...
Est-ce que cela vous intéresse ?...
Je voudrais vous parler de...
Connaissez-vous ma société ?...
Vous n'en voulez pas ?...
Ce sera tout...
Vous n'avez besoin de rien ?...
Il ne vous manque rien ?...
Vous avez encore assez de... ? ...
Il ne vous faut pas de... ?...
Vous êtes encore servi ?...
Vous ne voulez toujours pas de ?...
Vous ne voyez rien pour le moment ?...
Il n'y a rien à faire...

Ça marche mal en ce moment...
Voulez-vous faire un petit essai ?...
Pas autre chose ?...
Il est encore trop tôt pour reparler de...
Je viens vous voir à tout hasard...
Je passais dans le quartier...
Qu'est-ce qui vous manque ?...
Il n'y a pas moyen de...
Monsieur X... n'est pas là ?
Puis-je avoir un petit entretien...
Excusez-moi de vous déranger...
etc.

2 3.3 Les premiers gestes

Avant que nous ayons ouvert la bouche, notre interlocuteur a déjà une première impression de nous-même. Notre apparence, notre manière d'être, nos premiers gestes ont influencé son subconscient.

C'est la raison pour laquelle nous devons veiller à notre maintien, un maintien qui inspire confiance, fait de maîtrise et de confiance en soi, fait aussi de déférence envers le client.

Rappelons-nous qu'à travers nous, c'est l'image de marque de notre entreprise qu'il perçoit, c'est une certaine idée de nos produits ou services qu'il se fait.

QUELQUES CONSEILS :

– Ne parlons pas le dos tourné, en refermant la porte de son bureau.

– Aller vers lui d'une démarche assurée, offrir sa main et lui serrer la sienne fermement (non durement) et brièvement, en se présentant.

– Extérioriser sa sincérité par un regard direct et franc. On vient pour l'aider, certain de pouvoir le faire.

– Ne pas rester dans sa zone d'intimité : chaque individu possède (tels les animaux) un territoire, des plates-bandes, qu'il ne faut pas piétiner. Lorsque nous serrons la main d'une autre personne, nous nous approchons et entrons dans son territoire. Si nous sommes trop près, nous avons tendance à y rester en lui parlant. À ce moment, nous la gênons psychologiquement, son écoute est perturbée et nous risquons de provoquer une répulsion, un rejet.

 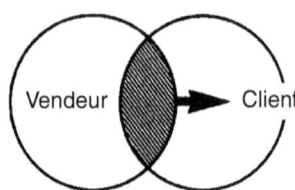

Je conseille donc à ce sujet, dès la main serrée, de faire un léger pas en arrière. Ainsi, nous sortons de la zone d'intimité de notre partenaire et, avec ce recul, pouvons mieux le situer dans son environnement, donc mieux le voir.

– Éviter de s'asseoir avant le client. Attendre une deuxième invitation. Et en le faisant tranquillement, glisser devant lui sa carte de visite. Puis se taire, attendre qu'il donne un signal (comme au tennis, au bridge, à la course…).

– Enfin, en cours d'entretien, éviter les tics nerveux, les manipulations malencontreuses, rester calme.

2 4 ATTIRER L'ATTENTION DU PROSPECT
À QUOI S'INTÉRESSE-T-IL ? – ÊTRE DIFFÉRENT DES AUTRES – LES PHRASES D'ACCROCHE.

> *Il n'existe qu'une cécité : celle de ne voir que soi-même !*
>
> *L'extrême plaisir que nous prenons à parler de nous-mêmes doit nous faire craindre de n'en donner guère à ceux qui nous écoutent.*
>
> La Rochefoucauld

C'est la première étape de vente, de la vieille règle américaine A.I.D.A. :

A : ATTENTION (Attirer l'attention du prospect).

I : INTÉRÊT (Intéresser le prospect à l'offre et pour cela s'intéresser à lui...).

D : DÉSIR (Susciter le désir de posséder, démontrer...).

A : ACTION (Inciter à l'action, à l'accord, à l'achat).

Il faut mettre autant de soin à préparer notre introduction que le rédacteur en chef d'un quotidien à préparer le gros titre de son journal. La première phrase est déterminante pour capter l'attention du prospect et créer le désir d'en savoir davantage. La manière de la prononcer est tout aussi importante.

Sa qualité dépend de la connaissance du milieu (les points d'intérêt possibles du client), de l'imagination, de l'aptitude à être différent des autres, pour créer l'insolite.

2 4.1 À quoi s'intéresse-t-il ?

Notre interlocuteur, quel qu'il soit, quel que soit le moment de l'entretien, ne s'intéresse qu'à une seule chose : LUI-MÊME !

Retenez bien ces deux mots, notre cécité est tellement grande, notre mémoire tellement courte, qu'au fil des ans nous avons tendance à les oublier.

Il existe deux sortes d'individus :

– Les ÉGOCENTRIQUES CENTRIFUGES, ceux qui sont tournés vers l'extérieur, ceux que l'on baptise les « altruistes » parce qu'ils s'intéressent aux autres. Mais nous oublions qu'à l'origine de leurs actes, ils ont comme tout un chacun des motivations profondes personnelles. En premier lieu, ils pensent surtout à eux-mêmes, répétant en leur for intérieur : MOI, MOI, MOI, au moins trois fois.

– Les ÉGOCENTRIQUES CENTRIPÈTES, les narcissiques, les nombriliques, ceux qui sont tournés avant tout vers eux-mêmes et leurs petits problèmes et dont l'écho du MOI, MOI, MOI, se répète à l'infini.

Voilà pourquoi, même si notre interlocuteur lance le dialogue par un : « Je vous écoute », il ne faut pas se lancer dans un monologue orienté vers nos produits, ou notre société. Il faut le remercier, préciser le but de notre visite et très vite lui remettre « la balle dans son camp » et **le faire parler de lui.**

Durant les trente premières secondes pendant lesquelles vous aurez la parole, donnez à la personne qui vous reçoit une raison de vous écouter plus longtemps.

Voici une expérience que j'ai tentée lors d'une visite à un prospect, un grand laboratoire, pour illustrer ce propos :

Reçu par le directeur de la formation, dès le début j'avais fait état de ma référence avec la maison mère en Suisse. Il me fut répondu brutalement que « la Suisse n'était pas une référence pour la société française… ». Alors, j'enchaînai sur la présentation de MA société, de MES produits, et MON bla-bla-bla durait depuis quinze minutes lorsque je m'aperçus que mon interlocuteur ne m'écoutait plus, ses yeux étaient dirigés vers l'extérieur, vers le magnifique parc de l'entreprise : il rêvait !

Contacter... CO2

Alors, je stoppai net mon exposé et fis le silence jusqu'à ce que son regard lentement revînt vers moi. Puis d'une question ouverte du genre : « Qu'est-ce qui, pour VOUS, Monsieur, présente un intérêt dans ce domaine ?... », je raccrochai son attention, et le fis parler pendant une heure, de LUI, de SES expériences, de SES attentes... **par l'éloquence muette d'une attitude pleine d'intérêt.**

4.2 Être différent des autres

> L'IMAGINATION est plus importante que la connaissance. Car le Savoir est limité, tandis que l'Imagination embrasse l'univers entier, stimulant le progrès et donnant naissance à l'évolution.
>
> ALBERT EINSTEIN

Peut-être connaissez-vous ce test dont le but est de détecter ceux qui ont l'esprit d'innovation et qui consiste à joindre les neuf points par quatre droites sans lever le crayon et sans passer deux fois par le même point ? Essayez avant de tourner la page...

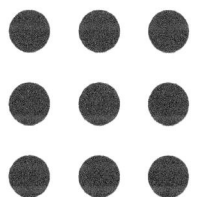

Solution du problème : SORTIR DU CADRE.

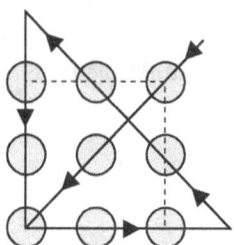

Quatre-vingt-dix pour cent de ce que nous faisons ou disons est lié à nos habitudes ; dix pour cent est laissé à notre libre imagination.

Ne soyons pas les vendeurs qui entrent dans le carré des habitudes, soyons de ceux qui font la différence.

Il faut éviter de copier, d'imiter, de plagier. Soyez celui qui surprend (favorablement), qui attire l'attention et la garde. Appliquez des règles, mais en fonction de votre personnalité, sans être un stéréotype.

Mais attention, surprendre ne veut pas dire CHOQUER.

Ce qui peut surprendre un client, c'est de recevoir enfin un vendeur « de classe », un homme d'affaires.

Pour illustrer ce thème, je voudrais vous conter deux anecdotes personnelles, alors que j'accompagnais un inspecteur de vente en organisation au cours de ses visites. Ce vendeur était au demeurant excellent et aimait varier sa présentation à chaque visite. Physiquement, c'était déjà un personnage à part, un peu colonel de l'armée des Indes, avec une grande moustache. Mais ce qu'il faisait, lui seul pouvait se le permettre. Jugez-en :

Première visite : chez un prospect à Niort, il entre dans le bureau, et se met à chercher le prospect (celui-ci, assis derrière son bureau chargé de piles de dossiers, attend) et appelle : « Monsieur X..., Monsieur X..., mais où êtes-vous ? » Alors le prospect s'exclame : « Mais ici, voyons ! » Notre vendeur : « Ah !, Monsieur X... ! Je ne vous voyais pas ». Et en se présentant, il écartait les dossiers du bureau en disant : « Je suis venu pour vous classer tout cela...

Deuxième visite : En entrant dans le bureau du prospect, ce même inspecteur de vente s'assied en silence, avise la pipe froide dans le cendrier et commence ainsi : « Je constate que nous fumons tous deux la pipe, quel tabac fumez-vous, Monsieur D... ? » L'autre sort sa blague à tabac et le vendeur lui dit : « Vous permettez que nous fassions échange ? » Et les trois minutes qui suivirent s'envolèrent en fumée !

2 4.3 Les phrases d'accroche

Qu'on l'appelle phrase d'accroche, phrase d'attaque ou phrase d'introduction, tous les auteurs sont d'accord sur l'extrême importance de la première phrase prononcée par le vendeur. En réalité, et pour être objectif, disons que ce sont les premières phrases qui déterminent la suite de l'entretien.

Trois impératifs :

– La phrase d'accroche doit être formulée sous forme de QUESTION,

– La phrase d'accroche doit être POSITIVE,

– La phrase d'accroche doit être TECHNIQUE.

En résumé, soulever l'intérêt du client à l'aide d'une question technique, logique, positive, qui appelle une réponse sincère. Formuler cette question dans l'esprit du consultant qui veut pouvoir donner un conseil, qui sait pouvoir rendre un service.

L'alchimie de la vente

Bannir les interro-négations du genre : « Ne voudriez-vous pas... », « N'aimeriez-vous pas... », les « Avez-vous besoin de... », « Je viens voir si vous avez un problème... ».

Quelques exemples de phrases que l'on peut adapter à son style de vente, sans les copier :

– *En assurance :* « Savez-vous, Monsieur G..., que pour X euros par mois, vous pouvez assurer votre maison contre le vol et l'incendie ? ». « Seriez-vous intéressé, Monsieur D..., par un plan d'épargne qui protégerait vos économies de l'érosion monétaire ? ».

– *En industrie :* « Pouvez-vous me dire. Monsieur F..., quelle est la durée de vie des paliers que vous utilisez habituellement ? ». – « Utilisez-vous chez vous, Monsieur P.., tel (nouveau) procédé de fabrication ? ». « Savez-vous, Monsieur R..., quelle est la dernière invention qui pourrait vous concurrencer ? ». – « Je crois pouvoir vous faire réaliser une économie substantielle, Monsieur T..., puis-je vous poser une question ? ».

– *En organisation :* « Aimeriez-vous que toutes vos archives tiennent sur un Cédérom, Monsieur L... ? ». – « Attachez-vous de l'importance à la motivation de vos collaborateurs, Monsieur S... ? ». – « Désirez-vous augmenter votre impact au prochain salon, Monsieur R... ? ».

– *Dans le bâtiment :* « Voudriez-vous, Madame Y.., économiser trente pour cent sur votre note de chauffage ? ». – « Voulez-vous, Monsieur M..., gagner vingt minutes à chaque pose ? ». – « Aimeriez-vous, Monsieur A..., être libéré du service après-vente ? ».

– *En bureautique :* « Voulez-vous relancer vos clients trois fois plus souvent, Monsieur C... ? ». – « Que pensez-vous de la présentation de cette lettre, Monsieur N... ? ». – « Êtes-vous en mesure de m'indiquer dans la minute qui suit vos deux plus petits clients, Monsieur V... ? ». – « Pouvez-vous comparer cette copie avec les vôtres, Monsieur J... ? ».

Et cætera.

En conclusion, aller droit au but de sa visite. Ne pas gaspiller son temps ni celui du prospect. Présenter l'objet de sa visite de telle sorte qu'il le comprenne, en liant cet objet à son intérêt personnel. Bien se dire qu'à priori, il n'y a pas d'hostilité du client face au vendeur. Il y a simplement un sentiment de vulnérabilité contre lequel il essaie de se protéger.

Cette protection tombe automatiquement par une approche chaleureuse telle que :

– « Je suis très content de faire votre connaissance... »,

– « Ça me fait un réel plaisir de vous connaître... »,

– « Je me réjouis de parler avec vous de... »,

suivie d'une bonne QUESTION D'ACCROCHE.

Le bon vendeur S'IMPOSE en sachant se présenter et présenter sa société en fonction de la personnalité de son interlocuteur et en sachant prendre immédiatement en compte les préoccupations de son client.

3
Connaître... CO3

... Pourquoi s'intéresser au client ?
... La psychologie du client
... La technique des questions

> *Si vous voulez récolter du miel, ne bousculez pas la ruche !*
>
> DALE CARNEGIE

3 1 POURQUOI S'INTÉRESSER AU CLIENT ?
VENDRE = COMMUNIQUER – LES ERREURS COMMUNES ET LES CAUSES D'ÉCHECS – COMMENT MONTRER DE L'INTÉRÊT ?

Trop de vendeurs commencent leur entretien de vente en submergeant leur client d'un flot de paroles, par ce qu'ils croient être des arguments, le souci permanent du vendeur lors de cette phase préliminaire de la vente doit être de connaître, de découvrir les besoins du client et sa ou ses raisons d'acheter.

Pour répondre à cette question : pourquoi s'intéresser au client ?

Une seule réponse : pour le faire parler... de lui.

Pourquoi le faire parler ? Parce que nous ne lui vendrons jamais l'image que nous nous faisons de notre produit, de notre service, de notre société. Mais nous lui ferons acheter l'image qu'il se fait de leur utilisation en fonction de ses préoccupations, de ses besoins, de ses motivations.

3 1.1 Vendre = communiquer

> *La parole est moitié à celui qui parle, moitié à celui qui écoute.*
>
> MONTAIGNE

Pour mieux comprendre cette relation, donnons une définition de la communication humaine :

« La communication est la relation entre les personnes par laquelle deux ou plusieurs personnes peuvent se comprendre, se faire comprendre et s'influencer mutuellement. »

Ainsi que le disait C. Magny : « *Communiquer, c'est échanger des différences et s'en enrichir, soit pour construire une interprétation commune, soit pour mieux repérer les différences, soit les deux à la fois.* »

Il y a dans la communication, comme dans la vente, la notion d'échange et de transaction. La vente est dialogue. Pour vendre comme pour communiquer, il faut être au moins deux. L'une et l'autre pour être bonnes doivent être basées sur la compréhension mutuelle.

Communiquer, comme vendre, c'est mettre en rapport deux ou plusieurs personnes, qui deviennent tour à tour « émetteur » puis « récepteur » (cf. schéma).

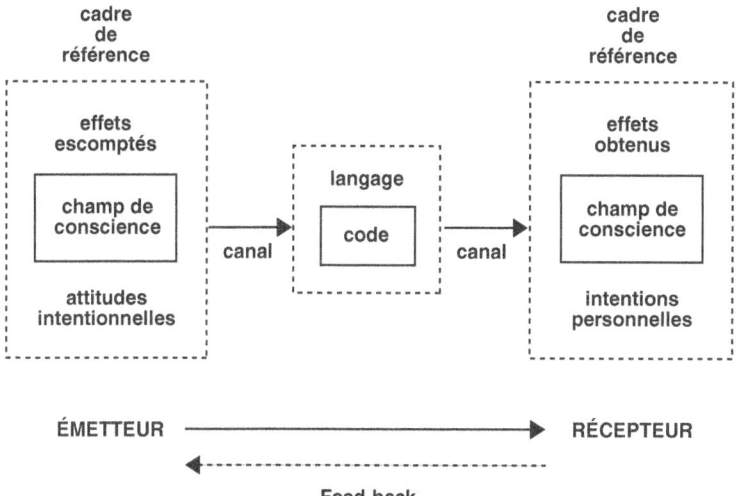

Ainsi que le montre le schéma, l'émetteur comme le récepteur sont caractérisés par :

– Leur **champ de conscience** propre (préoccupation du moment...) ;

– Leur **cadre de référence** (rattachement à un milieu socio-culturel spécifique en fonction de l'acquis et de l'inné).

– Leurs **intentions** conscientes ou inconscientes qui déterminent leurs attitudes à l'égard de l'autre.

Ces trois facteurs sont source de distorsion du message, venant s'ajouter aux incompréhensions dues aux significations du langage, à une mauvaise expression ou audition (canal défectueux) ou aux bruits extérieurs (parasitage, brouillage, etc.).

C'est pourquoi le message initial, tel qu'il est perçu par l'émetteur, peut arriver déformé chez le récepteur qui le perçoit à sa manière.

D'où les innombrables « dialogues de sourds » et la nécessité de s'attaquer aux diverses causes probables d'« altérations » de la communication humaine.

OBJECTIFS À ATTEINDRE

En communication, comme en vente, on doit s'efforcer d'atteindre cinq objectifs :

Premier objectif : ENTRER EN RELATION.

C'est la prise de contact, l'amorce de dialogue.

Deuxième objectif : ÊTRE ACCEPTÉ.

C'est amener l'autre à prêter une oreille bienveillante.

Troisième objectif : COMPRENDRE.

C'est découvrir ce qu'il pense, de lui, de la situation, de vous.

Quatrième objectif : SE FAIRE COMPRENDRE.

C'est-à-dire que le message transmis doit être compris tant sur le plan des faits que sur celui des sentiments.

Cinquième objectif : INCITER À L'ACTION.

C'est la résultante d'une bonne compréhension réciproque, qui amène l'autre à adhérer, à agir.

CINQ RÈGLES D'OR D'UNE BONNE COMMUNICATION, DONC D'UNE BONNE VENTE :

1 – Poser des questions ouvertes.

2 – Écouter les réponses.

3 – Parler d'être humain à être humain et non de vendeur à acheteur potentiel.

4 – Guetter les signaux, observer.

5 – Parler le même langage, le même code (éviter le jargon).

3 1.2 Les erreurs communes et les causes d'échecs

Si la communication ne passe pas, si la vente est laborieuse, voire nulle, il ne faut pas s'en prendre aux éléments extérieurs : clients, produits ou situation économique. Il faut commencer par analyser les échecs et leurs causes. Afin de vous y aider, voici les dix principales faiblesses des vendeurs et dix causes majeures d'incompréhension.

10 PRINCIPALES FAIBLESSES :

1 – Le vendeur ne consacre pas assez de temps à la vente en pourcentage de son temps d'occupation. Et en particulier pas assez en vente « active », c'est-à-dire en face-à-face avec le client.

2 – Le vendeur ne prépare pas assez ses visites, ses tournées, son travail de vente, d'où un mauvais emploi de son temps.

3 – Le vendeur ne connaît pas assez ses produits et leurs applications (manque de technicité et d'argumentation).

4 – Le vendeur ne se documente pas assez sur les créneaux de clientèle qu'il approche.

5 – Le vendeur ne connaît pas assez sa concurrence, hommes et produits.

6 – Le vendeur ne vend pas à tous les clients potentiels, possibles et intéressants.

7 – Le vendeur ne propose pas toute la gamme de ses produits ou services. Des clients ignorent certaines de ses fabrications ou possibilités.

8 – Le vendeur a des méthodes de vente défectueuses ou pas de méthode du tout.

9 – Le vendeur ne pose pas assez de questions, il affirme !

10 – Le vendeur parle trop et ne saisit pas assez les perches qui lui sont tendues.

CAUSES MAJEURES D'INCOMPRÉHENSION
(texte tiré de R. Mucchielli).

1 – Préjugé de notre part envers l'autre et « les gens de son espèce ».

2 – Préjugé de votre interlocuteur sur vous et les « gens de votre espèce ».

3 – Antipathie réciproque, immédiate ou progressive.

4 – Différences d'âge, de sexe, ou de statut gênantes.

5 – Conditions matérielles mauvaises, position spatiale gênante, local inadéquat, bruits, etc.

6 – Interruptions et dérangements venant de l'extérieur (téléphone…).

7 – Mauvaise écoute réciproque.

8 – Interlocuteur de mauvaise foi, ne nous écoute pas, nous juge, renvoie à plus tard, nous interrompt, diverge, etc.

9 – Moment mal choisi pour l'entretien (lieu, préoccupation, manque de temps).

10 – Présentation physique choquante, donnant une mauvaise impression.

3 1.3 Comment montrer de l'intérêt ?

La réponse : par une grande attention et de petites attentions.

Par une grande attention : ainsi que le disait Madame de Sévigné : « L'homme a deux oreilles et une seule bouche, pour écouter deux fois plus qu'il ne parle. »

Si vous le permettez, nous allons modifier cette devise et affirmer que… « l'homme a deux oreilles, deux yeux et une seule bouche, pour écouter QUATRE fois plus qu'il ne parle ».

Ainsi aurons-nous une chance de nous rappeler que **l'écoute** est la première et la meilleure marque d'intérêt que nous pouvons porter à une autre personne.

La deuxième marque d'intérêt primordiale, l'art de **poser des questions** orientées vers notre interlocuteur. Et je citerais à l'appui cette pensée de Disraeli : « Parlez à un homme de lui-même et il vous écoutera pendant des heures », mais il aurait pu ajouter : « Il se racontera aussi pendant des heures ».

Par de petites attentions : en effet, l'homme aime recevoir des signes de reconnaissance, c'est-à-dire être reconnu en tant qu'individu. Quels sont les signes que nous pouvons lui adresser ?

– L'appeler par son nom,

– Préparer un dossier à son nom,

– Lui rendre de menus services,

– Lui demander conseil ou service,

– Lui parler de ce qu'il aime,

– Flatter ? NON, mais vous pouvez reconnaître ses mérites, l'admirer, le féliciter, l'apprécier, le considérer, le valoriser, le complimenter, l'estimer, le remercier...

Enfin, la meilleure réponse que nous pourrions faire à cette question :

« Comment montrer de l'intérêt ? » nous est fournie par les réflexions suivantes, tirées du bloc-notes d'un acheteur

À VOUS QUI ME RENDEZ VISITE...

1 – *Essayez d'obtenir un maximum d'informations sur ma personnalité et mes besoins, avant de me contacter. C'est ce que vous appelez, je crois, la préparation de la visite.*

2 – *Lors de notre entrevue, ne me parlez pas de VOUS, mais de MOI, de MES besoins, de MON intérêt, de MON profit.*

3 – *Noubliez surtout pas que mon désir d'acheter m'est dicté autant par une réflexion logique que par mes émotions.*

4. – *Parlez-moi de vos produits, de vos services, mais que ce soit toujours dans le cadre de MES besoins.*
Soyez naturel. N'ayez pas l'air de professer. Je n'aime pas me sentir votre inférieur sur le chemin de la connaissance.

5 – *Écoutez-moi avec la plus grande attention, car chacune de mes réactions est en fait une perche que je vous tends afin de vous permettre de mieux conduire votre vente.*

6 – *Apprenez à connaître mes besoins et vous constaterez que je peux vous confier des commandes plus importantes que celles que je vous passe actuellement.*

7 – *Ne me considérez pas comme un client définitivement acquis. Dépensez autant d'énergie pour me conserver que vous en avez dépensé pour me conquérir, sinon c'est la concurrence qui s'en souciera.*

8 – *Finalement, je tiens à votre loyauté dans la mesure où celle-ci ne s'exprime pas au détriment de votre société, sinon cette loyauté perd toute sa valeur.*

3 2 LA PSYCHOLOGIE DU CLIENT
CONSCIENCE ET COMPORTEMENT – TYPOLOGIE DES CLIENTS – LES BESOINS FONDAMENTAUX – LES MOTIVATIONS PROFONDES.

3 2.1 Conscience et comportement

3 2.1.1 L'homme à travers le temps

Que représente la durée de vie d'une génération d'hommes par rapport à son origine et par rapport à la création de l'univers ?

Que représente l'homme par rapport au temps ?

Si nous comparions les douze paliers du tableau suivant aux douze mois de notre année solaire, à combien estimeriez-vous la vie d'un homme ? À peu près à une demi-seconde !

Tableau extrait de l'ouvrage d'Edgar Morin, *Le Paradigme perdu : la nature humaine*, Paris, 1973.

L'univers :	7 milliards d'années
La terre :	5 milliards d'années
La vie :	2 milliards d'années
Les vertébrés :	600 millions d'années
Les reptiles :	300 millions d'années
Les mammifères :	200 millions d'années
Les anthropoïdes :	10 millions d'années
Les hominidés :	1 millions d'années
L'homo sapiens :	100 000 à 50 000 ans
La ville, l'État :	10 000 ans
La philosophie :	2 500 ans
La science de l'homme :	0 an

À cette échelle, l'*homo sapiens* ne nous précéda que de dix minutes dans ce monde.

Alors, pourquoi s'étonner des résurgences du comportement préhistorique dans le comportement de l'homme dit « civilisé », quand en fait nos ancêtres sont si proches de nous ?

Car, ainsi que le dit A. Carrel dans *L'Homme, cet inconnu* : « L'homme se compose de la totalité des activités observables actuellement en lui, et de celles qu'il a manifestées dans le passé. »

L'alchimie de la vente

> *Nous n'écoutons d'instincts*
> *Que ceux qui sont les nôtres.*
>
> LA FONTAINE

3 2.1.2 L'instinct

Nous considérerons l'instinct selon la définition de P. Robert : « Spécialement chez l'homme, *tendance innée et irréfléchie propre à un individu* ».

La psychologie classique a opposé systématiquement l'instinct et l'intelligence, cette dernière propre à l'homme. L'instinct est alors « un ensemble complexe de réactions extérieures, déterminées, héréditaires, communes à tous les individus d'une même espèce, et adaptées à un but dont l'être qui agit n'a généralement pas la conscience. » *(Selon J. Delay et P. Pichot, éd. Masson).*

Pour Freud, l'instinct est « une force dont nous supposons l'existence derrière les tensions inhérentes au besoin de l'organisme, c'est-à-dire les pulsions... ».

Illustrons maintenant par quelques exemples :

1 – La voiture est l'exutoire de notre époque. Que se passe-t-il si, arrêté à un feu rouge, vous ne vous apercevez pas de son passage au vert ? Quelle sera la réaction de l'automobiliste qui vous suit ?

2 – Vous êtes sur l'autoroute, la voiture qui vous précède roule lentement sur la voie de gauche, freinant la circulation ; quelle est votre réaction ?

3 – Sur le trottoir, quelqu'un vous bouscule en vous croisant ; quelle est votre réaction première :
En vous apercevant que c'est un étranger ?
En vous apercevant que c'est un ami ?
En vous apercevant que c'est **une superbe personne du sexe opposé ?**

4 – Et que pensez-vous de cette histoire vécue au Biafra, filmée et projetée en France pour sensibiliser les gens à la « faim » : une image représente un enfant indigène squelettique en train de manger un rat vivant pendant que ce rat dévore le bras de cet enfant. Comment ce reporter a-t-il pu filmer plutôt que de porter secours ?

5 – Et cette anecdote vécue par un chasseur : depuis l'aube il poursuivait une biche, sans succès. En fin d'après-midi, fatigué, il s'assied dans une clairière pour se restaurer. Pendant qu'il se penchait pour sortir son casse-croûte, il ne vit pas la biche, qui, épuisée, venait vers lui. En relevant la tête, il la vit se pencher sur le pain. Pensez-vous qu'il eut encore le courage de la tuer ?

L'instinct correspond donc à l'ensemble constitué par les pulsions primaires et les comportements qui leurs sont directement associés, dans la mesure où ces comportements sont préformés dans la structure nerveuse. L'instinct se distingue du réflexe par sa complexité, la limite pouvant dans certains cas être difficile à apprécier.

Que nous apportent ces considérations ?

Elles nous éclairent sur certains aspects de notre monde moderne qui va à l'encontre de notre nature profonde et nous impose des exigences qui ne respectent ni nos structures ni nos aspirations.

Elles nous enseignent à mieux nous connaître, à être conscients de nos tares et de nos dons, à nous inspirer de nos expériences, à dominer nos préjugés, à maîtriser nos réactions pour améliorer nos relations avec les autres.

Elles nous invitent à ne pas oublier que nos ancêtres, par l'hérédité, nous ont associé un *ange gardien* dont les réactions sont souvent imprévisibles. Cette connaissance est importante, car elle doit nous amener en toutes circonstances à considérer nos interlocuteurs sous un double aspect : l'homme qui est en face de nous, apparent, et son double invisible qui lui dicte ses réactions.

Cette image de l'ange gardien préhistorique est soulignée par M. Poniatowski dans son livre *Cartes sur table* : « Or **l'homme contemporain** est préhistorique par son corps et par son cerveau. Il ressemble étroitement à son ancêtre de **Cro-Magnon**. Il est le descendant d'innombrables générations... Il est le produit d'une très longue évolution qui a modifié sa nature intime en l'adaptant à son environnement. »

Cette lucidité sur notre comportement instinctif doit nous conduire à plus d'indulgence et de tolérance à l'égard des autres et par là même à augmenter notre influence personnelle.

3 2.1.3 Conscient et subconscient

Pour expliquer cette notion, nous utiliserons deux métaphores : le *lac* et *l'iceberg*.

LE LAC

Cette comparaison de l'âme humaine à un lac est très fréquente chez les poètes et Louis Recordeau l'a fort bien expliqué pour définir : le subconscient, le MOI ou le conscient, et le SURMOI.

Au-dessous de la nappe liquide, le bas-fond, la vase où se déposent les impuretés dont la putréfaction produit une énergie considérable : ce sera le subconscient, sorte de chaos de sentiments dont nous n'avons pas conscience.

Puis, nous avons la nappe liquide dont la teneur dépend de la nature du sol. Elle ne produit pas d'énergie et ses modifications – vagues et remous – proviennent soit des bas-fonds, soit des variations atmosphériques. Sa force unique est statique : c'est un poids. C'est le MOI, notre conscience qui subit la pression des bas-fonds et celle de la Société, de la Morale, de l'Éducation. On comprend que le MOI n'étant pas producteur d'énergie, il lui faudra en demander au Surmoi (c'est la raison de l'Éducation).

Comme l'atmosphère peut modifier – vents, soleil – la surface du lac et détruire les impuretés par les radiations solaires, le Surmoi, fait de contraintes éducatives, familiales et religieuses, peut peser sur notre conscience pour éviter les laisser-aller, les troubles, les lâchetés.

L'IMAGE DE L'ICEBERG

La méthode psychanalytique met l'accent sur le fait que les phénomènes conscients ne représentent qu'une faible partie de l'ensemble de la vie psychique, à la manière d'un **iceberg,** dont seule une faible partie émerge. Le but de la psychologie sera donc d'abord de découvrir la nature de ces phénomènes inconscients ; phénomènes doués d'un dynamisme propre et dont l'influence sur le comportement humain serait plus grande que celle des phénomènes conscients.

ICEBERG

Nous savons donc aujourd'hui qu'une partie considérable, peut-être la plus importante, de notre vie mentale, se déroule de manière inconsciente. C'est pourquoi nous pouvons comparer le Conscient et le Subconscient à un iceberg, le Conscient étant la partie apparente de l'iceberg, celle qui émerge, et le Subconscient étant la partie cachée, celle qui est enfoncée dans les profondeurs de la mer.

Cette relation est importante lorsque l'on se rappelle que pour un iceberg le rapport est de un dixième : en effet, pour un iceberg qui dépasse le niveau de l'eau de 70 mètres, sa base immergée est d'environ 630 mètres.

Oui, cette relation est importante si nous la ramenons à l'échelle humaine, car elle nous permet de dégager quelques principes d'action.

Illustrons par quelques exemples.

À quoi attachons-nous de l'importance dans une discussion ? Aux réactions verbales de notre interlocuteur ?

À quoi attribuer l'optimisme et le pessimisme de certains ? Ou le changement de nos humeurs ?

Pourquoi le vendeur d'automobiles marque X, en dénigrant mon modèle Y s'est-il fait rejeter ? Et pourquoi celui de la marque Z a-t-il eu du succès ?

Essayons de répondre à ces questions

1 – Dans une discussion entre deux personnes, c'est comme entre deux icebergs ; les contacts importants, voire les frictions, se passent sous l'eau, c'est-à-dire dans les subconscients. Il nous faut en être « conscients ».

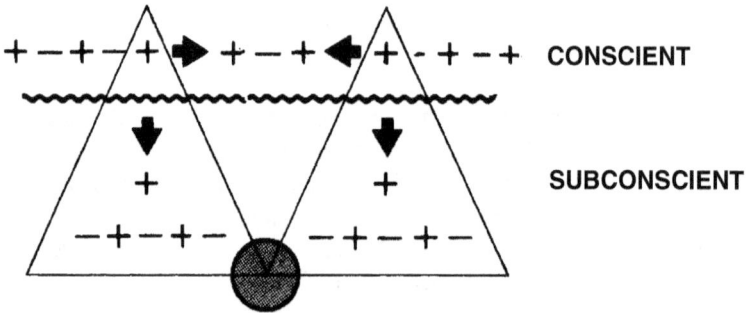

2 – Chacun connaît ce proverbe : « Toute médaille a son revers. » En ce qui concerne l'optimisme et le pessimisme, c'est une question d'attitude envers les choses de la vie et envers les gens. Plus notre attitude est positive et moins nos humeurs changent (cf. ch. 1.1.2.8 : Alain). Et comme c'est communicatif, la tendance de nos interlocuteurs est de devenir positifs à notre encontre (cf. ch. 4.1.2 : l'empathie). Certains ont tendance à toujours choisir l'envers de la médaille, à toujours apprécier de manière négative. C'est l'histoire de la bouteille à moitié pleine, ou de la bouteille à moitié vide.

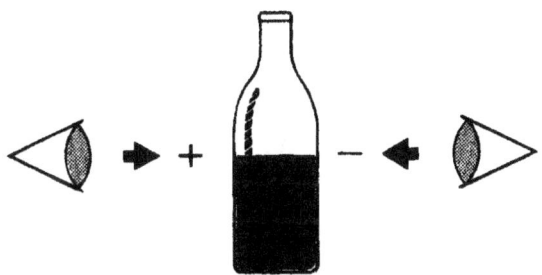

Il nous faut apprendre à charger notre batterie personnelle positivement, à accumuler les « + » dans notre subconscient.

3 – Nous sommes frappés à longueur de journée par des impulsions positives ou négatives (publicité, télévision, journaux, représentants) ou par des impressions positives ou négatives :

– Quelle belle rose !, Quel enfant bien élevé !, Quelle forêt magnifique !, etc.

– Quel affreux chien !, Quelle moto bruyante !, Quelle plage sale !, etc.

Chaque homme reçoit et émet des impressions différentes selon sa mémoire subconsciente, et accumule ainsi des + et des − automatiquement.

C'est le principe même de l'argumentation qui doit viser à donner le maximum de points positifs en fonction de l'idée que se fait l'interlocuteur. Comme la marée et les vagues usent petit à petit la falaise, la redondance des arguments sape petit à petit la résistance.

En conclusion, soyons conscients que **notre influence est permanente** sur les autres et qu'elle est fonction de nos actions et réactions, mais aussi de leurs stéréotypes. Qu'en considération de cela, **chaque détail a son importance** et peut être à l'origine d'un succès ou d'un échec. Mais n'oublions pas qu'à l'inverse, nous subissons les mêmes effets et risquons d'agir en vertu de préjugés.

Je ne pourrais mieux conclure ce chapitre qu'en citant Daniel-Rops : « Nous nous sommes sans doute rendus aveugles et sourds à un nombre immense de phénomènes avec lesquels nos ancêtres avaient établi une communication. »

3 2.2 Typologie des clients

Il serait présomptueux de vouloir dans cet ouvrage définir tous les types de clients, chaque individu étant par définition une entité unique. Cependant, les spécialistes des comportements humains se plaisent à reconnaître des traits communs qui permettent de classer les clients à partir de leurs besoins, désirs et attitudes en sept grandes catégories principales qui font ressortir le nom **PICASSO** :

1 – Le client « **P**RATIQUE »,

2 – Le client « **I**NNOVATION »,

3 – Le client « **C**ONSIDÉRATION »,

4 – Le client « **A**VIDE »,

5 – Le client « **S**ÉCURITÉ »,

6 – Le client « **S**ENTIMENTAL »,

7 – Le client « **O**RGUEILLEUX ».

Le tableau pages 190 et 191 vous permettra de situer rapidement et brièvement qui sont vos clients et ensuite de définir, en extrapolant en fonction de votre vente, quels sont les stimulants les mieux adaptés pour les pousser à l'action.

L'alchimie de la vente

TYPE	L'HOMME	LE CLIENT
CLIENT PRATIQUE	Brave type, rond, relax, jovial, bon contact, Esprit pas compliqué.	Facile à mener, bon climat, catégorie B (selon Pareto), moyen et régulier, connaissance pratique du produit.
CLIENT INNOVATION	Égocentrique, brillant, beau parleur, aisé, « trop soigné », infatué, personnel féminin de qualité, snob.	Attiré par la nouveauté, la flatterie, versatile, de mauvaise foi, rancunier.
CLIENT CONSIDÉRATION	Brillant, vif, expression facile, très soigné, aime être reconnu (mérites), sentiments superficiels.	Esprit de décision (rapide), fait un bon chiffre d'affaires, mais irrégulier, Traite par impulsion, pas très fidèle, compliqué.
CLIENT AVIDE	Distant, froid, individualiste, bref, voire taciturne. Apparence sobre, nette, esprit de synthèse.	Difficile à mener, bien informé, aime l'organisation, sensible aux arguments économiques, fidèle.
CLIENT SÉCURITÉ	Calme et précis, apparence discrète, évite de prendre parti dans les discussions.	« Le fidèle », aime réfléchir, essayer, hésitant, tergiverse, travaille avec des fournisseurs connus.
CLIENT SENTIMENTAL	Bon et simple, apparence discrète, aime faire plaisir, serviable, contact aisé, agréable.	Fidèle et régulier, le dialogue est plus profond, s'il se plaint, c'est trop tard, rentable.
CLIENT ORGUEILLEUX	Très direct, voire brusque, bien campé, domine soit physiquement, soit par sa compétence.	Compétent, estimé, bonne réputation, protecteur, difficile à mener, mais de bonne foi.

DÉSIRS	CRAINTES	STIMULANTS
Confiance, conseils, références, fiabilité, fidélité, efficacité, facilité, simplicité.	Nouveauté, complexité, ennuis, retards, modifications, nouveau vendeur, les décisions rapides.	Objectif de visite, climat sympathique, appui personnel, références adaptées, formules simples.
Considération, aime à conseiller, le standing, prendre rendez-vous, les compliments, les dames ; être suivi.	N'aime pas les critiques, l'ironie, les conseils, l'humiliation, les inférieurs, les aides inexploitées.	Tenue soignée, les félicitations, avoir un projet sur mesure, visite de la direction, paternité des idées.
Être une référence, la nouveauté, la publicité, le modernisme, les performances, l'esthétique et la réussite.	La routine, les visites longues, les hésitations, la fragilité, la médiocrité, les directives.	La publicité, les démonstrations claires et rapides, ses suggestions, le langage technique, l'initiative de la commande.
Les ratios, la rentabilité, des conditions claires, respectées, la précision, les méthodes, la puissance, les affaires.	De perdre son temps, d'être floué, l'incompétence, les promesses hasardeuses, les frais en sus, la lenteur.	La concision, la prise de rendez-vous, un projet préparé, des preuves, l'argumentaire chiffré, l'objectivité.
La compétence, la notoriété, la fiabilité, les conseils, les références, l'objectivité, la précision, la garantie.	La décontraction, le mercantilisme, la jeunesse, les erreurs, les négligences, être bousculé.	Un argumentaire technique, la notoriété, la publicité, les références produits, des visites fréquentes.
Aime les jeunes, les relations humaines, les visites régulières, être compris, l'estime réciproque, fidèle.	L'abus de confiance, la contestation, les gens intéressés, les performances déshumanisées.	Avoir un rôle social, solliciter références et services, climat de confiance, valoriser, réparer les erreurs.
Sait ce qu'il veut, aime le respect, un vendeur compétent, la franchise, être informé, servir de référence, aime la hiérarchie.	Les pertes de temps, les injustices, les nouvelles têtes, servir de cobaye, déteste les conseils, les faibles, la facilité.	Aime les visites très préparées, des rendez-vous précis, être direct, apprécie la déférence, l'écoute, le chiffre d'affaires, le haut niveau.

L'alchimie de la vente

Si le lecteur est intéressé par une étude plus approfondie des comportements humains en relation avec l'apparence de l'individu, il pourra lire quelques ouvrages sur la caractérologie et/ou la morphopsychologie dont il trouvera les références en fin de ce livre.

Un avertissement, cependant : si l'apport de telles connaissances est précieux pour une meilleure connaissance de soi et des autres, pour le développement de sa culture personnelle, il ne faudrait pas tomber dans un excès d'observation, d'investigation de « l'autre ». Cet excès nous ferait vite oublier l'objectif de la négociation et l'application des règles simples mais indispensables et efficaces que sont l'écoute active et les questions. Que ces connaissances psychologiques vous aident à éviter un faux pas dans les premiers instants ou à comprendre une réaction après coup mais ne créent pas chez vous une déformation « mentale ».

3 2.3 Les besoins fondamentaux

Pour stimuler les hommes et les inciter à l'action, il est nécessaire de connaître leurs motivations, et celles-ci sont générées par des besoins fondamentaux. Nous emprunterons à Abraham Maslow ce concept de hiérarchie des besoins et aussi l'idée que l'homme poursuit une autoréalisation.

Nous pouvons schématiser l'origine du comportement des individus par ce graphique :

LE BESOIN
▼
crée UNE TENSION
▼
qui, en fonction D'UNE OU PLUSIEURS MOTIVATIONS
▼
entraîne à UNE ACTION commune ou différente

En fonction de cette idée, il est faux de parler de découverte des besoins en ce qui concerne les clients ; le besoin existe soit à l'état latent, soit manifesté. Le vendeur doit le faire exprimer. Par contre, et ce qui est plus compliqué, c'est la découverte des « motivations » qui vont faire agir le client en notre faveur, pour assouvir son besoin.

Illustration de ce propos

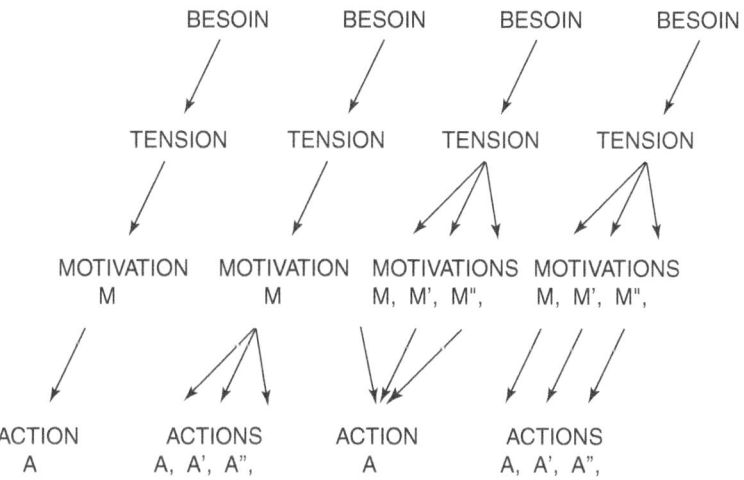

Pour un même besoin, des individus différents pourront, pour une même motivation ou des motivations différentes, soit agir pour une cause commune, soit agir dans des directions différentes.

2.3.1 La hiérarchie des besoins

1 – **Les besoins organiques** : généralement satisfaits dans notre société (faim, soif), ne mobilisent pas notre énergie pour les satisfaire.

2 – **Les besoins de sécurité** : confiance dans un groupe organisé, dans une hiérarchie responsable, dans une société réputée, dans

des produits connus et sûrs, dans un négociateur expérimenté, dans un technicien chevronné, etc.

3 – **Les besoins d'appartenance :** « La personne a faim de relations amicales avec des gens ; elle a le souci d'appartenir à une communauté. » C'est la notion de « club », de groupe, d'équipe. C'est le besoin de se situer par rapport aux autres.

4 – **Le besoin d'estime :** augmentation de sa compétence et/ou de sa position. C'est le besoin d'« être reconnu » en tant qu'individu, le besoin de considération, de compliments. C'est la reconnaissance des mérites ou de sa valeur par l'autre.

5 – **Le besoin d'accomplissement ou d'actualisation de soi :** même si les besoins précédents sont satisfaits, l'homme peut afficher un certain mécontentement s'il ne fait pas exactement ce pour quoi il est doué. C'est le besoin d'évolution, de dépassement de soi, de création.

Voici l'échelle des besoins humains selon A. Maslow.

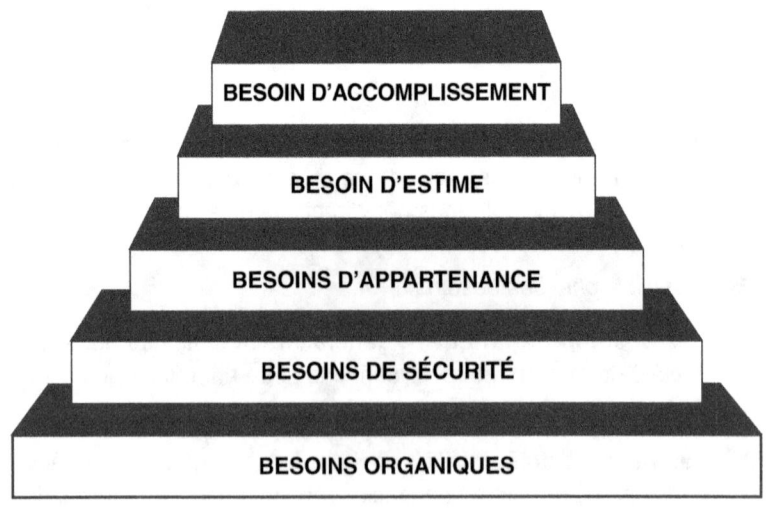

Trois niveaux de besoins doivent être impérativement satisfaits par le commercial :

La sécurité : Le client a besoin d'être rassuré dans de fréquentes occasions et en particulier sur la fiabilité du produit, le sérieux de la marque, de la société, du vendeur, la qualité de l'après-vente, la garantie, etc.

L'appartenance : La fidélisation du client est due en grande partie à l'image qu'il se fait de la marque, à son corporatisme, à la notion d'utilisateur, de consommateur ; d'où l'utilité des listes de références, etc.

L'estime : La considération est marquée par l'utilisation de son « nom », la demande de conseils, de services, la valorisation des actes, par la bonne présentation du vendeur, des projets, la personnalisation.

Ces trois préoccupations se retrouvent dans toutes les phases de l'action commerciale : prospection, visite, accueil au guichet ou accueil au téléphone, standard, télénégociation, démonstration, étude, conclusion, après-vente, etc. Elles concourent à la réalisation du **besoin d'accomplissement du client** et à son besoin de se réaliser lors de son achat. Cette notion de besoin peut se traduire par des mots, tels que :

sécurité – considération – prestige – solidarité
affiliation – épanouissement – promotion – performance
utilité (être nécessaire) – initiative – autonomie – participation
connaissance – information – formation – influence – pouvoir
puissance - possession – expression – équité – dignité...

Cette liste n'étant pas exhaustive...

2.3.2 Comment découvrir le besoin du client ?

Tout d'abord par **l'observation** de l'activité du client, ce qui permet d'imaginer.

Ensuite par les **questions,** des questions précises, dont il faut bien évidemment écouter les réponses. (Cf. ch. 3.3.)

Elles donnent au client le sentiment de son importance. Elles permettent de s'instruire (sur le marché, sur d'autres clients, sur les produits, sur la concurrence). Elles évitent la discussion stérile. Elles font parler le client, ce qui nous évite de dire des bêtises. Elles aiguillent le client vers notre solution. Elles nous permettent surtout de connaître ses préoccupations, ses désirs, ses insatisfactions, ses besoins.

Il faut avouer que c'est difficile pour le vendeur qui a une tendance initiale à beaucoup parler.

3 2.4 Les motivations profondes

Il n'est pas facile de comprendre les hommes en général et les clients en particulier.

Toute notre éducation nous a entraînés à analyser les événements d'une manière logique.

Lorsque les hommes veulent expliquer leurs actes, ils s'appuient sur la raison pour justifier leur attitude, leur comportement, leur décision. C'est-à-dire que chacun essaye vis-à-vis d'autrui de **paraître raisonnable.**

Nous essayons trop souvent de comprendre les autres, uniquement par des faits ou par des actes admissibles par la seule raison. Ce n'est pas suffisant. Des attitudes et des comportements nous échappent qu'il nous faut essayer de comprendre. Car il faut :

comprendre pour être compris.

Pour mieux comprendre, nous allons étudier quelques principes appliqués aux motivations. L'étude des motivations est un aspect de la psychologie qui s'intéresse plus particulièrement au comportement

Connaître... CO3

des êtres. Nous pouvons définir la motivation comme un ensemble de forces qui pousse les individus à agir.

Quelles sont les principales forces qui déterminent un individu à l'action ?

Les gens agissent uniquement pour deux raisons :

SATISFAIRE DES DÉSIRS ou FUIR DES CRAINTES (la peur)...

Il n'existe qu'un moyen pour obtenir de quelqu'un qu'il fasse quelque chose, c'est de faire en sorte qu'il le désire. Et pour cela, il faut rechercher les motivations (simultanément à la recherche des besoins).

Nous reprendrons l'image de l'iceberg pour mesurer et comprendre l'importance des différentes motivations, et énoncer les principes :

1 – Une motivation peut être consciente, rationnelle et devient alors un « motif » statique ; ce motif représente environ 10 % de la décision d'action.

2 – Une motivation peut être subconsciente, irrationnelle et devient alors un « mobile » évolutif et variable ; **ce « mobile » représente 90 % de la décision d'action, environ.**

3 – Une décision n'est jamais prise pour une seule raison (dite objective), mais pour au moins deux raisons : une raison subjective (90 %) + une raison objective (10 %).

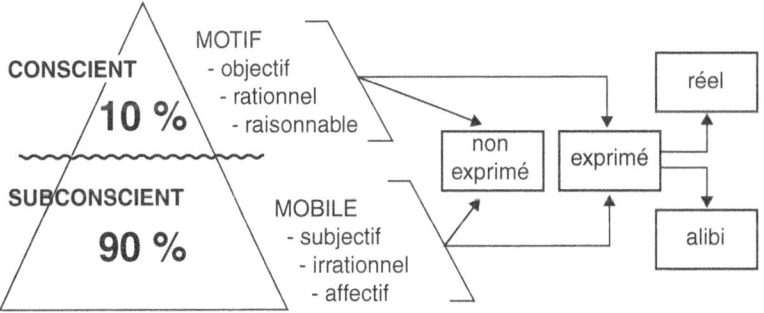

4 – La raison objective exprimée peut n'être qu'un prétexte, un alibi pour se justifier vis-à-vis de soi-même, ou d'un tiers.

5 – Une motivation peut être positive ou négative, longue ou brève (impulsion), intense ou faible.

C'est la raison pour laquelle un vendeur doit veiller à saisir sa chance lors d'une impulsion, la renforcer et la prolonger par de bons arguments, la ré-exciter.

Je choisirais l'image du « condensateur électrique » pour illustrer ce propos. Le condensateur a pour but d'emmagasiner de l'énergie et de la restituer au moment opportun pour amplifier et prolonger des impulsions électriques.

Ainsi nous amplifions les désirs exprimés par le client et lui restituons par notre argumentation dans la forme qui peut lui convenir, ou l'image qu'il attend.

Notre « batterie » d'arguments n'a pas d'autres buts.

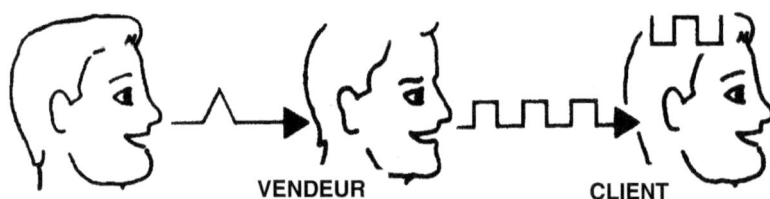

QUELLES SONT LES MOTIVATIONS POSSIBLES ?

Motivations rationnelles : La sécurité, l'argent, l'intérêt, la nécessité, la commodité, le confort, la simplicité, l'économie, la rentabilité, l'efficacité, la méthode, le bien-être, etc.

Motivations affectives : La sympathie, le sentiment, l'amitié, l'amour, l'orgueil, l'idéal, la considération, l'estime, être utile, l'idole, la compétition, la nouveauté, la satisfaction, la passion, le pouvoir, etc.

MOYENS MNÉMOTECHNIQUES

De nombreux moyens mnémotechniques ont été inventés par différents auteurs pour se rappeler les principales motivations, en les regroupant. Je citerai pour mémoire :

SONCAS (CEGOS) : SABONE (R. BAZIN) :
SÉCURITÉ SÉCURITÉ
ORGUEIL AFFECTIVITÉ
NOUVEAUTÉ BIEN-ÊTRE
CONFORT ORGUEIL
ARGENT NOUVEAUTÉ
SYMPATHIE ÉCONOMIE

PULSIONS (Pierre RATAUD)

PERFORMANCE	(se dépasser, ambition, goût du risque)
UTILITAIRE	(aime le confort, la simplicité et l'efficacité)
LOISIRS	(jeu, plaisir, qualité de la vie)
SÉCURITÉ	(références, garantie, arguments techniques)
INTÉRÊT	(économie, rentabilité, amour de l'argent)
ORGUEIL	(paraître, désir de puissance, de pouvoir)
NOUVEAUTÉ	(innovation, changement, modernisme, curiosité)
SENTIMENT	(affectivité, amitié, amour, sympathie, estime)

L'alchimie de la vente

Jean Timar propose la méthode SICSIC dans laquelle la Nouveauté vient se superposer à l'une des six motivations suivantes :

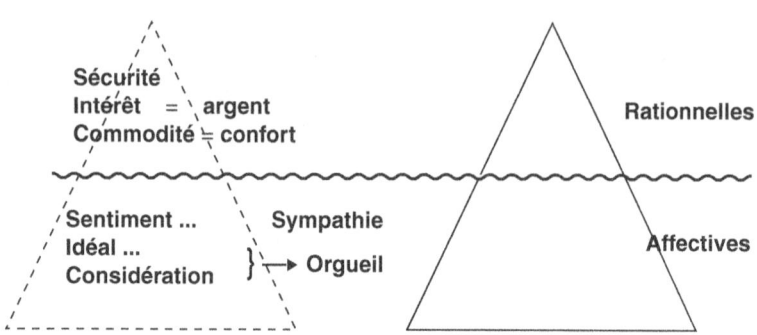

Cette idée est séduisante car elle permet de classer les motivations en deux groupes logiques en rapport avec l'iceberg : motivations rationnelles et motivations affectives. Une remarque : la plupart des vendeurs passent plus de temps à découvrir et à argumenter sur la partie consciente, la moins secrète. Pourquoi ne pas orienter les recherches davantage vers ce qui est masqué, y passer plus de temps, puisque cela représente 90 % des facteurs de décision ?

Comment découvrir ces motivations ?

Par l'interrogation, l'écoute, l'observation :

– du cadre du client, de son environnement,

– du jugement des gens,

par l'analyse du contact.

Mais attention, les motivations évoluent dans le temps et pour un même client, il faut vérifier par des questions de contrôle les éventuels changements.

Connaître... CO3

Et se rappeler que :

> *nous n'achetons pas un produit pour lui-même,*
> *mais pour les avantages qu'il contient*
> *en réponse à nos motifs d'achat.*

Autrement dit : un client n'achète pas notre image, mais l'image qu'il se fait de notre produit ou service.

> *un même produit peut être acheté*
> *pour des motifs d'achat différents.*

Il faut donc varier notre argumentation en fonction de chacun.

> *Si l'on interroge les hommes, en posant bien les questions, ils découvrent d'eux-mêmes la vérité sur chaque chose.*
>
> PLATON

3 3 LA TECHNIQUE DES QUESTIONS

QU'EST-CE QU'UNE QUESTION ? – POURQUOI POSER DES QUESTIONS ? – DIFFÉRENTES FORMES DE QUESTIONS – QUELQUES CONSEILS D'UTILISATION – EXEMPLES DE QUESTIONS.

> *I kept six honest serving men,*
> *They taught me all I know.*
> *Their names are : WHAT and WHY and WHEN*
> *And WHERE and WHO and HOW.*
>
> RUDYARD KIPLING

Traduction

> J'ai suivi six honnêtes serviteurs,
> Ils m'apprirent tout ce que je connais.
> Ils se nomment : QUOI et POURQUOI et QUAND
> Et OÙ et QUI et COMMENT.

3.1 Qu'est-ce qu'une question ?

Une bonne question est comme un phare dans la nuit : où sommes-nous ?, où en sommes-nous ?

C'est le contrôle de la communication (suis-je toujours sur la bonne route avec mon interlocuteur ? À-t-il bien compris ce que je voulais lui dire ? Ai-je moi-même bien compris ce que lui a voulu me dire ?, etc.).

Le sous-marin possède périscope et sonar ; l'avion le radar. Il est facile d'imaginer ce que serait la vie de tous les jours sans pouvoir « faire le point ».

Parmi l'ensemble des moyens mis en œuvre dans la discussion, en vue de démontrer, réfuter ou emporter la conviction, la technique des questions est l'une des sources fondamentales de la dialectique.

Ses origines remontent très loin dans le temps, car elle était utilisée par les premiers philosophes, que ce fût Platon ou Socrate, dont les habiles interrogations faisaient naître dans l'âme des autres les pensées qu'ils avaient eux-mêmes.

Cette technique des questions est d'ailleurs appelée « maïeutique socratique » la maïeutique étant l'art « de faire accoucher ». Socrate, fils de sage-femme, se flattait d'accoucher les esprits des pensées qu'ils contiennent sans le savoir.

3.2 Pourquoi poser des questions ?

Poser des questions est une méthode éprouvée facilitant la communication entre les humains, mais une certaine expérience et un entraînement sérieux sont indispensables pour en maîtriser l'art.

Elles présentent les avantages suivants

1 – **Elles permettent de s'informer** sur :

– L'interlocuteur, le client ;

- Les autres personnes, prospects ;
- Le marché, la situation ;
- La concurrence ;
- Nous-même, notre firme, notre produit.

2 – Elles permettent de nous aider à :

- Imaginer des besoins et des solutions ;
- Orienter le client vers ces solutions ;
- Connaître les besoins du client ;
- Le pousser à la réflexion, cristalliser sa pensée ;
- Aider l'interlocuteur à déterminer son besoin ;
- Aider l'interlocuteur à décider ;
- Découvrir le point sensible ;
- Présenter nos arguments ;
- Suggérer des solutions ;
- Vérifier le degré de persuasion ;
- Confirmer notre opinion ;
- Contrôler la compréhension.

3 – Elles permettent de gagner :

- La confiance, en donnant à l'autre le sentiment de son importance,
- Du temps,
- En efficacité, par les résultats et les accords.

4 – Elles permettent d'éviter :

- Les discussions stériles et inutiles ;

- De trop parler, ce qui nous amène à dire des banalités pour « meubler », ou donner notre avis, notre position ou nos arguments ;
- D'être négatif trop souvent ;
- De bloquer les entretiens par des affirmations ou des évidences ;
- De susciter des objections.

3.3 Différentes formes de questions

1 – QUESTIONS OUVERTES

Ces phrases interrogatives, dont le but est de « faire accoucher les esprits », de faire parler, doivent commencer par des *adverbes* ou par des *pronoms interrogatifs,* tels que :

QUI – QUE – QUOI – OÙ – QUAND

COMMENT – COMBIEN – QUEL – LEQUEL – LAQUELLE

POURQUOI...

Ce dernier à lui seul pouvant remplacer toute une phrase !

2 – QUESTIONS FERMÉES

Ces questions commencent en principe par un *verbe* et suscitent un *oui* ou un *non* pour réponse (éventuellement *peut-être*).

Exemple : « Aimez-vous une voiture confortable ?.... – OUI.

Avez-vous un problème ?... – NON. »

Il faut éviter de poser inconsciemment ce genre de question au début d'un entretien, car nous ne savons pas encore ce que pense notre interlocuteur.

À la rigueur, poser une question d'ordre général (dite *généralisée* ou *neutre*) pour lancer la conversation. Éviter de polariser d'entrée sur nous-même, notre entreprise, nos produits.

Par contre, à la fin, lorsque nous sommes éclairés sur ses intentions, elles sont nécessaires pour obtenir une récapitulation des points d'accord... et le OUI final.

C'est pourquoi elles portent le nom de questions « fermées récapitulatives ».

Selon le moment de l'entretien, ces questions peuvent prendre différents noms : au tout début, *fermée généralisée* (exemple : « Faites-vous de la formation ? ») ; au milieu, *fermée de contrôle, test ou sondage* (exemple : « C'est bien la grande taille qui vous intéresse, n'est-ce pas ? ») ; à la conclusion, *fermée récapitulative* (exemple : « Je note donc le bleu ? » Voir le tableau, page 211.

3 – QUESTIONS ALTERNATIVES

C'est la question positive par excellence, car elle oriente le choix entre deux possibilités ou solutions, en oubliant la troisième : négative (non, désaccord, ne rien acheter, etc.).

Elle peut être ouverte ou fermée. Exemples : « Quand voulez-vous être livré, en mars ou en avril ? » ; « Préférez-vous être installé en janvier, en février ? »

La question alternative commence en principe par un verbe, sinon l'enchaînement doit être rapide, pour éviter l'intervention négative. Exemple : « Que prendrez-vous ?... 50 ou 100 exemplaires ? ». Il est préférable dans ce cas de dire : « Prendrez-vous 50 ou 100 exemplaires ? »

Comme vous le constatez par cet exemple, ce genre de question est très utile dans la deuxième étape d'un entretien, pour amener vers la conclusion. Il ne faut donc pas l'utiliser prématurément, mais comme contrôle d'un signal d'accord. Bien sûr, elle est indispensable pour l'obtention d'un rendez-vous (voir la prise de rendez-vous par téléphone).

Son avantage réside dans le fait qu'elle donne à notre interlocuteur l'impression de choisir librement, de décider selon son désir.

4 – QUESTIONS DE CONTRÔLE

Ce sont des questions-tests, des sondages, qui amènent l'interlocuteur à **préciser** sa pensée. Les réponses peuvent être différentes selon les intentions. Elles ont pour but de contrôler les vraies motivations.

Elles peuvent commencer par une phrase du genre : « Si je comprends bien, vous appréciez particulièrement... », ou porter sur un point connu ou d'intérêt évident de l'interlocuteur, tel que : « Est-ce Monsieur Martin qui sera responsable de cette nouvelle implantation ? »

Ces questions ont pour mérite de relancer l'entretien et d'interroger sur les intentions, de manière détachée.

5 – QUESTIONS INDIRECTES

Ces questions ont pour but de détourner l'attention de l'interlocuteur de l'objet de l'entretien ou de l'idée du but. Elles masquent ce que nous cherchons. En réalité, elles sont orientées, mais l'interlocuteur répond sans méfiance.

C'est la technique utilisée couramment par les « faiseurs de tours de cartes », pour détourner l'attention, et pour amener la personne à décider d'une carte déjà choisie.

Exemple : Vous prenez un jeu de cartes et placez la dame de cœur sur le dessus. Puis vous posez des questions orientées : « Combien de cartes dans un paquet ? Combien de familles de cartes ? Combien de couleurs ? Lesquelles ? Laquelle préférez-vous ? (choisissez la sienne ou la restante), dans cette couleur, carreau ou cœur ? Dans le cœur, supérieur ou inférieur ? Dans le supérieur, as, roi ou dame ? As ! Entre celles qui restent ?... », et vous retournez la dame de cœur... Celle qu'il cherchait ! »

Nous pourrions appeler aussi cette technique *la technique de la passoire,* qui filtre jusqu'à ce que reste la crème, c'est-à-dire ce que nous voulons.

6 – QUESTIONS RICOCHETS

Qui n'a joué, étant enfant, à ce jeu du ricochet avec des galets ? Appliquer cette image à la conversation, c'est faire **rebondir le dialogue** avec des mots, ou appliquer la technique dite *du filtre à café* pour obtenir l'essence même de la pensée de l'autre.

Si nous posons une question et que nous nous contentons de la première réponse, nous n'obtenons pas tous les éléments. Derrière cette réponse, il est profitable de faire un *ricochet*, un *écho* par un mot, un regard, une intonation, une très courte question, du genre : « Oui... ? », « Non ?... » « Mais encore ?.. » « Ah ! bon... », Et en dehors de cela ? », « Intéressant... », « C'est-à-dire ?... »

QUESTION   RÉPONSE 1   RICOCHET 1   RÉPONSE 2   RICOCHET 2   RÉPONSE 3

Si nous pouvions peser la valeur des réponses, la première pèserait l'équivalent de 1 gramme, la seconde pèserait 2 grammes, la troisième pèserait 4 grammes, etc. En effet, la troisième réponse est quatre fois plus importante que la première pour la suite du dialogue.

7 – QUESTIONS NÉGATIVES

Éviter d'employer des phrases interro-négatives qui donnent la réponse en même temps que la question, car elles entraînent presque systématiquement un « NON ». Ce sont souvent des questions *d'intonation*. Exemples :

« Vous n'investirez pas cette année ?... »

« N'investirez-vous pas cette année ?... »,

préférer :

« Investirez-vous cette année ?... »

ou mieux :

« Combien investirez-vous cette année ?... »

8 – QUESTIONS RELAIS

Ce type de question est utilisé particulièrement en technique de réunion, pour renvoyer au groupe ou à l'un des participants la faculté de répondre, pour éviter d'être directif ou de répondre.

Cette technique peut aussi se pratiquer dans un entretien à trois personnes (le client, son adjoint, le vendeur, ou le client, le vendeur, son inspecteur).

À une question posée par le client, le vendeur ne répond pas lui-même ; il passe le relais à la tierce personne présente. Exemple : « Qu'en pensez-vous, Monsieur G... ? »

Une possibilité également de faire un relais lors d'un dialogue entre le client et le vendeur : le vendeur, au lieu de répondre lui-même, fait parler un absent connu de l'interlocuteur, une référence. Cela augmente la crédibilité du propos. Exemple : « Vous connaissez Monsieur T... ? Savez-vous ce qu'il m'a répondu à cela ?... », ou : « Savez-vous ce qu'il a décidé ?... ». Et vous répondez à la place de l'absent cité.

Il faut bien sûr user de cette technique avec réserve et connaître les rapports existant entre la personne présente et la personne absente citée.

3 3.4 Quelques conseils d'utilisation

Ce n'est pas suffisant de poser des questions, encore faut-il poser les bonnes questions et au bon moment.

Il serait en effet trop simple de poser n'importe quelle question, à n'importe quel moment et n'importe comment !

Lorsque nous lançons une discussion ou y participons, n'est-ce pas pour amener notre ou nos interlocuteurs vers notre point de vue ? Où vers un but pré-défini ?

Pourquoi les heurter ou les braquer d'entrée en affirmant catégoriquement nos idées ?

Trop de vendeurs commencent (et continuent) leur entretien par l'étalage de leur savoir, par de catégoriques affirmations, sous prétexte que le client a débuté par un : « Je vous écoute… ».

Si nous comparons les avantages de notre produit à des flèches et le vendeur à un archer, pourquoi commencer à tirer sans avoir déterminé la cible ?

Commençons par poser des questions pour cerner cette cible que représente le client et ensuite, n'utilisons que les flèches qui ont une chance de l'atteindre et de faire mouche.

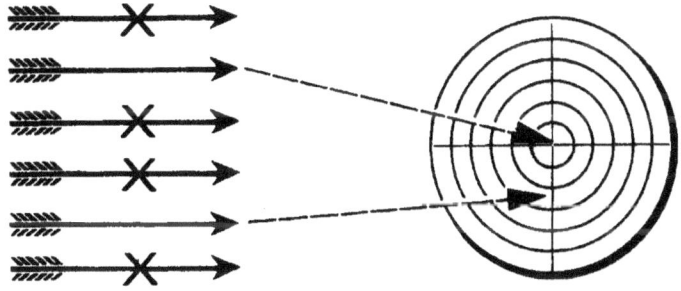

L'art de poser les questions est une notion d'efficacité, de tact et de sensibilité.

Il faut poser la bonne question. Celle qui amène l'information valide, juste, précise, complète, suffisante et claire, la réponse qui « enseigne quelque chose ».

Il s'agit de doser les questions de telle façon que les réponses fournies soient riches en information. L'abus de questions successives, par contre, freine l'interlocuteur. En fait, la réponse doit être telle que des questions supplémentaires deviennent superflues.

Celui qui pose une question sait ou devrait savoir exactement pourquoi il la pose et quelle réponse il désire : **la forme qu'il donne à la question est fonction du but à atteindre.**

Il importe donc de bien réfléchir à la formulation des questions que l'on pose :

– Dans quel BUT pose-t-on la question ?

– Quel est le contexte de la situation ?

– Que vais-je apprendre par les réponses faites ?

---

bien souvent on est tenté de chercher une solution
là où une bonne question répond au problème.

Lors de chaque phase de la vente, nous devons utiliser des questions, différentes dans leur formulation selon l'étape ou le chemin parcouru dans la connaissance de l'autre.

Illustrons ce propos par le tableau suivant :

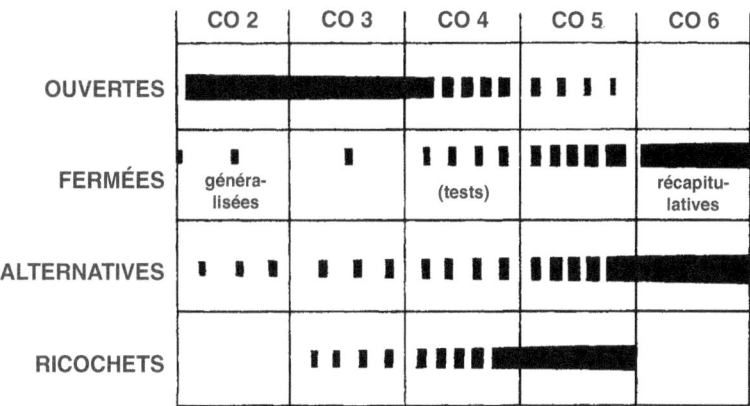

Ce tableau nous montre les périodes les plus favorables selon le type de question et en fonction du but recherché.

Il est souhaitable de commencer par des questions d'information générale, qui rassurent, donnent confiance et nous ouvrent la voie. Elles ne doivent contenir que des idées positives et si possible être orientées vers l'intérêt possible de l'interlocuteur. Ces questions neutres servent aussi à faire démarrer la communication.

Mais très vite, dès le contact et à plus forte raison lors des phases « connaître » et « comprendre », **celui qui doit parler le plus, c'est "l'autre", l'interlocuteur.**

Et pour cela, il faut poser des questions, beaucoup de questions « ouvertes », c'est-à-dire des questions qui amènent l'interlocuteur à exprimer sa pensée. Ces questions doivent être précises et dans le sujet.

Ensuite, nous pouvons continuer par des questions beaucoup plus personnelles, des questions d'opinion, des questions qui appellent des réactions. Cela nous évite d'exprimer notre opinion et de commettre des impairs, mais attention à ne pas aborder les sujets trop personnels souvent épineux (politique, religion…).

Rester clair et simple, utiliser des mots compréhensibles par l'interlocuteur et surtout ne pas poser une question qui appelle deux ou plusieurs réponses ! Car l'homme ne retient qu'une seule idée à la fois et il ne répondra souvent qu'à la dernière idée exprimée ou, s'il connaît la technique, à celle qui lui plaît. De plus, ces questions « à tiroir » dévoilent par trop ce que nous pensons.

Lors de la phase d'argumentation « convaincre », évitez d'affirmer, pensez encore à formuler vos idées sous forme de questions pour les infiltrer dans la tête de votre partenaire.

Lors de la dernière étape, et surtout à la fin, ce que nous souhaitons, c'est entendre notre interlocuteur exprimer son accord par un *oui*. Pour cela, nos questions doivent être récapitulatives et « fermées », ou alternatives ; elles doivent reprendre un mot ou une idée précédemment émis par l'interlocuteur et allant dans la direction de notre but.

Enfin, précaution bénéfique, si l'entretien est décidé à l'avance, c'est de le préparer (cf. *CO 1, Commencer par se préparer*), de préparer les questions que nous voulons poser, pour graduer leur portée. Ne pas oublier qu'une inversion de mots peut changer toute l'interprétation… et la réponse. De plus, c'est un excellent exercice pour pouvoir demain improviser avec succès.

Pour illustrer ce dernier conseil, voici l'anecdote racontée par Jean-Marc Chaput dans son livre *Vivre, c'est vendre* :

« Un jésuite rencontre un franciscain au Vatican. Le jésuite et le franciscain désiraient fumer le cigare pendant la méditation. Ils décidèrent de demander chacun de leur côté l'autorisation. À l'heure de la méditation, seul le jésuite fumait avec un plaisir évident. Le franciscain dit au jésuite : « Vous n'avez pas demandé la permission ? » Et le jésuite de répondre « Si ». Le franciscain ajoute : « Moi, on m'a dit que durant la méditation, il ne fallait faire que cela. » Et le jésuite de répliquer : « Mais, cher Père, vous avez mal posé la question ! Moi, j'ai demandé si on pouvait prier Dieu en toutes circonstances. Et le supérieur m'a dit que oui. Alors, je lui ai demandé si je pouvais méditer en fumant... »

N'est-ce pas différent que de « fumer pendant la prière » ?

Nous n'insisterons jamais assez sur l'importance d'une bonne préparation. **Se préparer une batterie de questions préliminaires.** Les noter : et ainsi, nous n'oublierons pas de les poser et pourrons concentrer notre attention sur les réponses obtenues.

Ne pas avoir peur de paraître indiscret, voire ignorant : sourire et demander : « Me permettez-vous de vous demander si... », ou « Pourriez-vous me préciser si... ». Oser courtoisement et l'on voit les difficultés s'aplanir.

3 3.5 Exemples de questions

Il existe des questions pour lesquelles il nous faut des réponses le plus tôt possible, afin soit de gagner du temps, soit d'éviter de se faire piéger par le client.

Ainsi, nous devons savoir très rapidement : **qui décide, combien il peut mettre, quel est son « rêve » et quand sera prise la décision.**

Il faut amener subtilement la question sur le « rêve » avant que le client ne demande : « Que m'apportez-vous de plus que les autres ? » Car à cette question, nous devons, tel un miroir, lui refléter son « rêve ».

Ce sont des questions du genre : « Qu'espérez-vous... ? », « Que souhaiteriez-vous... ? », « Que rechercheriez-vous... ? », « Qu'attendez-vous de... ? », mais sans personnalisation, partir du global et refermer doucement l'objectif (comme en photo).

Exemples :

Mauvais... : « Qu'attendez-vous de moi, ou de ma société ? »

Mieux... : « Qu'attendez-vous de vos fournisseurs ? »

« Qu'attendez-vous d'une bonne voiture ? »

« Que rechercheriez-vous dans une bonne assurance ? »

Exemple d'un enchaînement de questions :

1 – Est-ce vous, Monsieur D..., qui décidez en matière de... ?

Réponse non... : Qui ?

Réponse oui...

2 – Comment faites-vous actuellement ?

3 – Si vous pouviez améliorer le système, que rechercheriez-vous ?

4 – Et en dehors de cela ?...

5 – Seriez-vous intéressé par un procédé qui vous permettrait d'atteindre en grande partie cela ?

6 – Avez-vous une idée de votre « consommation » ?

7 – Pensez-vous qu'il serait possible de réduire cette « consommation » ?... (motivation économie...).

Réponse non... : Pourquoi ?

Réponse oui...

8 – Qu'est-ce qui vous fait dire cela ?

9 – Comment ? Etc.

En somme, toujours avoir présente à l'esprit la règle mnémo-technique : *Q.Q.O.Q.C.CIP*. Elle vous aidera à formuler vos questions, ainsi

Comment concevez-vous... ? – Combien de temps passé... ?

– Que désirez-vous le plus pour... ? – Quelle sorte de... utilisez-vous ?

– Combien de... avez-vous dans vos services ? – Quel procédé de... utilisez-vous ? – Quand désirez-vous entreprendre... ?, etc.

Les questions sont souvent le seul moyen pour faire « réfléchir » les gens, et les amener à s'exprimer totalement. Mais elles ne sont profitables que dans la mesure où l'on sait écouter les réponses.

Ce qui est, avouons-le, très difficile, car nous avons tous une tendance naturelle à trop parler... de nous, et nous craignons le silence.

Mais il ne faut pas oublier que **le temps paraît long à celui qui attend** et qui souvent connaît la réponse, et qu'il paraît très court à celui qui réfléchit... pour répondre.

Poser des questions n'est qu'une partie de l'art de la communication : savoir écouter les réponses est tout aussi important, sinon plus important encore (1).

---

(1) Pour de plus amples développements, on se reportera utilement à : « Les questions qui font vendre » de Pierre RATAUD (Éditions d'Organisation).

4
Comprendre... la subjectivité... CO4

... La compréhension,
... l'art d'écouter,
... la technique
de l'écho positif,

> Une connaissance immédiate est dans son principe même, subjective.
>
> G. BACHELARD

4 1 LA COMPRÉHENSION
BASE DE LA COMMUNICATION ET DU DIALOGUE – L'EMPATHIE OU LA CONSCIENCE D'AUTRUI – QUI DOIT PARLER ?

4 1.1 Base de la communication et du dialogue

Il est important de se rappeler que la communication se fait toujours dans les deux sens, ce que nous avons noté au chapitre 3.1.1. « Vendre, c'est communiquer », en précisant les objectifs de la communication.

Vendre, ce n'est pas seulement aller vers les autres, c'est aussi établir un contact entre nous et les autres. Ce contact ne peut être réellement établi que si la compréhension est réciproque.

Le vendeur ne doit pas seulement être habile à transmettre la communication ; il doit être habile à la recevoir. C'est d'ailleurs la première qualité, qui lui permettra de faire face aux préjugés du client, à son incertitude, à ses réactions, à sa peur devant l'engagement.

Deux aspects à cette compréhension :

– **Être compris :** et pour cela savoir choisir ses mots, le bon moment, les bonnes attitudes.

– **Comprendre l'autre :** savoir l'observer, l'écouter, utiliser le silence et faire preuve d'empathie, de chaleur.

1.2 L'empathie ou la conscience d'autrui

Vous connaissez bien sûr la sympathie et l'antipathie. Ce sont des phénomènes humains instinctifs et inductifs. C'est-à-dire qu'on ne les domine pas mais qu'ils provoquent chez l'autre interlocuteur des réactions ou attitudes similaires.

Une attitude positive entraîne une attitude positive ; une attitude négative entraîne une attitude négative, par incidence réciproque.

L'empathie se distingue de la sympathie et de l'antipathie par le fait que c'est un phénomène **volontaire** et inductif.

Le résultat attendu par un vendeur étant positif, il se doit de manifester une **volonté empathique positive**.

Mais qu'est-ce exactement que l'empathie ?

C'est :

1 – L'aptitude à se voir avec les yeux d'autrui, ou auto-empathie ;

2 – L'aptitude à voir les autres avec les yeux d'autrui, ou allo-empathie ;

3 – L'aptitude à regarder les autres avec leurs propres yeux, (conscience de la conscience d'autrui).

C'est d'ailleurs vers cette troisième définition que doit tendre le vendeur. Exprimée d'une autre manière, c'est la vieille règle de vente : **« Se mettre à la place de l'autre. »**

Essayons de décrire simplement ce phénomène :

Imaginons une table, avec, posés dessus, une bouteille et un verre. De chaque côté de la table, deux personnages que nous allons baptiser Vendeur et Client. Pensez-vous qu'ils pourront décrire le verre de la même manière ? Non, bien sûr, puisqu'il y a la bouteille dans le champ de vision de l'un d'eux.

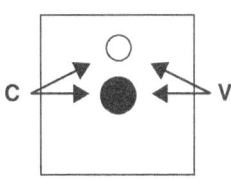

Supposons que le Vendeur fasse preuve d'empathie, se déplace physiquement et vienne voir à la place du Client quelle est sa vision réelle. Automatiquement, il provoquera la réaction identique de la part du Client. Ainsi, nos deux protagonistes conscients de la réalité de l'autre seront-ils à même de décider de la **position commune** à prendre.

Dans un dialogue de vente, c'est la même chose, sauf que le déplacement est mental, et que la vision de l'autre est découverte par le jeu des questions et des réponses.

L'empathie peut donc être définie comme :

---
la volonté *de comprendre l'interlocuteur de manière* objective *et* lucide.

---
ou

---
l'aptitude à écouter les autres sans les juger.

– **Volonté :** nous décidons de faire un **effort** de compréhension vers l'autre,

– **Objective :** nous mettons provisoirement « au placard » nos préjugés, nos opinions personnelles, afin de ne pas fausser le dialogue et gêner la compréhension,

– **Lucide :** car découvrir l'autre, ce n'est pas abandonner nos idées, mais les rapprocher pour cerner les points communs, les bases possibles d'un accord.

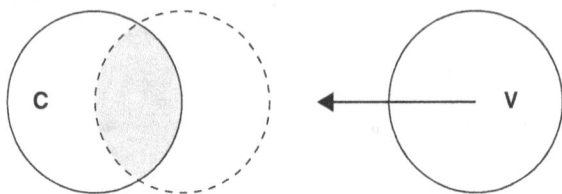

1.3 Qui doit parler ?

> *Lorsqu'on parle beaucoup, on dit presque toujours quelque chose qu'il ne faudrait pas dire.*
>
> CONFUCIUS

Le bon vendeur est souvent qualifié de « beau parleur ».

Mais l'excellent vendeur est surtout « un bon écouteur ».

Depuis Confucius, de nombreux auteurs ou philosophes ont souligné l'intérêt que l'homme avait de mesurer ses paroles. Disraeli lui-même disait : « En parlant, on change rarement l'avis des autres, mais on finit souvent par changer le sien. »

En effet, nos propos dépassent souvent notre pensée et éveillent chez l'interlocuteur une curiosité déplacée, le scepticisme, la contradiction ou des objections tandis que notre but est de soulever l'intérêt.

RÈGLE DES 60/30/10 :

Dans un entretien de vente, le temps se répartit statistiquement ainsi 10 % de silences, 90 % de dialogues dont 30 % pour le client et 60 % pour le vendeur.

C'est le contraire qu'il faut arriver à faire en ne confondant pas argumenter et « baratiner » : 10 % de silences, 30 % de paroles pour le vendeur et 60 % pour le client.

Si vous savez faire parler vos clients et les écouter, vous serez au courant de tout ce qui se passe sur votre secteur. En **parlant, le client se découvre :** il révèle ses plans, ses préoccupations, ses espoirs.

Je ne dis pas que le vendeur doit rester muet, mais simplement qu'il doit parler à bon escient pour maîtriser le dialogue.

4 2 L'ART D'ÉCOUTER
LA MAÎTRISE DU SILENCE – L'ÉCOUTE ACTIVE.

4 2.1 La maîtrise du silence

> *Celui qui est capable d'écouter, est capable de parier.*
>
> PTAH-HOTEP 3 000 AV. J.-C.

4 2.1.1 Réflexions

René Boylesve, de l'Académie française, nous écrit : « Les écrits restent, mais les paroles bien plus encore, parce qu'elles voltigent avec légèreté, rapidité, et se déposent partout sans demander assentiment ni crier gare. »

Peut-être cette réflexion sur l'importance de l'impact des paroles peut-elle mieux nous faire mesurer les raisons qui ont poussé, depuis des temps reculés, les écrivains à louer la puissance du **silence**.

Qui ne connaît le proverbe : « *La parole est d'argent, le silence est d'or ?* »

Autrement dit,

---

*il est bien de savoir parler,
mais il est encore mieux de savoir se taire à propos.*

À propos, oui, car le silence peut être interprété différemment selon l'interlocuteur, le lieu ou le contexte. Il est à la fois une force et une faiblesse.

Tantôt il nous impressionne favorablement, tantôt il nous gêne.

Qui d'entre nous n'a pas vécu en partie les événements suivants :

1 – Avez-vous vu le film *Il était une fois dans l'Ouest* ? N'avez-vous pas été oppressé par certaines séquences ? Celles où un silence menaçant, inquiétant, accompagnait les images, seulement rompu par la complainte intermittente de l'harmonica.

2 – Quel sentiment vous anime, lorsque vous pénétrez, seul, dans une église, une cathédrale, un temple, où le silence, imposant, amplifie votre passage ?

3 – Comment l'instituteur parvient-il à endiguer le tapage et la perturbation d'une classe indisciplinée ? N'avez-vous pas souvenir d'une telle scène ?

4 – Êtes-vous un conducteur infaillible ? Ou faites-vous partie de ceux qui eurent maille à partir avec un gendarme ? Votre tempérament vous a-t-il conduit à vous taire ou à vous disculper, voire à discuter ? Le silence n'aurait-il pas été préférable ?

5 – Et vis-à-vis de votre supérieur hiérarchique, n'avez-vous jamais ressenti un malaise devant sa capacité à se taire ? Sa faculté de vous faire parler ?

6 – Vendeur, devant votre client, ne vous êtes-vous jamais mordu la langue pour un mot de trop ? Ou n'avez-vous jamais perdu une occasion magnifique d'en savoir davantage ?

Et nous pourrions citer bien d'autres exemples, n'est-ce pas ? Alors, pourquoi ne pas nous entraîner à dominer cette technique, à maîtriser cet art ?

4 2.1.2 Art ou technique ?

Cicéron disait, il y a deux mille ans : « Il y a un art dans le silence, et c'est de l'éloquence aussi. »

Mais écouter est devenu un art oublié ; rares sont ceux qui savent bien écouter. Écouter, ce n'est pas seulement entendre : c'est montrer à notre interlocuteur que nous nous intéressons réellement à ce qu'il dit, en lui accordant toute l'attention et la considération qu'il attend, mais qu'il reçoit si rarement.

Voilà pourquoi il est si important et si difficile d'être un bon auditeur. Car il faut faire la différence entre « entendre » et « écouter ».

ENTENDRE

1 – Tendre vers, prêter attention à... Avoir l'intention, le dessein de...

2 – Percevoir, saisir par l'intelligence... Faire attention à..., être habile... Connaître à fond. Vouloir dire : j'entends par là que...

3 – Percevoir par le sens de l'ouïe. Prêter l'oreille à..., Écouter avec attention. Apprendre par la renommée : entendre parler de...

ÉCOUTER, c'est :

1 – S'appliquer à entendre, prêter son attention à ce qui est dit.

2 – Accueillir avec faveur ce que dit quelqu'un jusqu'à y apporter son adhésion, sa confiance (écouter les conseils). Se laisser aller à un sentiment ou à une passion qui dicte une certaine conduite (écouter sa douleur).

Je vous livre quelques réflexions d'un groupe de participants à l'un de mes séminaires.

Pouvons-nous écouter sans entendre ?

Pouvons-nous entendre sans écouter ?

Saisissons-nous bien la nuance entre entendre et écouter ?

Mis à part le cas du sourd qui écoute sans entendre, et celui du muet que nous écoutons sans l'entendre, il est possible, malheureusement, d'écouter sans entendre.

Comment ? Tout simplement en écoutant d'une oreille distraite, en écoutant tout en pensant à autre chose.

Écoutons quelqu'un qui nous parle de ses vacances ! Bientôt, nous songeons aux nôtres et ne l'écoutons plus du tout, tout en l'entendant. À part rêver en dormant, il est difficile de faire deux choses à la fois. Écouter nécessite une attention particulière.

Pouvons-nous maintenant entendre sans écouter ? En ce moment, nous pouvons très bien entendre, sans écouter particulièrement, les voitures qui passent dans la rue, ou un chien qui aboie au loin.

L'enfant entend ses parents lui faire des recommandations, mais ne les écoute pas forcément... Nous pouvons entendre une conversation voisine, saisir quelques mots, et intervenir dans la conversation en utilisant ces mots mais en parlant d'autre chose, preuve que nous n'écoutons pas.

Nous pouvons entendre le silence sans l'écouter dans la mesure où nous le rompons, au lieu de le respecter, c'est-à-dire de l'écouter.

Le pire est que nous entendons plus que nous n'écoutons et que nous n'entendons pas toujours ce que nous écoutons, alors que notre but est d'écouter ce que nous entendons.

---

*sachons écouter, soyons réceptifs,
soyons à l'écoute de ce que nous entendons !*

Méditons cette pensée, mise en exergue sur le bureau d'un client :

*I know that you believe you understand
what you think I said,
but I am not sure you realize that
what you heard is not what I meant.*

> (Je sais que vous croyez comprendre ce que vous pensez que j'ai dit, mais je ne suis pas certain que vous réalisez que ce que vous avez entendu n'est pas ce que je voulais dire).

2.1.3 Le silence : un outil efficace !

L'homme a toujours été impressionné par le vide imposant créé par le silence. Cette peur ancestrale du néant, de l'inconnu, agit sur son subconscient et l'entraîne à parler.

Beaucoup présentent le silence comme une arme et chacun craint, en l'utilisant, de s'y blesser.

Pourquoi ne pas l'assimiler à un outil ?

Un outil se veut pratique et chacun réalise la nécessité d'un apprentissage et d'une utilisation à bon escient.

Selon les travaux à effectuer, nous utilisons des outils différents, mais de bons outils. Selon les circonstances, nous utiliserons des silences différents, mais étudiés. Car ce qui est important, c'est de le faire consciemment afin d'observer l'impact et de conserver la direction, la maîtrise des événements.

---
apprendre à se taire

Si vous menez une réunion, faites l'expérience : taisez-vous.

Quelle sera l'attitude de vos auditeurs ?

Que deviendra l'atmosphère de la salle ?

Petit à petit, les gens se taisent, se regardent, ressentent une gêne et l'atmosphère devient lourde... Se taire est un bon moyen de faire cesser les apartés.

Si vous visitez un client, faites l'expérience : après votre question, taisez-vous. Que fera votre interlocuteur ?

Il répétera sa phrase ou précisera sa pensée, il continuera de parler...

Profitez de chaque occasion pour vous exercer et vous perfectionner dans l'utilisation de cet outil primordial dans toute négociation, discussion ou réunion.

Deux exemples tirés d'expériences personnelles

Premier exemple :

Lors d'un entretien de vente portant sur un contrat de formation pour une équipe de vendeurs, je me trouvais au stade de la conclusion, assis en vis-à-vis avec un client, et le dialogue se déroula de la façon suivante :

Le client : « Vous désirez vous implanter ? Vous allez bien me faire 10 % de remise ? »

Après quinze à vingt secondes... de silence,

Le client : « Vous me ferez bien 5 % ?... »

...

... « Enfin, vous allez bien me faire quelque chose ? »

Après un nouveau silence, il prit le stylo et signa la proposition.

Un quart d'heure plus tard, je me félicitais de mon attitude à double titre. D'abord pour la commande, ensuite parce que le client, sur le pas de la porte, en me serrant la main, dit : « Vous savez, ça m'a beaucoup plu, notre petite joute de tout à l'heure ! »

Si j'avais cédé, que se serait-il passé, à votre avis ?

Deuxième exemple :

Au stade de la conclusion, en face de trois personnes, les décideurs d'une grande compagnie d'assurances (le P.-D.G., le directeur commercial, le directeur administratif) autour de la même table.

Le P.-D.G. : « Vous êtes cher... Vous êtes très cher... ».

Silence interminable sous le feu des regards braqués sur moi...

Calme, serein, souriant, confiant, j'attendais et le P.-D.G. enfin ouvrit la bouche, rompant le silence pesant par ces mots :

... Mais ce doit être de la qualité ».

Et il signa le contrat.

---

ne sautez pas à pieds joints sur le sujet !
prenez le temps de réfléchir.

Qui ne connaît cette anecdote racontée sur les paysans et maquignons français (cf. Zola : *La Terre*) ?

Il paraît que lors des marchés aux bestiaux, l'acheteur tourne autour de la bête qui lui plaît... en silence, sous l'œil attentif du vendeur, qui lui aussi attend... en silence !

Et il paraît aussi que celui qui fera la plus mauvaise affaire est celui qui parlera le premier...

Si l'acheteur dit : « Combien ta vache ? », l'autre gonfle son prix...

Si le vendeur dit : « Elle te plaît, ma vache ? », l'autre fera baisser le prix...

Mais ce bon sens est-il l'apanage des seuls paysans ? De ces paysans qui, dans leurs champs, ont le temps de penser, de réfléchir.

Avant de parler, donc de rompre le silence, il faut ordonner ses pensées, ne pas confondre vitesse et précipitation. Mais il ne faut pas non plus donner à son interlocuteur une impression de vide. C'est pourquoi il faut cultiver la technique de l'écho (expliquée au chapitre 4.3.) qui crée le lien de tout dialogue.

> Le commencement de la sagesse est de se taire. le
> second stade est d'écouter.
>
> LES SEPT SAGES D'ISRAËL

4 2.2 L'écoute active

4 2.2.1 Le processus

L'écoute active est une méthode particulièrement adaptée aux gens en proie à une grande affectivité (client furieux, triste, mécontent, frustré, etc.), car elle permet de les soulager. Comment ? Parce qu'ils découvrent la communication authentique, la compréhension de leurs sentiments par un tiers.

Cette notion d'écoute active a été étudiée par Carl Rogers, puis reprise par le docteur Gordon (voir la bibliographie).

L'écoute active, c'est *écouter* attentivement la totalité du message adressé par l'émetteur et lui *renvoyer* ce que l'on pense avoir reçu (exprimé ou sous-entendu, verbal ou non verbal).

Un grand principe pour l'écoute active :

ÊTRE CONSCIENT DE L'AUTRE, et pour cela...

1 – **Bien observer :**

– le ton de sa voix ; l'attitude, la pose ; les gestes ; le visage, le regard, l'expression ;

2 – **Se poser à soi-même** les trois questions suivantes :

– que dit-il exactement ? ; que voulait-il me dire ? ; que ressent-il réellement ? ;

3 – **Faire préciser les faits** de plus en plus profondément par des expressions d'écoute active, telles que :

– « Je crois comprendre que vous voulez dire que... »,

– « Vous semblez vouloir me dire que... »,

– « Comme vous le dites, il semblerait que... »,

– « Peut-être fais-je erreur, mais vous semblez... »,

– « J'ai l'impression que vous voulez dire que...

– « Si je vous ai bien compris, vous voulez dire que... ».

L'écoute active n'est pas innée pour tout le monde et demande de la pratique. Mais tout vendeur devrait s'y entraîner car c'est la meilleure technique pour découvrir la face cachée de l'iceberg.

Quelques précautions à prendre lorsqu'on utilise l'écoute active. Il faut éviter de :

– contredire ; donner des conseils ; faire la leçon ; prêcher ;

– détourner la conversation ; changer de thème, d'idée...

– ne penser qu'à ce que l'on va dire.

Par contre, il est nécessaire de :

– interroger ; observer ; résumer ; récapituler ;

– **se concentrer sur le message,**

puisque le but de l'écoute active est de rendre plus clair ce que l'émetteur essaye de communiquer.

L'un des gros avantages de l'écoute active est de réduire les désaccords et les malentendus, en évitant les attitudes d'opposition.

On pourrait résumer le processus d'écoute par le schéma E. A. (voir page suivante).

2.2.2 Quelques conseils... pour mieux écouter

Il est important, pour bien écouter, de ne plus penser à ses problèmes personnels, mais d'être disponible et attentif à l'autre. Comme le disait Napoléon 1er : « Être là à cent pour cent. »

1 – Réunir les conditions d'une bonne écoute : se préparer ;

2 – Si l'écoute est nécessaire, éviter de faire autre chose : se concentrer ;

3 – Écouter avec ses oreilles, ses yeux, son cerveau ! ;

4 – Avoir une écoute active : essayer de comprendre, d'analyser ;

5 – Ne pas essayer d'interpréter au fur et à mesure, mais se mettre à la place de l'autre : être disponible (empathie) ;

6 – Écouter la dernière phrase de son interlocuteur, voire le dernier mot, car souvent ils résument l'idée de ce que le client attend de son fournisseur ;

7 – Respecter les silences, c'est le besoin pour chacun de faire le point ;

8 – Laisser parler, ne pas interrompre, se taire : être discipliné ;

9 – Ayez de la considération pour celui qui parle. Écoutez-le attentivement, cela crée un climat de confiance et surtout permet la communication ;

10 – Noter les points essentiels : sélectionner, écrire ;

11 – Déterminer le BUT de l'écoute : être motivé !

12 – Adopter une attitude objective : critique constructive ;

13 – Préparer la réponse.

Et ne pas oublier :

---

*le silence est l'aveu de l'impuissance
quand il est nécessaire de parler.
il est prépondérant quand il remplace la parole.*

Comprendre... la subjectivité... CO4

ÉCOUTE ACTIVE (E. A.)

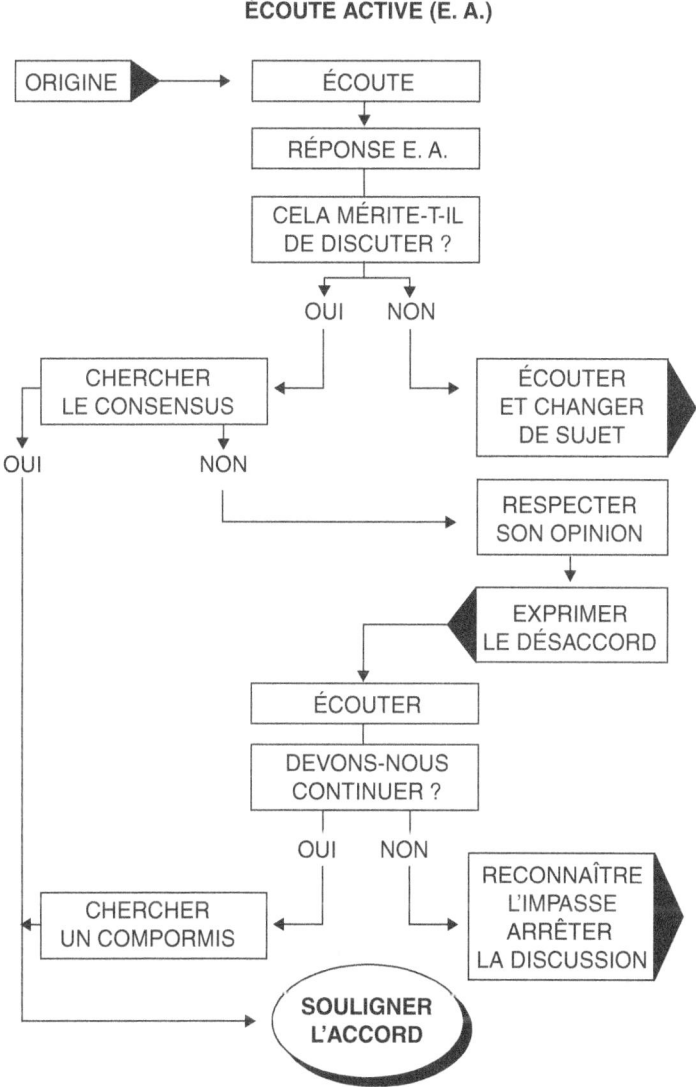

4 3 LA TECHNIQUE DE L'ÉCHO POSITIF
SITUATION – VERS UNE DÉFINITION – CONDITIONS D'UTILISATION – COMMENT PROCÉDER ?

La conversation est un jeu de sécateur, où chacun taille la voix du voisin aussitôt qu'elle pousse.

JULES RENARD

4 3.1 Situation

Dans le cadre d'un entretien, d'une réunion ou d'une interview, combien de fois sommes-nous mis en difficulté par une question embarrassante ?

Embarrassante :

– parce que nous ignorons la réponse,

– parce que nous ne possédons pas tous les éléments,

– parce que nous sommes mal ou peu préparé,

– parce que nous avons mal compris notre interlocuteur,

– parce que nous ne l'avions pas écouté…,

– parce qu'impromptue ou déroutante,

– parce qu'assimilée à une objection,

– parce que, parce que…

Alors, que faisons-nous ?

À moins d'être doué d'un esprit de répartie sans faille :

– nous sautons à pieds joints sur la réponse, sans réfléchir,

– nous répondons à côté,

– nous répondons négativement,

- nous objectons,
- nous discutons,
- nous argumentons,
- ou nous bredouillons...
- ou, **suprême affront**, nous coupons la parole à notre interlocuteur. parce que :
   - nous croyons l'avoir compris,
   - nous voulons montrer que... nous savons,
   - ou nous suivons tout simplement *notre* idée, en oubliant... *la sienne.*

Que nous manque-t-il pour emprunter la bonne voie ?

Il nous manque encore et toujours : **le temps**.

– Le temps de réflexion.

– Le temps de maîtriser et d'ordonner nos idées.

Observons ce qui se passe lors d'un dialogue :

Premier cas : Notre interlocuteur (A) nous pose une question. Nous (B), lui coupons trop souvent la parole avant qu'il n'ait fini de s'exprimer, en croyant l'avoir compris.

Comme il n'est pas satisfait de cette intervention, il pose une nouvelle question.

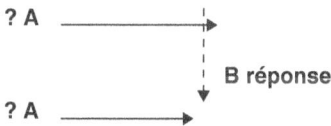

L'alchimie de la vente

Deuxième cas : Notre interlocuteur (A) nous pose une question, nous attendons qu'il se soit exprimé et lui répondons, mais peut-être un peu trop rapidement, sans réfléchir assez, et nous le laissons mener le dialogue et reposer une question.

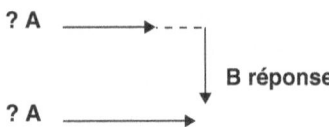

n'oublions pas que c'est celui qui pose les questions qui mène le jeu !

Troisième cas : Notre interlocuteur (A) nous pose une question (délicate) ; nous attendons avec attention, puis lui répondons. Enfin, fort du conseil précédent, nous lui posons une contre-question. C'est mieux fait, mais en matière de dialectique, le processus est un peu haché et peu agréable à l'oreille.

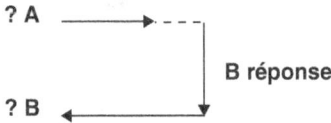

QUE FAIRE ?

Prendre le temps de réfléchir !

Et pour cela, appliquer la **technique de l'écho**.

L'écho nous fait penser à la résonance des voix dans la montagne. C'est un peu cela.

Prenons l'image de la montagne. Est-ce que les voies ferrées qui permettent de les franchir sont en zigzag ?

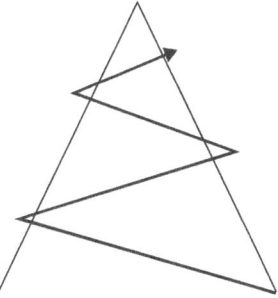

Non ! Elles sont en lacets, pour faciliter l'ascension et parvenir au but.

C'est selon cette image qu'il nous faut progresser dans la conversation, en arrondissant les angles et en renvoyant les échos.

3.2 Vers une définition

Parmi les nombreuses définitions du mot *écho*, nous trouvons dans l'encyclopédie Le Robert la définition suivante :

« Accueil et réaction favorable, sympathique... voir *adhésion, approbation, réponse, sympathie.* »

Nous voyons que, d'après cette définition, la réaction de l'écho doit être toujours **positive**. Et n'est-ce pas ce que nous recherchons ? Car, attention, au cours de négociations, nombre de vendeurs se font l'écho des expressions négatives de leurs clients et renforcent ainsi dans leurs subconscients les impressions défavorables. Je le répète donc : il n'y a d'intérêt que si cette technique est utilisée de manière **positive**.

3.3 Conditions d'utilisation

La première condition à remplir pour utiliser cette méthode est d'**écouter attentivement** notre interlocuteur et de **capter**, saisir le **mot** dans sa question, qui peut nous servir pour orienter notre réponse.

Pourquoi ?

Pour incorporer ce mot dans notre réponse. Il fera ainsi **écho** dans l'esprit de notre interlocuteur à l'idée qu'il avait précédemment exprimée, témoignant ainsi de notre agrément et de notre écoute.

La deuxième condition est de n'utiliser systématiquement cette méthode qu'avec à-propos, dans les cas difficiles de négociation ou d'intervention, pour, bien évidemment, éviter l'accoutumance de notre partenaire et tomber dans le travers du *tic verbal*, de la manie.

3.4 Comment procéder ?

Comment prendre le temps de réfléchir ?

Nous avons vu que le **premier** « **écho** », c'est le *mot* de l'autre.

Le **second écho** est le **silence** (silence réfléchi et intéressé de quelques secondes). Votre regard (concentré), semble lui dire : « …Continuez…, continuez…, cela m'intéresse. »

Vous constaterez souvent que votre interlocuteur, dans ce cas, reprend la parole et précise sa pensée, vous donnant ainsi de meilleurs éléments de réponse.

Le **troisième écho** est la **répétition**. Répétition de la fin de la question exprimée, ou répétition du mot-clé, voire répétition de la question.

Cette redondance peut avoir une intonation interrogative, qui incite l'autre à poursuivre. Elle peut être précédée d'une phrase du genre : « Si je vous ai bien compris, vous pensez que... ».

Le **quatrième écho** est la **reformulation** ou *feed-back*. Il diffère du précédent par le fait que l'on reformule l'idée principale de l'interlocuteur avec nos propres mots, ce qui permet d'atténuer la portée de la phrase originale.

Le **cinquième écho** est la **valorisation** de la question. C'est une mise en valeur de l'idée ou son soulignement par des expressions (admiratives, comparatives, positives, amicales, sincères, etc.) qui montrent notre adhésion et l'importance que nous lui accordons. Exemples : « Oui, c'est une question importante... » ; « Votre demande est particulièrement intéressante... » ; « Votre remarque est très juste... » ; « Cette observation m'a été faite hier par le P.D.G. X..., de la firme Y... (importante) », etc. ; « Vous me posez là une question difficile, ... délicate, ... embarrassante... », etc.

Nous obtenons donc le processus suivant :

QUESTION (A)... ÉCHO (B), RÉPONSE (B)...

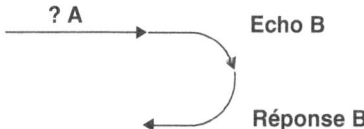

Mais l'intérêt de cette technique, c'est aussi de pouvoir reprendre la direction de la négociation, et quel autre moyen efficace avons-nous que celui de poser une contre-question ?

Le processus complet devient alors :

QUESTION (A)... ÉCHO (B), RÉPONSE (B)...
CONTRE-QUESTION (B)... RÉPONSE (A)

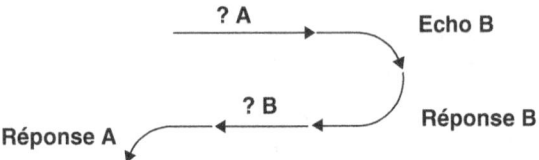

Cette technique est d'ailleurs très usitée par les hommes politiques interviewés à l'improviste, ou lors de débats.

Les observer et les écouter, à la télévision, par exemple (sans idée politique préconçue), est très instructif pour qui veut *mieux négocier*.

D'ailleurs, cette manière de réagir offre non seulement un accusé de réception positif (comme les radios amateurs qui disent : « Je vous reçois cinq sur cinq »), mais c'est la seule qui permette une esquive aux questions posées.

En effet, sans écho, si nous changeons de sujet sans répondre, l'interlocuteur se sent frustré et interviendra abruptement ou sinon, n'en pensant pas moins, il conservera au fond de son cœur une hostilité latente, il restera sur sa faim.

Par contre, notre écho lui indiquera que nous l'avons perçu et compris et que dans certains cas, nous différons la réponse. Il accepte alors la déviation et souvent ne revient plus sur le sujet.

C'est la seule méthode qui offre la possibilité de différer une réponse, car elle donne *quitus* à l'autre de son idée, avant d'orienter sur la nôtre.

Ce n'est, bien sûr, pas du jour au lendemain que cette pratique devient courante et familière, il faut s'entraîner : *tournons sept fois notre langue dans notre bouche avant de répondre*, comme le recommande le vieux dicton populaire, et n'oublions pas que la réussite dans l'emploi de cette technique dépend aussi en grande partie de notre attitude empathique.

5
Convaincre... CO5

... L'offre
... Argumenter, c'est vendre !
... Attitude face aux objections
... Une bonne démonstration

*Il n'y a pas de problèmes ; il n'y a que des solutions.
L'esprit de l'homme invente ensuite le problème.*

ANDRÉ GIDE

5 1 L'OFFRE

De nombreuses ventes de biens d'équipement ou de services nécessitent une offre écrite de la part du vendeur. Cette offre vient souvent concrétiser une visite de prospection et compléter ou formaliser l'argumentation et la démonstration. Il faut faire attention à trois points importants au sujet de la proposition :

LA PRISE DES ÉLÉMENTS DE L'OFFRE – LA RÉDACTION DE L'OFFRE – LA REMISE DE L'OFFRE.

5 1.1 La prise des éléments de l'offre

Au cours du ou des entretiens qui précèdent l'offre, le vendeur doit être extrêmement attentif aux désirs exprimés du client et noter par écrit tous les éléments qui pourront l'aider à construire l'offre.

La précision dans la prise de notes est capitale, car elle permet de traduire la pensée du client en termes techniques. Mais pour que cette

L'alchimie de la vente

adéquation soit parfaite, il faut également que le vendeur soit compétent, c'est-à-dire qu'il connaisse le mieux possible les caractéristiques de ses produits et leurs applications.

Écoute, précision, compétence sont déterminantes pour la rédaction d'une offre, car **le client devra y retrouver les contours de son rêve.**

5 1.2 Rédaction de l'offre

Que doit contenir une offre ?

La proposition est composée de :

– la lettre d'accompagnement,

– la présentation de l'entreprise,

– le descriptif technique,

– l'application du client,

– le devis.

La **lettre d'accompagnement** doit être rédigée soigneusement et brièvement. C'est d'une part un message de courtoisie, et d'autre part la réponse principale au « rêve » du client. Ce dernier doit retrouver formulé son désir en une phrase très courte dans cette lettre.

C'est la réponse à la question (posée lors de la visite) : qu'espérez vous ? qu'aimeriez-vous ? que souhaitez-vous de plus ?

N'oublions pas que le client n'achète pas notre conception de l'idéal, mais la sienne.

La **présentation de l'entreprise** doit être brève et refléter les points forts de la société, les critères de sa notoriété. Selon la catégorie de client, appuyer plus ou moins sur tel ou tel argument ou service. Ne pas perdre de vue que certains clients sont sécurisés par la dimension de

240 © Éditions d'Organisation

leur fournisseur et que d'autres en craignent la lourdeur administrative, par exemple.

Le **descriptif technique**, comme son nom l'indique, décrit clairement les caractéristiques techniques du produit ou du service offert et faisant l'objet du devis. Cette description doit être **complète** et **juste**, sans équivoque. Elle sera la base du « contrat de mariage » entre le client et le vendeur.

L'application du client doit d'une part reprendre **les objectifs** souhaités et exprimés par le client, appelés aussi « problèmes », et d'autre part exposer la ou les **solutions** apportées ou proposées. C'est dans le contenu de cet exposé qu'apparaîtront toute la compétence du vendeur et son art de traduire en termes concrets le rêve du client.

Le **devis** doit être exhaustif, net et précis tant en ce qui concerne le matériel ou le service proposés, que pour les conditions commerciales et le prix demandé. Pas d'ambiguïté, source de conflit ultérieur.

1.3 La remise de l'offre

Question souvent posée : doit-on ou non porter une offre écrite ? La réponse est claire : **il faut la porter** dans la majorité des cas.

Il est bien évident que ce n'est pas toujours possible, soit pour des raisons d'éloignement, soit à cause d'une surcharge de travail, soit à cause du nombre de propositions élevé. Parfois, ce sont les directives commerciales qui en imposent l'envoi.

Cependant, il faut bien réfléchir au fait que si nous envoyons la proposition par la poste, premièrement elle peut arriver abîmée et deuxièmement, et surtout, elle devra **se défendre seule** face au client, et certainement face à la concurrence. Nous n'avons alors aucune certitude sur la qualité de son impact.

Le minimum à faire dans ce cas est de s'assurer de son arrivée par un coup de téléphone et de s'enquérir des questions éventuelles.

Si nous la portons, attention à ne pas gâcher la chance qui nous est offerte de vendre !

Tout d'abord, prendre rendez-vous pour remettre l'offre. Éviter la faute fréquente qui consiste à donner l'offre sans contrôler son adéquation avec la demande du client (autant l'envoyer !). La deuxième faute du vendeur est de trop parler et d'énumérer les caractéristiques techniques de l'offre. La troisième est de se laisser prendre au piège du prix du devis. En effet, la démarche courante du client est de jeter tout de suite un œil à la fin de l'offre, pour en regarder le montant.

Il faut proposer au client de vérifier point par point la bonne correspondance de l'offre avec sa demande, et ceci dans l'ordre de présentation. Lire avec lui la lettre d'accompagnement en insistant bien sur la phrase choc. Ensuite, suivre la progression de la lecture avec une copie.

Cette récapitulation permet de réappuyer sur certains arguments, de répondre à des interrogations, de dissiper quelques malentendus. En portant notre proposition, nous créons une opportunité de vente. Il ne faut pas hésiter à tenter sa chance, c'est peut-être l'occasion de court-circuiter un confrère en retard.

Il vaut mieux tenir un oiseau dans sa main que d'en voir voler dix...

PROVERBE CHINOIS

5 2 ARGUMENTER, C'EST VENDRE !
DÉFINITIONS – COMMENT PRÉSENTER LES ARGUMENTS – QUELS ARGUMENTS UTILISER ?

La phase CONVAINCRE est indispensable dans le processus de négociation, mais doit se situer au bon moment, c'est-à-dire après la connaissance des besoins et motivations de l'interlocuteur, et non avant.

Convaincre... CO5

Bien des vendeurs confondent énumérer les caractéristiques du produit ou du service à vendre, et argumenter. Ils poussent l'erreur jusqu'à mettre la charrue avant les bœufs, c'est-à-dire qu'ils assènent ce qu'ils croient être « des arguments » avant de connaître les besoins et motivations réels de leur client. C'est cette pratique qui est à l'origine de l'appellation péjorative de « vendeur baratineur ».

Mais le professionnel de la vente ne tombe pas dans ce piège tendu consciemment ou non par l'acheteur qui lui dit d'entrée : « Monsieur, je vous écoute... ».

Il sait maîtriser la situation et franchir les différentes étapes de la négociation dans l'ordre logique, car il connaît les définitions suivantes et l'importance d'une bonne argumentation.

2.1 Définitions

2.1.1 Qu'est-ce qu'argumenter ?

argumenter, c'est exposer au client les avantages que présente le produit, le service ou l'idée proposé, correspondant aux motivations exprimées par ce client.

On comprend ainsi la nécessité de passer impérativement par la **phase de connaissance**, en posant des questions ouvertes, puis par la **phase de compréhension** pour s'assurer du bien-fondé de notre découverte, avant d'aborder la **phase convaincre** qui doit apporter la preuve de la concordance de telle ou telle caractéristique de notre produit avec tel besoin à l'origine de telle motivation de notre client.

Autrement dit, **notre argumentation doit correspondre à l'image que se fait notre interlocuteur de l'utilisation de notre produit** et non à notre image ou interprétation personnelle.

Rappelez-vous : on ne vend pas un produit, mais l'idée que le client se fait de l'utilisation de ce produit.

§ *2.1.2 Qu'est-ce qu'un argument ?*

> un argument est un raisonnement *destiné à prouver ou à réfuter une proposition*

Nous pouvons également écrire que les arguments sont les caractéristiques du produit, qui intéressent le client en fonction de sa ou ses motivations profondes.

L'exposé des caractéristiques avantageuses (du point de vue du vendeur), ne fait pas partie de l'argumentation. Cette litanie n'a d'autre but que de donner une contenance au vendeur qui manque de métier. Elle noie le poisson... et la vente, et fait du vendeur un simple informateur.

Pourquoi décocher ses flèches avant de connaître la cible ? (cf. paragraphe p. 209)

§ *2.2 Comment présenter les arguments ?*

Une bonne argumentation possède deux qualités principales :

– Elle doit être CLAIRE, pour être comprise. C'est la raison pour laquelle il faut éviter les termes techniques, le jargon du professionnel ou de l'initié. Il faut s'exprimer dans un langage compréhensible par l'autre personne.

– Elle doit être PRÉCISE, c'est-à-dire qu'elle doit correspondre à la motivation principale de l'interlocuteur.

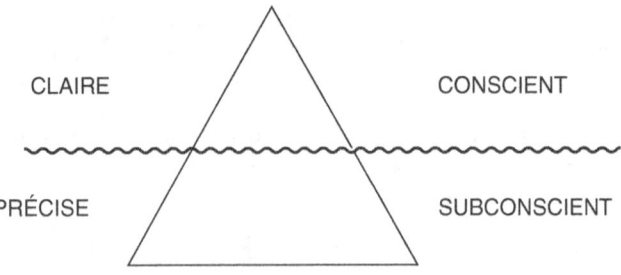

Pour respecter ces qualités, essayez d'adopter les quelques principes suivants, fruits de l'observation et de l'expérience de nombreux professionnels de la vente :

– Ne développer qu'**une seule idée à la fois**, car nous avons une écoute très sélective. Nous assurer de son impact par une question de contrôle.

– **Ne pas noyer le client** sous un flot d'arguments : seule la qualité de l'argument est importante et c'est pourquoi il nous faut sélectionner ceux que nous utilisons en fonction des attentes de notre interlocuteur.

– **Éviter le langage trop technique** comme je le disais plus haut, « le jargon de l'assureur, de l'informaticien, du comptable, du pédagogue, etc. » ; nous nous posons en professeur, mais pas en vendeur. Mettons-nous à sa portée.

– **Imager notre présentation** par des croquis, des comparaisons, des maquettes, citer des faits concrets, faire des décomptes, chiffrer. Mettre en pratique la phrase célèbre de Napoléon : « Un petit croquis vaut mieux qu'un long discours ».

– Veiller à **ne pas exagérer**, les superlatifs effraient. Rappelez-vous cette phrase entendue dans un film de vente américain : « Si la vérité a l'air d'un mensonge, tais-toi ! »

– **Enfin, avoir dans l'idée que chaque argument est une « mini vente »**, c'est-à-dire qu'il doit être :

1 : INTRODUIT – 2 : DÉVELOPPÉ – 3 : CONCLU

INTRODUIT par l'énoncé d'une idée, d'un avantage correspondant à telle caractéristique particulière.

DÉVELOPPÉ par l'apport de preuves, d'exemples, pour satisfaire la rationalité (le conscient) de l'interlocuteur ; il est nécessaire de pouvoir fournir au client les preuves de ce que nous avançons. Ce sont, par exemple : les garanties, les lettres de références, des extraits de revues, des rapports techniques, des photographies, des graphiques, des statistiques, etc.

CONCLU par une phrase personnalisée correspondant à la motivation découverte, pour satisfaire l'affectivité (subconscient) de l'interlocuteur.

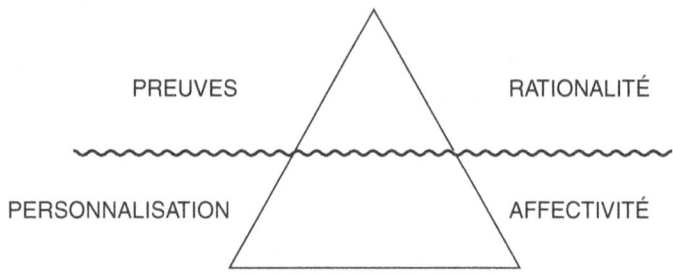

Autrement dit :

tout avantage avancé doit être suivi de preuves qui viennent le justifier.

On pourrait imaginer que **la vente** est comme une maison composée d'un certain nombre de pièces et que chaque argument est une serrure capable d'en verrouiller chacune des pièces.

Pour vendre, le vendeur doit visiter et connaître toutes les pièces. Chaque question posée et chaque réponse fournie correspondent à la fermeture d'une fenêtre, la visite d'un recoin, l'observation d'un meuble. Ce n'est que lorsqu'il est sûr d'avoir complètement « visité une pièce » qu'il la quitte, ferme la porte et verrouille chaque serrure par des questions de contrôle.

Pour fermer les serrures, il faut une clef. C'est cette clef que je vous propose avec l'utilisation du tableau ci-après, tableau valable pour tout produit ou service.

Convaincre... CO5

CARACTÉRISTIQUES TECHNIQUES	AVANTAGES GÉNÉRAUX	MOTIVATIONS POSSIBLES	MOTIVATIONS PERSONNELLES DE M...
Caractéristique **1** ↳	Avantage 1 Avantage 2 **Avantage 3**	Sécurité Sécurité ⟶ **Intérêt**	⟶ **Économie**
Caractéristique 2	Avantage 4	Orgueil	
Caractéristique **3** ↳	Avantage 5 **Avantage 6**	Idéal ⟶ **Intérêt**	⟶ **Économie**
Caractéristique 4	Avantage 7 Avantage 8 Avantage 9	Confort Sentiment Confort	
Et caetera.			

Pour chaque produit, nous pouvons élaborer ce tableau, la colonne « caractéristiques techniques » recensant l'ensemble des caractéristiques particulières du produit pouvant déboucher sur un avantage général ou plusieurs avantages généraux que l'on note dans la colonne correspondante.

Ainsi, telle caractéristique technique, par exemple « le poids », peut-elle correspondre à deux ou trois avantages généraux, tels que : facilité de transport, prix de revient moindre, etc., qui eux-mêmes peuvent se traduire ou non en un avantage particulier en fonction de la (ou des) motivation(s) du client déterminé.

Bien sûr, chaque avantage général correspond à une motivation possible à laquelle nous pouvons réfléchir préalablement. Selon notre exemple, facilité de transport = confort, commodité, simplicité et prix de revient moindre = intérêt, économie, rentabilité.

Si je prends pour exemple un client motivé surtout par l'intérêt de réaliser des économies, je ne citerais que la caractéristique 1 et son avantage n° 3, puis la caractéristique 3 et son avantage n° 6. À quoi me servirait-il de citer les autres avantages, voire les autres caractéristiques, puisque cela ne l'intéresse pas ?

Il vaut mieux enfoncer le clou en répétant « les clefs » capables de fermer chaque porte de chaque pièce. Car c'est lorsque toutes les portes sont verrouillées que la maison est fermée, donc la vente conclue.

Prenons quelques exemples :

En assurance-vie :

Tel produit présente la caractéristique de « déductibilité fiscale » ; d'où l'avantage de « payer moins d'impôts sur le revenu, ce qui, pour VOUS, Monsieur D..., qui êtes imposé dans la tranche à 45 %, VOUS permettra de réaliser une « économie » de X euros... »

Dans le bâtiment :

Tel produit présente la caractéristique d'être « monobloc » ; d'où l'avantage « d'être monté facilement et rapidement, ce qui, pour VOUS, Monsieur R..., qui êtes artisan, VOUS permettra de le monter SEUL. »

Dans l'industrie :

Une implantation locale (qui permet : un stock à proximité, une garantie d'approvisionnements réguliers, des dépannages rapides, de choisir sur place, une assistance technique, etc.) sera transformée en un avantage financier tel que : « Pour VOUS, Monsieur G..., qui lancez votre affaire, VOUS n'aurez pas besoin d'investir dans un stock important. »

Dans la bureautique :

Tel produit présente la caractéristique d'être « pliant » ; d'où l'avantage d'être « rangé facilement dans un minimum de place, mais, pour VOUS, Monsieur T..., qui voyagez beaucoup, cela vous permettra de le transporter en avion. »
Et caetera.

Comme vous le voyez, les exemples peuvent être multipliés à l'infini, mais c'est à chacun en fonction de son type de vente qu'il appartient de s'entraîner, de réfléchir, de raisonner. Ne pas réciter par cœur un listing de caractéristiques techniques, se préparer en fonction de chaque interlocuteur. N'oubliez pas que la vente est un métier et qu'**une bonne argumentation ne s'improvise pas.**

2.3 Quels arguments utiliser ?

Nous venons de voir que pour **vendre**, il ne faut pas se borner à présenter le produit, mais qu'il faut également **présenter les solutions** aux problèmes des acheteurs.

Mais **vendre**, c'est aussi **savoir se différencier des autres** dans l'argumentation. Et pour cela, il faut utiliser différents types d'arguments, que l'on pourrait classer en arguments rationnels (objectifs, réfléchis) et affectifs (subjectifs, instinctifs, intuitifs).

2.3.1 Quelques arguments rationnels :

Au niveau du produit : gamme complète, produits normalisés, production adaptée aux besoins de la clientèle, garantie, rapport qualité/prix, qualité constante, fiabilité, etc.

Au niveau de l'entreprise : importance de l'implantation, puissance industrielle ou commerciale, service après-vente (permanent, rapide, compétent), assistance technique ou commerciale, campagnes de publicité, orientation des potentiels de fabrication, d'activité, limitation des investissements, conditions commerciales, livraisons, etc.

Au niveau du vendeur : compétence, technicité, étude de solutions chiffrées, disponibilité, etc.

2.3.2 Quelques arguments affectifs

Au niveau du produit : avance technologique, produits très élaborés, choix facile et vaste, adaptation au cas particulier, augmentation du chiffre d'affaires, etc.

Au niveau de l'entreprise : renom ou réputation, position de leader, investissement dans la recherche, souci permanent d'innovation, ancienneté de création, fidélité dans les relations, etc.

Au niveau du vendeur : aspect relationnel, notion de service, de conseil, la sympathie, et l'empathie, etc.

2.3.3 Contrôle des arguments

Le vendeur doit toujours contrôler la bonne perception de son message par son interlocuteur, en le sondant pour savoir

– Si son explication a été **bien comprise** : « Percevez-vous, Monsieur D..., tout l'intérêt de... ? ».

– Si son explication **correspond bien** à l'attente de l'interlocuteur : « Si je vous ai bien compris, Monsieur D..., ce que vous désirez savoir, c'est... ? ».

– Quel est l'argument qui porte, qui **provoque l'intérêt** : « Est-ce que la fiabilité est pour vous, Monsieur D..., un avantage primordial ? »

– Ou tout simplement si l'interlocuteur **écoute**, et dans ce cas la meilleure chose est d'observer attentivement les réactions du client et son environnement ; d'être soi-même attentif au déroulement de l'entretien.

Permettez-moi deux anecdotes personnelles pour émailler mon propos :

Alors que nous effectuions une visite à deux, dans un grand laboratoire, j'observais l'acheteuse. Pourquoi nous recevait-elle d'une manière aussi réservée, provoquant par là même notre propre gêne ? Son attitude était revêche, son visage triste, son allure fatiguée, ses réponses réticentes. Tout à coup, mes yeux se portèrent sur une bouteille de médicament posée sur le bureau. C'était du *Choum*. Manifestement, notre interlocutrice était malade du foie. À partir de cette observation, je fis une brève allusion à sa santé (marque d'intérêt) et pris une attitude plus empathique. Dès lors, cette acheteuse devint plus coopérative, plus aimable et notre entretien s'avéra plus positif.

Dans une autre entreprise, tandis que mon collègue vendeur argumentait face à l'acheteur, le téléphone intérieur sonna. L'acheteur décrocha et écouta la brève communication. Puis, petit à petit, je sentis son impatience grandir. Il n'écoutait plus mon collègue. Alors, m'immisçant dans la conversation, je fis part de mon sentiment :

« J'ai l'impression, Monsieur..., que vous êtes préoccupé depuis cet appel téléphonique. Il n'y a rien de grave, j'espère ?

– Non, me répondit-il, j'ai laissé les phares de ma voiture allumés.

– Allez les éteindre, nous pouvons attendre... » lui dis-je.

Il ne voulut pas se déplacer tout de suite, mais dès lors, nous accorda toute son attention.

Ces deux exemples nous montrent la vanité de l'argumentation si le client est préoccupé et **l'importance de l'observation suivie d'une marque d'intérêt.**

En résumé :

ARGUMENTER,
c'est transformer une caractéristique en avantage :

– *l'expliquer,*

– *le faire répéter,*

– *contrôler qu'il a été bien reçu,*

– *le faire approuver,*

– *préciser le bénéfice qu'en retirera le client pour lui-même.*

L'alchimie de la vente

§ 3 UNE BONNE DÉMONSTRATION
POURQUOI UNE DÉMONSTRATION ? – OBJECTIFS DE LA DÉMONSTRATION – PRINCIPES D'UNE BONNE DÉMONSTRATION – DEUX FAUTES FRÉQUENTES.

Ce chapitre sur l'intérêt d'une bonne démonstration n'a pas la prétention d'être la clef de toutes les démonstrations, chacune d'elles devant être adaptée par le vendeur en fonction de la personnalité du prospect et de la sienne propre ; mais il pourra servir de check-list et rappeler, le moment venu, certains principes essentiels et quelques arguments à ne pas oublier.

§ 3.1 Pourquoi une démonstration ?

Une bonne démonstration sert à :

Peser de tout notre poids sur la pensée de notre interlocuteur ; chacun de nos mouvements, chacun de nos mots, doit contribuer à captiver son attention, à surexciter son intérêt, à aviver ses désirs profonds et finalement à obtenir son acceptation totale.

Déterminer la zone d'intérêt du prospect, ce qui est très important dans toute vente basée sur des connaissances professionnelles.

Vendre, pour l'excellente raison qu'elle constitue un **service rendu au client**. Il n'existe pas d'autre méthode aussi pratique pour ouvrir des perspectives sur des investissements rémunérateurs.

Présenter les faits de façon vivante et illustrer les avantages. Elle apporte un **maximum de réponses aux questions** dans un **minimum de temps**, pour le vendeur comme pour le client.

Favoriser et accélérer la conclusion : une bonne démonstration n'est jamais perdue.

Une bonne démonstration se justifie par le fait que « l'homme est plus réceptif avec ses yeux qu'avec ses oreilles », bien qu'elle fasse souvent

Convaincre... CO5

appel aux cinq sens. Deux statistiques viennent confirmer l'intérêt de la démonstration :

La première nous indique que **l'homme apprend** :

83 % grâce à la vue,

11 % grâce à l'ouïe,

3,5 % grâce à l'odorat,

1,5 % grâce au toucher,

1 % grâce au goût.

D'où l'intérêt de démonstrations audiovisuelles, souligné par le Centre des Techniques Nouvelles qui cite les chiffres suivants :

Les hommes retiennent :

16 % de ce qu'ils lisent,

20 % de ce qu'ils voient,

30 % de ce qu'ils entendent,

58 % de ce qu'on leur dit et montre,

70 % de ce qu'on leur dit et montre et à propos de quoi ils ont à répondre,

90 % lorsqu'en plus ils doivent mettre en pratique.

5 3.2 Objectifs de la démonstration

1 – **Chercher à prouver** que le produit ou le service apporte une **amélioration** par rapport à la méthode actuellement suivie du prospect.

2 – Prouver que ce que l'on vend est **mieux que l'offre de la concurrence.**

L'alchimie de la vente

3 – **Faire naître la confiance** dans le produit, le service, l'entreprise et le vendeur.

4 – **Établir et prouver qu'il y a gain** pour le prospect s'il achète notre suggestion. Cela implique qu'il doit toujours y avoir, soit une réduction des dépenses futures, soit une économie immédiate ou encore des gains en bénéfices, en efficience, en temps ou facteur similaire.

5 – **Conclure la vente** ; tout au long de la démonstration, il est important de garder en vue la « grande idée » : la conclusion. Une conclusion, c'est un bon de commande signé, ou, à défaut, une vente prochaine bien engagée.

5 3.3 Principes d'une bonne démonstration

1 – Avoir un **plan** de démonstration.

2 – **Déterminer les besoins** du ou des prospects (simplicité, commodité, sécurité, rapidité, économie, etc.) et affûter les arguments en conséquence, préparer son argumentation de façon originale et vivante ; noter les **références** possibles.

3 – Vérifier le **matériel** de démonstration nécessaire, son bon état de fonctionnement.

4 – **S'isoler** pour être tranquille et choisir :
– soit le bureau du prospect,
– soit la salle de démonstration de l'entreprise,
– soit un bureau de l'entreprise,
– soit le bureau ou l'atelier d'un utilisateur satisfait.

5 – **S'exercer** à effectuer la démonstration : le vendeur sous-estime la difficulté de bien démontrer. Se rappeler que *c'est en forgeant qu'on devient forgeron.*

Convaincre... CO5

6 – **Faire participer** le prospect, le mettre dans le bain. La curiosité, motivation primaire de tout être humain, le poussera à participer si on le sollicite. À travers tous ses sens, le prospect prendra conscience des avantages offerts. Lui faire manipuler, goûter, toucher, sentir, voir (couleur, forme), écouter. Lui **faire exprimer** ce qu'il ressent.

7 – Être **enthousiaste**, sincère ; notre fierté est basée sur la ferme croyance que notre produit est le meilleur ; nous devons l'extérioriser. Si la démonstration met en relief la noblesse du produit, le prospect le remarque et ne tarde pas à partager ce sentiment. Employer un langage coloré et simple (éviter le jargon et les clichés) ; ne pas parler de soi, mais du prospect, de ses préoccupations : ne pas le noyer sous un flot d'arguments.

8 – **S'assurer** point par point **de la compréhension** du prospect. Obtenir point par point son agrément ; contrôler la progression de la compréhension ; enregistrer les approbations par écrit ; récapituler les avantages, laisser des traces, des souvenirs.

9 – **Conclure :** obtenir une commande ou préparer une vente prochaine.

5 *3.4 Deux fautes fréquentes*

1 – **Le vendeur *parle trop* et démontre peu.**

Le désir de tout expliquer, chaque détail de l'offre, chaque utilisation possible, chaque caractéristique particulière du produit ou du service, joint au désir de montrer sa compétence ou de s'affirmer, pousse de nombreux vendeurs **à parler trop**, à affirmer leurs arguments au lieu de les démontrer et de les transformer en avantage pour le prospect.

2 – **La démonstration *arrive trop tard*... ou pas du tout.**

Lancé dans ses exposés, le vendeur ne voit ni ne sent que le client a envie de participer. Ce n'est souvent que lorsque le client (ou le prospect) se manifeste (par un : « Puis-je voir ? »), que le vendeur daigne s'arrêter. À ce moment, ou il est trop tard, le client s'est désintéressé, ou la pente est dure à remonter, le client sortant difficilement de sa réserve ou de sa frustration.

Ces deux fautes conduisent à affirmer et provoquent systématiquement les objections de l'interlocuteur, objections que nous allons traiter au chapitre suivant.

5 4 ATTITUDE FACE AUX OBJECTIONS
LES PRINCIPALES OBJECTIONS – LE ZEN OU LA PHILOSOPHIE DE LA VENTE – LES PRINCIPALES TECHNIQUES DE RÉPONSE – L'OBJECTION PRIX.

Combien de vendeurs aimeraient détenir la recette miracle, qui permettrait de répondre à toutes les objections ! En effet, les objections sont considérées par la plupart des négociateurs comme des freins à la vente. Pourtant, l'objection révèle toujours quelque chose d'important.

– C'est une marque d'intérêt, l'indice que notre présence ne laisse pas indifférent.

– C'est l'indication des points de résistance du client, un signal à ne pas laisser passer.

– C'est la confirmation que le client se prend au jeu de la négociation. Faire en sorte qu'il entre dans **notre** jeu.

Il est donc intéressant de laisser l'objection s'exprimer et d'en déceler le type pour mieux y répondre.

Existe-t-il donc des phrases, des techniques, des méthodes pour répondre et détruire les objections ? Oui, bien sûr, mais **la solution réside surtout dans notre ATTITUDE PERSONNELLE face à ce que l'on appelle « objection »**.

5 4.1 Les principales objections

Tout d'abord, ne pas confondre RÉCLAMATION et OBJECTION :

La réclamation est souvent la résultante d'un fait objectif, c'est-à-dire concret et fondé.

L'objection est le plus souvent l'expression de la subjectivité ou d'un manque d'informations.

C'est pourquoi il faut traiter les réclamations de suite :

– Sans excuses ou justifications internes (ne pas rejeter la faute sur une autre personne ou sur un autre service de l'entreprise).

– Laisser s'exprimer l'interlocuteur jusqu'au bout.

– Ne pas minimiser, ni grossir les faits.

– Prendre des notes : c'est montrer l'intérêt que l'on porte et ramener les faits à leur juste valeur.

– Conclure ensemble sur les mesures à prendre ou sur les interventions à envisager.

5 4.1.1 Définition

Avez-vous déjà eu la curiosité de chercher la définition de ce mot dans un dictionnaire ? Voici ce que l'on peut trouver :

Objection : raison que l'on oppose à une affirmation pour la réfuter.

Lisez bien ; vous aurez déjà trouvé une excellente solution : **moins nous affirmons, moins nous soulevons d'objections.** Par conséquent, plutôt que d'affirmer nos arguments, présentons-les sous forme de questions. Ce serait la première et la plus efficace des règles.

---

préparer et présenter nos arguments sous forme de questions.

En effet, affirmer, c'est exposer (sinon imposer) notre point de vue, nos opinions et cela provoque chez l'interlocuteur une réaction d'opposition, qui crée la discussion et non pas le dialogue, car le dialogue est fait de compréhension mutuelle.

La discussion renforce l'autre dans ses idées, ses convictions ; c'est comme si nous soufflions dans un ballon pour en faire une baudruche pleine de négation.

4.1.2 Quelles sont les objections fréquentes ?

Les objections peuvent se présenter sous différentes formes, parmi lesquelles :

– Les objections RÉFLEXION, pour fixer ou retarder la décision (exemple : « Je voudrais réfléchir encore à votre offre... »).

– Les objections SENTIMENTALES ou de PRINCIPES qui mettent en jeu l'affectivité, l'amitié, la fidélité, l'habitude (exemple : « Pourquoi changer de fournisseur ?... »).

– Les objections PRÉTEXTES, appelées souvent FAUSSES BARBES, signes d'un manque d'intérêt évident et sur lesquelles il ne faut pas s'arrêter (exemples : « J'ai trop de stock... », « C'est trop cher... »)

– Les objections de FUITE ou de DÉROBADE qui détournent le problème, ou fuient la responsabilité (exemple : « Je ne suis pas le patron... »).

– Les objections INDICES D'ACHAT qui recherchent des confirmations, des justifications, des arguments complémentaires (exemple : « Pensez-vous réellement que ce produit soit bien adapté ? »).

Et ces différentes objections peuvent s'attaquer à des domaines divers, tels que :

Convaincre... CO5

- **Le marché :** objections sur la **clientèle**, le **lieu** de vente, les **habitudes** (exemples : « On ne m'en a jamais demandé... », « Ma clientèle est très difficile... », « Ça ne se vendra pas par ici... », etc.).

- **La mode :** objection sur la **nouveauté** ou sur **l'ancienneté**, voire sur le **classicisme** (exemples : « C'est trop agressif... », « C'est démodé... », « C'est trop jeune... », « C'est dépassé... », etc.).

- **Le produit :** objection sur les **aspects qualitatifs** ou **quantitatifs** (exemples : « C'est fragile... », « C'est lourd... », « C'est complexe... », « Si je pouvais le commander par douze... »,.. J'en ai encore en réserve... », etc.), sur **la présentation** « L'emballage est léger... », « C'est trop chic..., pas assez... »), **le prix** (« C'est trop cher, la marge est trop faible... », « C'est invendable... »).

- **La concurrence :** objection sur les **prix**, les **services**, les **aides**, les **produits** (exemples : « Untel réserve l'exclusivité... », « X est mieux implanté... », « Y fait une promotion... », « Z a une meilleure réputation... », etc.).

4.1.3 Quelles est la signification des principales objections ?

Le sens des objections émises par l'interlocuteur peut se regrouper dans les huit raisons suivantes :

1 – **Crainte de céder** à l'influence du vendeur (par amour-propre, susceptibilité, auto-défense, difficultés secrètes, etc.).

2 – Pour **se donner de l'importance** (se montrer compétent, technicien, avisé, difficile, négociateur, masquer le manque de pouvoir de décision ou des complexes, etc.).

3 – Pour **se faire informer** (intérêt, curiosité, etc.).

4 – Pour **se faire rassurer** (méfiance vis-à-vis de l'offre, du produit, du représentant, de la firme, etc.).

5 – Pour **manifester son indifférence** (manque d'intérêt pour l'offre, besoins satisfaits, pas motivé, antipathie pour le vendeur, etc.).

6 – Par **esprit critique** (opposition systématique, principes, préjugés, etc.).

7 – Par **réaction logique** (affirmation gratuite ou argument fallacieux du vendeur).

8 – Pour finir de **se convaincre** (raisons complémentaires pour se décider, justifications d'achat, etc.).

Ainsi, compte tenu de la complexité des causes des objections et des réactions provoquées, on comprend mieux pourquoi il est prudent et efficace de réfléchir avant de répondre, pour choisir la technique adaptée et prendre la bonne attitude.

4.2 Le Zen ou la philosophie de la vente

4.2.1 Attitudes ou recettes ?

La vie sans obstacle aurait-elle quelque saveur ? Les objections ne sont-elles pas le piment de la vente ? Ces deux questions nous montrent la vanité de nos réactions négatives face aux obstacles que constituent les objections du client dans une négociation. Évidemment, il existe des techniques oratoires qui permettent de franchir ces obstacles. Mais certains d'entre eux ne sont-ils pas fictifs, assimilables à des mirages ?

Comment de bons négociateurs arrivent-ils à dissiper le brouillard des objections ?

Ils savent distinguer le vrai du faux en gardant leur sang-froid et tirer partie des difficultés en les tournant en avantages.

Prenons un exemple concret dans la vie courante : la navigation à voile en rivière.

Selon la force et le sens du vent et selon la force et le sens du courant, on va bien sûr plus ou moins vite sur l'eau, mais aussi on se dirige plus ou moins directement vers le but. Le navigateur constate facilement la différence entre son chemin aller et son trajet retour. Le sens du courant change et il peut rencontrer des vents contraires qu'il utilise à son avantage, voire nuls : dans ce cas, il prend la rame !

Les figures ci-dessous illustrent cet exemple :

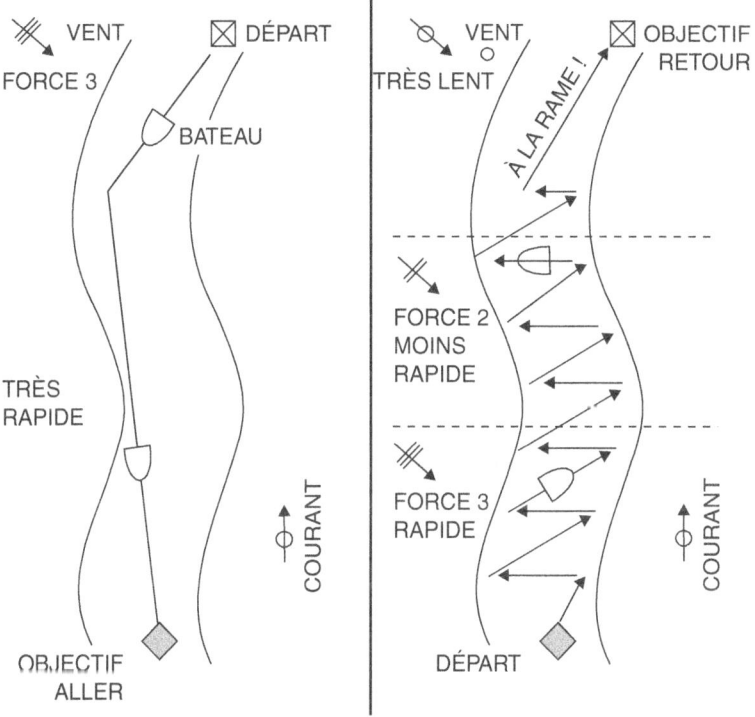

Seul contre tous ou contre des éléments, il nous faut bien agir, réfléchir à la meilleure solution. Alors, pourquoi ne pas ramener cet exemple à notre vie professionnelle ? Pourquoi, par exemple, démissionner trop vite devant une objection ? N'est-ce pas une question de comportement ? d'attitude de notre part ?

5 4.2.2 Attitude « Zen »

Le *Zen* est une philosophie orientale liée à la pratique des arts martiaux tels que le judo, le karaté, l'aïkido, etc. Pour les Orientaux, la pratique de cette philosophie est indissociable de celle du sport. Le psychique est aussi important que le physique.

Dans cette philosophie, on part du principe que chaque chose ou élément a deux faces (l'avers et le revers) appelés le « YIN » et le « YANG ». Nous autres, Occidentaux, avons traduit cela par le « PLUS » et le « MOINS ». Or, notre manichéisme latin (pour nous, Français) nous conduit à OPPOSER le plus au moins. Notre culture a tendance à nous faire toujours considérer les choses soit du « bon côté », soit du « mauvais côté ». Il y a Dieu et le diable, les bons et les méchants, la Gauche et la Droite...

Et pourtant existent aussi : l'homme et la femme, la terre et la mer, la montagne et la plaine, la tête et les jambes...

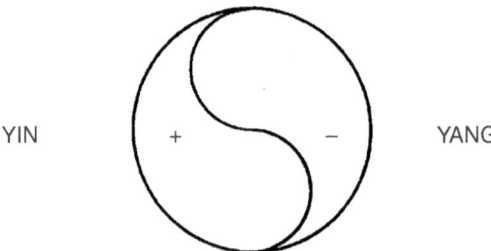

YIN + − YANG

Ce qui confirme l'appréciation des Orientaux que tout (le Yin et le Yang) est complémentaire et nécessaire.

Réfléchissons ensemble : n'y a-t-il pas analogie entre la discussion et l'opposition, le dialogue et la complémentarité ? La philosophie Zen ne peut-elle, dans son esprit, être appliquée à la communication et, par conséquent, à la négociation ?

D'ailleurs, un auteur (C. Magny) a écrit que : « La communication, c'est échanger des différences et s'en enrichir... »

Essayons d'imager notre propos en étudiant les deux attitudes fondamentales de l'individu : l'attitude négative et l'attitude positive.

Premier cas : ATTITUDE NÉGATIVE

Nous avons tendance à considérer la raison avancée par notre interlocuteur comme une objection et à classer cette idée parmi les impressions négatives (notre subconscient nous y aide) et à nous défendre.

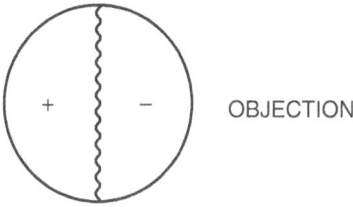

OBJECTION

Que constatons-nous ensuite ?

La négociation se dégrade car le négatif remplit notre tête et surtout, petit à petit, emplit le subconscient de notre interlocuteur. Et nous assistons à peu près à ces réactions :

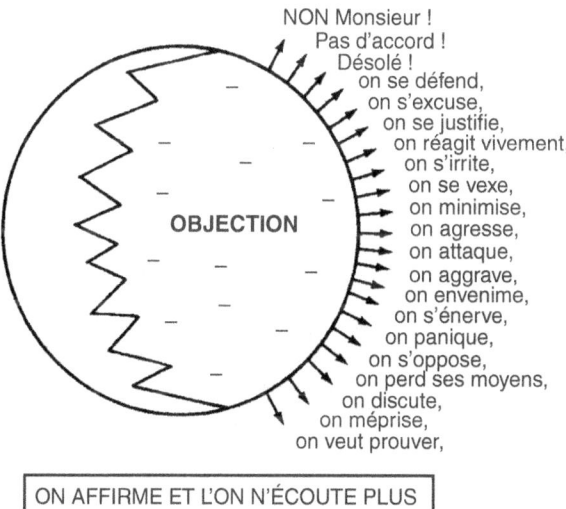

NON Monsieur !
Pas d'accord !
Désolé !
on se défend,
on s'excuse,
on se justifie,
on réagit vivement,
on s'irrite,
on se vexe,
on minimise,
on agresse,
on attaque,
on aggrave,
on envenime,
on s'énerve,
on panique,
on s'oppose,
on perd ses moyens,
on discute,
on méprise,
on veut prouver,

ON AFFIRME ET L'ON N'ÉCOUTE PLUS

L'alchimie de la vente

Pourquoi réagir négativement ? N'est-ce pas une question d'attitude de notre part ? Ne pouvons-nous adopter une attitude positive, une attitude empathique ?

Deuxième cas : ATTITUDE POSITIVE « ZEN »

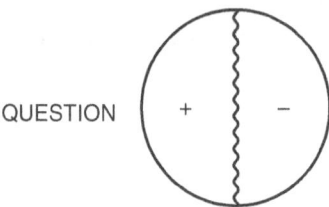

Le principe est d'oublier le mot *OBJECTION* et de penser *QUESTION*. Ainsi, nous classons systématiquement ce mot dans la case positive.

On considère alors que le client (souvent ignorant en la matière) veut connaitre et qu'il est tout à fait naturel qu'il s'informe. Nous acceptons sa « question » comme une marque d'intérêt à laquelle nous répondrons en commençant par « OUI » (jamais par « non » ou par « oui, mais… »). Le climat est meilleur, car à une question :

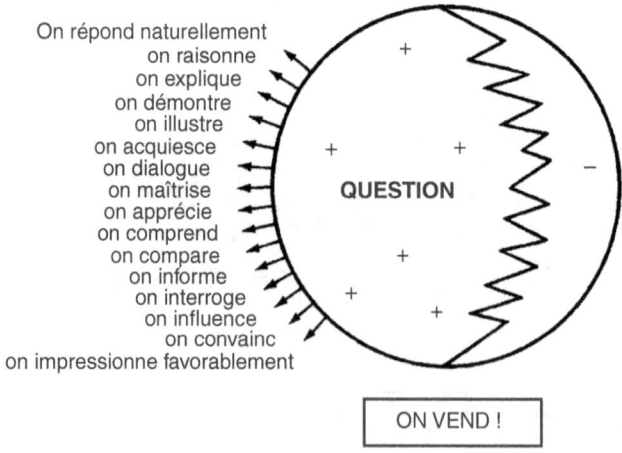

Ainsi, notre interlocuteur découvre de lui-même tout l'intérêt de notre proposition.

Adopter cette attitude cadre parfaitement avec la culture de l'enthousiasme nécessaire à la vente et facilite la mise en pratique des techniques de réponse aux objections que nous allons étudier au chapitre suivant.

4.3 Les principales techniques de réponse

Comment réagir face aux objections, comment répondre valablement ? Quand les traiter ?

Parfois, sentant venir l'objection, on a la possibilité de la devancer et de répondre avant sa formulation.

Mais si nous devons répondre, essayons de le faire le plus brièvement possible ; plus nous en rajoutons et plus nous nous enferrons. Si cela est possible, nous devons essayer de surseoir pour donner notre réponse, car très souvent l'objection tombe d'elle-même, soit qu'elle ait perdu son caractère d'objection, soit que le client l'oublie...

C'est le moment idéal pour utiliser la technique de l'écho. De préférence sur des objections difficiles. Il est toujours bon de les faire préciser pour les reprendre avec des nuances, il est rarement bon de les ignorer totalement.

En revanche, si l'objection prend un caractère injurieux, soit à l'encontre du vendeur, soit à l'encontre de la firme ou du produit, il faut nier catégoriquement.

Si l'objection est peu importante, il faut la traiter tout de suite, comme une question. Par contre, si elle désorganise la conduite de l'entretien, il vaut mieux attendre et la « mettre au frigidaire ».

5 4.3.1 Préalables aux méthodes

Quatre principes sont à respecter pour pouvoir appliquer avec efficacité les méthodes de réponse aux objections.

Premier principe :

éviter d'affirmer.

Ainsi que nous l'avons vu au début de ce chapitre.

Deuxième principe :

écouter totalement avec intérêt.

C'est une constatation bien connue que lorsqu'on laisse à un interlocuteur le temps d'exprimer absolument tout ce qu'il a sur le cœur, il finit par s'enferrer, parfois par se contredire, toujours par atténuer la portée de ses propos. Son objection s'affaiblit petit à petit comme un ballon qui se dégonfle. Écouter totalement avec intérêt et laisser l'objection s'exprimer, c'est l'affaiblir d'elle-même.

Troisième principe :

conserver sa maîtrise, son sang-froid.

Souvent le client prêche le faux pour savoir le vrai, il cite des expériences fictives, il généralise des faits particuliers et nous impute à tort des griefs sur notre profession. Il est souvent de mauvaise foi. Malgré cela, restons calmes, gardons notre sang-froid en considérant bien que nous ne sommes pas visés personnellement. Laissons se dissiper ce nuage et interrogeons-le. Évitons surtout de le contrer brutalement, ce sera notre force.

Convaincre... CO5

Quatrième principe

arracher les fausses barbes !

Très souvent, le client n'a pas encore pris de décision et il cherche à se défendre, bien qu'au fond de lui-même, il soit attiré par les arguments que nous avons développés. Attiré, mais pas convaincu; ce qui provoque de sa part des objections sans fondement. Il faut savoir découvrir les « vraies raisons » qui se cachent derrière ce que l'on appelle « une fausse barbe ». C'est souvent l'objection sur le prix: « C'est trop cher », qui masque la vérité. C'est souvent une personne motivée par l'argent qui l'exprime.

Il faut essayer de détecter ces fausses barbes lorsqu'elles sont avancées, pour ne pas y attacher plus d'importance qu'elles ne méritent. Le seul remède est d'ignorer l'objection et, avec le sourire, de continuer à argumenter et à découvrir les motivations cachées, de continuer de vanter les mérites de notre offre.

5 *4.3.2. Les techniques de réponse*

Voici seize méthodes de réponse aux objections parmi les plus usitées en technique de négociation. Rappelons-nous que ce ne sont pas des recettes magiques et que leur réussite dépend en premier lieu de notre attitude personnelle.

1. MÉTHODE DU SILENCE

C'est par le silence que l'on répond aux objections de pure forme que fait parfois le client pour ne pas donner l'impression qu'il est muet ; par le silence que l'on répond à la mauvaise foi évidente, aux fausses barbes ou aux objections sans importance. C'est un excellent moyen pour lui faire « vider son sac ».

Mais attention, si cette méthode est efficace, elle est aussi difficile à manier et peut s'avérer dangereuse. C'est pourquoi je vous recommande de relire le chapitre consacré au silence (ch. 4.2.1).

2. MÉTHODE INTERROGATIVE

Transformer l'objection sous forme de question pour que le client s'explique sur ses craintes ou sur son désir. C'est l'application technique de la philosophie Zen.

Exemples : « Si je comprends bien, la question que vous me posez est de savoir... », « Justement, j'allais vous demander votre avis sur ce point... »

3. MÉTHODE DU « POURQUOI ? »

C'est la technique qui contraint le client à creuser son objection et fournir des éléments de déviation. Elle permet de savoir quelle est la base sur laquelle est fondée l'objection.

Est-elle fondée sur l'expérience personnelle du prospect (ou du client) ? Est-elle fondée juste sur un ouïe-dire ? Est-ce une infiltration de la concurrence ?

Quelle qu'en soit l'origine : poser des questions avec « pourquoi ? » pour obtenir des « faits », des raisons réelles ; pour être certain d'avoir bien compris l'interlocuteur ; pour dissoudre l'objection.

Prenons un exemple : si nous posons la question « pourquoi ? » à un client qui dit ne pas avoir besoin de notre produit, il risque fort d'être en peine pour nous répondre. Et s'il répond, nous aurons fait naître une objection amoindrie qu'il nous sera sans doute plus facile de neutraliser.

4. MÉTHODE DU DÉSAMORÇAGE

Cette méthode consiste à **désamorcer l'agressivité naturelle** de l'interlocuteur et à créer la participation, en ne faisant pas étalage de nos connaissances. Cela lui permet de sauver la face et à l'objection de perdre de sa force.

Il faut contredire gentiment en utilisant par exemple cette expression « Comme vous le dites, cela pourrait être ainsi... et comme vous le savez, cela pourrait se passer autrement... »

5. MÉTHODE DILATOIRE

Si une objection est prématurée, gênante, délicate, s'il s'agit d'un prétexte évident ou si nous avons affaire à un interlocuteur de mauvaise foi, nous pouvons par cette méthode éviter de répondre trop tôt à la question.

Ainsi : « Votre question est très importante, si vous le permettez je vous répondrai sur ce point dans quelques instants... »; « Je prends note de votre question, car auparavant j'aimerais que vous me précisiez... ».

6. MÉTHODE COMPENSATOIRE

Appelée aussi méthode du « OUI... MAIS ». C'est abonder dans le sens de l'interlocuteur, pour lui montrer que l'on comprend son point de vue, en l'amenant à envisager une autre possibilité. C'est l'amener à une nouvelle réflexion pour atténuer la portée de l'objection et faire tomber la tension.

Pour utiliser cette méthode, il faut être sûr de la qualité de notre argumentation et de ne pas avoir affaire à un interlocuteur de mauvaise foi.

Exemples: sur l'objection « Je ne décide pas... », nous pouvons répondre : « Oui, mais vous pouvez être mon avocat auprès de la personne qui décide... » ; « Oui, je vous comprends, mais n'omettons pas de préciser que... ».

7. LE DÉMENTI DIRECT

Lorsque le client se trompe manifestement en faisant une objection, ou lorsque l'objection est fondée et dépourvue d'arrière-pensée, il est parfois bon de démentir en répondant directement, comme à une question, en faisant très attention de ne pas blesser sa susceptibilité, car il ne nous le pardonnerait pas.

« Voici la raison pour laquelle nous livrons dans ces conditions... » ;
« Voici pourquoi nous présentons ce produit ainsi... », etc.

8. L'ANTICIPATION

Appelée aussi méthode préventive, l'anticipation permet de répondre à des objections fréquentes avant qu'elles ne se manifestent. C'est tirer les enseignements des expériences passées. Faire le point après chaque entretien, noter les remarques et polir les arguments. Se servir des difficultés antérieures pour anticiper et aplanir celles du lendemain.

C'est donc le vendeur qui invoque l'objection en débutant ainsi, par exemple : « Je sais que vous allez me dire que... ».

Tout l'art consiste à inclure à cette objection connue une réponse positive, pour empêcher à l'objection de prendre corps. C'est transformer une objection en une raison d'acheter.

9. MÉTHODE DE L'AFFAIBLISSEMENT

C'est **reformuler** l'objection en termes plus atténués avant d'y répondre (voir technique de l'écho, chapitre 4.3 : « la reformulation »).

Exemples : Le client nous dit : « Je n'aime pas... », répondre : « Vous hésitez... ». Le client : « J'ai déjà mon fournisseur... », répondre : « Deux fournisseurs n'amènent-ils pas deux fois plus d'idées et une double garantie, ce qui pour vous... ».

Cette méthode est à utiliser de préférence avec des interlocuteurs influençables ou indécis. Son utilisation est souvent consécutive à un manque évident d'intérêt de la part du client. Il faut reprendre l'argumentation.

10. MÉTHODE DE LA REEXPRESSION

C'est la répétition dans la technique de l'écho (chapitre 4.3.). On répète l'objection pour inciter l'interlocuteur à préciser sa pensée, en faisant comme si l'on cherchait à comprendre. Dans la méthode précédente, on reformule l'idée, dans celle-ci il faut utiliser les propres mots de l'interlocuteur.

C'est la technique classique pour démasquer les « fausses barbes », ou faire tomber la tension créée par un client agressif.

11. MÉTHODE COMPARATIVE

Appelée aussi **MÉTHODE DU TÉMOIGNAGE** ou **DU COUSSIN AMORTISSEUR,** cette méthode consiste à donner des exemples de situations similaires ou de problèmes identiques et ayant été résolus.

C'est ne pas répondre soi-même, mais utiliser l'avis « éclairé » d'une tierce personne (présente ou absente), d'un client satisfait, d'une bonne référence, par l'utilisation de photos, de lettres, de documents ou de citations, pour amortir le choc de la contradiction.

Mais attention : se méfier des références choisies ; être sûr de leur impact, d'un côté par la réalité de leur caractère positif, de l'autre en fonction de l'interlocuteur en vis-à-vis (concurrence, jalousie, spécificité, etc.).

12. L'IMPLICATION

C'est faire répondre l'interlocuteur à notre place en l'impliquant. Cette méthode s'utilise plus fréquemment avec des personnes spontanées, extraverties, qui font montre d'esprit de décision. Le moment le plus propice est la fin de la négociation, si bien que l'objection peut être suivie d'une demande de conclusion.

En résumé, demander au client ce qu'il ferait dans ce cas précis à notre place.

Exemple : au client qui demande une remise : « Si j'étais votre représentant, face à l'un de vos clients, seriez-vous d'accord pour baisser votre prix ?... ».

13. MÉTHODE DE L'ÉLIMINATION

Dans le cas où l'interlocuteur présente plusieurs objections à la fois, similaires ou non, ne répondre qu'à une seule d'entre elles, de préférence la plus faible ou la plus favorable, et enchaîner. Mais si l'interlocuteur revient à la charge, il faudra bien finir par répondre, surtout si l'objection est de bonne foi.

14. MÉTHODE DU BOOMERANG

Appelée également **RÉPONSE EN RETOUR,** cette méthode a pour principe de **transformer l'objection en argument.** C'est souvent utilisé comme technique de pression pour pousser un indécis à se décider ou à formuler l'objection réelle. Il faut avoir en plus de solides arguments pour conforter la position, des arguments chiffrés, par exemple. Le vendeur doit se montrer sûr de lui, confiant et résolu.

Exemples : le client nous dit: « Je vais réfléchir... »; lui répondre « Réfléchissons ensemble... ». Le client : « C'est cher... », lui répondre « C'est justement la raison pour laquelle vous... ».

15. LA DIVERSION

Devant une objection importante ou difficile présentée par un interlocuteur objectif, créer le dialogue en répondant par une **série de questions liées entre elles.** Souvent, l'interlocuteur, en répondant à cette chaîne de questions, **apporte lui-même la réponse à l'objection** d'origine.

Cette méthode nécessite un bon entraînement, de bons arguments et une grande maîtrise des techniques de négociation.

16. LA CONCESSION

La technique de la concession s'assimile à celle de la « vente conditionnelle » et consiste à accorder des facilités sur des points mineurs. Elle réduit considérablement la valeur de certaines objections. Ne pas perdre de vue qu'elle est souvent tributaire de la politique commerciale de l'entreprise.

Exemples : à un client qui prétend être provisoirement à court d'argent, proposer spontanément la possibilité d'un paiement semestriel... ou la prise d'une option immédiate avec livraison différée.

Convaincre... CO5

En conclusion, n'oublions pas que l'objection est nécessaire, il faut l'accueillir comme **une question digne d'intérêt.** C'est la meilleure marque d'attention que puisse porter notre interlocuteur à notre proposition. Cet écho est le signe avant-coureur du bon déroulement de notre négociation. C'est souvent le signal d'achat qui nous permet d'entamer la dernière phase de la vente, la conclusion ; car il est bien connu que la vente commence vraiment quand le client dit « non ! ». Mais, que préférons-nous ? Un client passif qui ne décide jamais, ou un client actif que nous pouvons aider à prendre une décision intelligente ?

4.4 L'objection « prix »

Dans l'acte de vente, il existe quatre écueils :

– l'introduction et son barrage,

– les objections,

– le prix,

– la conclusion.

Une seule cause commune à l'obstacle : **l'attitude du vendeur.**

Nous analyserons dans ce chapitre l'attitude du vendeur face à l'objection « PRIX ». Pourquoi ?

Parce que les clients, qu'ils soient industriels, commerçants, grossistes, prestataires de services ou autres, songent plus que jamais, dans un contexte économique difficile, à réaliser des économies, à serrer les frais généraux, à améliorer les marges ou la rentabilité.

4.4.1 Formes de l'objection prix

Lors de l'argumentation, nous entendons le client s'écrier : « Vous êtes trop cher !... » ; « Vos prix sont trop élevés !... » ; « La marge est trop faible ! ... ; « Vos concurrents sont mieux placés !... » ; « J'ai par ailleurs de meilleures conditions ! ... » ; « Mes stocks sont encore trop gonflés !... » ; « Pas de dépenses pour l'instant !... » ; « Mes bénéfices sont en baisse !... » ; « Vos conditions sont trop draconiennes !... » ; « La remise est trop faible !... » ; « J'ai une meilleure offre !... » ; « Ce n'est pas rentable !... », etc.

Et le vendeur se fait alors l'écho de ce pessimisme, amplifiant les effets négatifs.

4.4.2 Conséquences de cette attitude

Les conséquences de cette attitude face aux prix sont multiples et néfastes pour le vendeur qui finit par ne plus penser qu'à cela :

– Il devient complexé du prix, ce qui provoque une mauvaise préparation, une mauvaise présentation et une mauvaise négociation. Il a peur d'annoncer le prix, il se met à affirmer, il fait traîner la vente, il a mauvaise conscience, il n'y croit plus, il reste muet, il perd ses moyens, il en oublie les besoins du client, il se justifie.

– Il perd de son dynamisme, de son enthousiasme, de son entrain, de son agressivité, de sa force de conviction.

– Il démissionne, a tendance à faire des remises, à changer la proposition, à vendre moins.

Enfin, le client durcit la vente et ne cite plus que cet obstacle.

4.4.3 Les raisons du client face au prix

Mais le client peut avoir de bonnes raisons de nous parler du prix. Il fait son métier d'acheteur (professionnel ou occasionnel). Quelles sont donc les principales raisons qui le poussent ?

– Le manque d'intérêt, l'absence de besoin.

– Le manque d'argent, d'économies ou de budget.

– La peur de dépenser de manière non rentable.

– Pour payer le juste prix.

- Sous-estime le rapport qualité/prix.
- A déjà été sollicité, a peut-être vu mieux ailleurs.
- Pour payer moins cher, épargner, économiser.
- Pour connaître notre politique commerciale.
- Comme moyen de pression sur son fournisseur habituel.
- Pour masquer son incompétence ou son manque de pouvoir.
- Pour comparer ou s'informer sur le marché.
- Pour présenter l'offre à son patron.
- Pour assouvir un désir de puissance (rapport de forces).
- Parce que ça ne coûte rien de demander.
- Pour obtenir un avantage personnel...
- C'est son rôle : à sa place, nous le ferions !

4.4.4 Le prix dans le contexte de la vente

Lorsqu'on a le meilleur produit et que l'on arrive au moment opportun, peu importe le prix. Mais si en plus on était le moins cher du marché, y aurait-il besoin d'un bon vendeur pour diffuser ce produit ? Il faut se rendre à la réalité, la concurrence veille, et les situations privilégiées ne durent pas.

Ce qui nous conduit à admettre les six postulats suivants :

1 – Quel que soit le prix, il y aura toujours des gens pour le trouver trop cher.

2 – Les acheteurs compétents n'ont pas besoin de cette arme.

3 – Un produit n'est jamais longtemps le moins cher du marché.

4 – Il est plus facile de changer le prix que la qualité.

5 – Le succès de la vente au rabais ne peut être que passager.

6 – Il y aura toujours des ventes que nous perdrons à cause du prix.

5 4.4.5 Présentation du prix

C'est au vendeur que revient **l'initiative** de la présentation du prix. Il ne doit pas se laisser piéger par le client.

Quand doit-il le présenter ?

Le vendeur doit parler du prix et des conditions de l'offre le plus tard possible, quand il représente le dernier obstacle à la vente. Il est inutile de discuter le prix si le produit ou le service ne convient pas au client. **Le prix n'est pas une composante** du produit (ou du service), il en est une résultante. On peut le décomposer pour l'expliquer.

Pour être sûr du bon moment, tester le client par quelques questions telles que :

– En dehors de cette « question », notre solution vous convient-elle ?

– Avons-nous passé en revue tous les points, avant d'aborder cette question ?

– Quels sont les autres points importants pour vous ?

– Le prix de quoi ?... Pour quelle quantité ?...

Comment le présenter ?

Il faut éviter d'annoncer le prix ou de le donner « sec ». Il faut le citer et enchaîner en rappelant les avantages. Ne jamais excuser le prix ou le justifier, tel que : « C'est un peu cher, mais... » ; dire plutôt : « Ce produit vaut X euros et si l'on tient compte de ... (tel avantage), il est avantageux. »

Rappelons dix techniques éprouvées pour présenter le prix.

1. TECHNIQUE DU SANDWICH

Une des plus performantes, qui consiste à :

– Présenter une ou plusieurs caractéristiques du produit,

– Donner le prix sans hésitation,

– Présenter le ou les avantages adapté(s) au(x) besoins(s) du client.

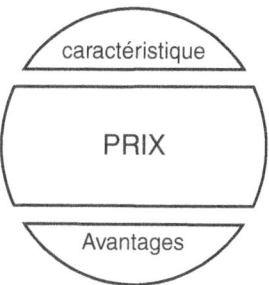

Autrement dit, faire précéder le prix d'une caractéristique technique et toujours le faire suivre d'un avantage approprié aux besoins et motivations du client.

2. MINIMISER

Il faut minimiser le prix :

– En le comparant à celui d'autres produits, en le comparant à une dépense quotidienne.

– En allongeant les délais de paiement, en faisant miroiter la vente rapide, la rentabilité due à une rotation renouvelée du stock.

– En montrant la marge en pourcentage (attention, si vous êtes plus cher : calculer la différence en pourcentage en prenant votre prix pour base. Si vous êtes moins cher, augmentez la différence en calculant le pourcentage en prenant toujours votre prix pour base).

Exemple : 100 F et 90 F (premier cas : 10 % ; deuxième cas : 11,11 %).

L'alchimie de la vente

3. ARITHMÉTIQUE

Utiliser le moyen mnémotechnique des signes arithmétiques pour démontrer les avantages de votre offre et affaiblir l'importance du prix (+ – : X) :

+	**ADDITIONNER** les avantages apportés par votre offre pour qu'il fasse basculer la balance en votre faveur.
–	**SOUSTRAIRE** les avantages perdus à cause d'un autre choix. Les déceptions dépassent vite les économies réalisées sur la qualité.
:	**DIVISER** la différence entre les prix, pour **ramener à la plus petite unité possible** (en durée ou en nombre d'utilisations).
X	**MULTIPLIER** les sources de profit ou de satisfaction par le nombre d'utilisations ou la durée engendrées par la qualité.

Exemples :

- \+ « Ce produit vous permettra d'augmenter vos ventes, par conséquent vos marges et votre bénéfice, + un gain de place en stock, + la notoriété de notre marque, + ... », etc.

- – « Nous pourrions bien sûr livrer ce matériel sans le dispositif X qui augmente les performances de Y %. Mais au bout de combien de temps regretteriez-vous le manque à gagner de Z euros ? ».

- : « Ce matériel est garanti 5 ans, soit 1825 jours d'utilisation. La différence de 457,35 euros ramenée à l'utilisation journalière représente : 0,25 euro. Est-ce que le supplément de satisfaction retiré ne mérite pas d'investir à peine le prix d'un timbre postal, par jour ? »

x « Compte tenu que le rendement de cette machine est de deux pour cent supérieur, mais que la fonction supplémentaire F vous permettra de l'utiliser deux fois plus, vous augmenterez la rentabilité de R % ».

4. LA BALANCE

Cette technique utilise aussi l'arithmétique en mettant dans l'un des plateaux le résultat de la division de la différence du prix par les utilisations possibles (coût réduit au minimum), et dans l'autre plateau la liste des avantages apportés par l'offre. Il est inutile d'expliquer de quel côté penchera la balance !

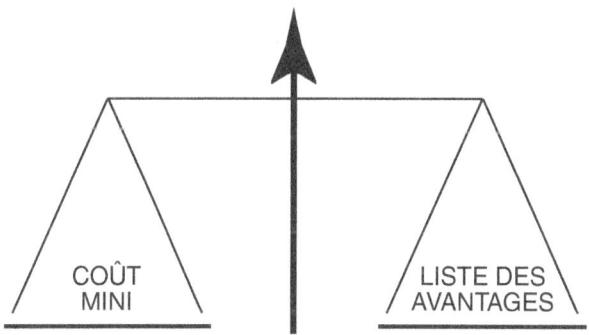

5. DÉPOUILLER

C'est réduire le montant de notre offre en la dépouillant du superflu (superflu pour ce client), et ne lui vendre que ce dont il a besoin en tenant compte de l'équation

RAPPORT QUALITÉ/PRIX = BESOINS

6. LE MIROIR

C'est renvoyer la balle dans le camp du client, en répondant par une question.

Exemples : « C'est cher !... »

« Par rapport à quoi ? Si j'ai bien compris, vous souhaitez réaliser une économie ? »

7. ALTERNATIVE

Offrir une alternative favorable entre deux produits similaires mais de prix différents.

8. SORTIR DU CADRE

C'est faire preuve d'imagination, d'insolite. Ne pas vendre le produit lui-même, mais vendre sa fonction, son utilisation.

Exemples : vendre de l'organisation, de l'essuyage, de la sécurité, de l'hygiène, du confort, de la rentabilité, de la prévoyance, une retraite heureuse, etc.

9. LE CHIFFON ROUGE

Principe des toréros pour détourner l'attention du taureau et l'attirer dans une autre direction. Agiter le « chiffon rouge » d'une explication technique pour détourner du prix l'attention du client.

10. CONFIDENCE

C'est dévoiler au client les mécanismes de constitution du prix du produit ou du service. À condition que le vendeur soit lui-même au courant de l'élaboration du prix, ce qui n'est pas toujours le cas.

5 *4.4.6 Quelques réponses à l'objection prix*

Dans un premier temps, ne pas contredire, ne pas couper la parole, et répondre par une question :

– Pourquoi nos clients nous achètent-ils ?

– En quoi trouvez-vous cela trop cher ?

– Désirez-vous modifier votre projet ?

Convaincre... CO5

— Avez-vous comparé les résultats escomptés à la dépense effectuée ?

— Voulez-vous que nous échelonnions le règlement ?

— Pouvez-vous me montrer l'offre bon marché afin qu'en toute objectivité, nous puissions comparer les deux propositions ?

— Avez-vous remarqué que notre service est mieux adapté... plus complet... ?

— Avez-vous interrogé tel confrère chez qui nous avons fait un travail similaire ?

— N'est-ce pas nouveau ?

— Combien pensez-vous pouvoir investir ?

— Quels gains pensez-vous pouvoir en tirer ?

— Par rapport à quoi ?

— Est-ce comparable ?

Et quelques affirmations :

— Après la livraison, la qualité reste, le prix s'oublie.

— Beaucoup de clients nous trouvent « chers » avant, mais après...

— Une entreprise importante comme la vôtre peut se payer la qualité...

— Vous trouvez cela « cher », mais cela me ferait plaisir de travailler avec vous en réalisant un bon travail...

— Je pourrais vous réduire le montant si vous augmentiez votre commande...

5 4.4.7 Pourquoi vendre un produit cher ?

— Parce que c'est un challenge.

- Pour se dépasser.
- Pour prouver qu'on est bon vendeur.
- Par constance dans l'effort.
- Parce qu'on a confiance dans le produit.
- Parce qu'on est compétent (connaissance du produit).
- Par fierté personnelle.
- Pour sa satisfaction personnelle.
- Parce qu'on est « bon vendeur ».
- Pour s'améliorer.
- Parce que c'est difficile, pour vaincre les difficultés.
- Parce que si c'était facile, on n'aurait pas besoin de nous.
- Pour avoir des contacts à plus haut niveau.
- Parce qu'on a choisi de le vendre…
   - pour le plaisir du client,
   - pour créer des références dynamiques,
   - pour sélectionner la clientèle,
- C'est un meilleur investissement.
- C'est la sécurité pour le client.
- Pour satisfaire le goût du luxe.
- Pour le service qu'il peut rendre.
- Parce que le produit…
   - est le meilleur,
   - est mieux représenté,
   - offre plus de garantie,

- est plus robuste.
- Parce que son prix de revient est élevé.
- Il y a moins de concurrence.
- C'est défendre l'image de marque.
- Les avantages (points positifs) sont plus nombreux.
- Cela permet d'augmenter le chiffre d'affaires.
- À cause du programme de fabrication.
- Le prix est une conséquence des prestations.
- Et caetera.

4.4.8 Comment vendre un produit cher ?

- En incitant l'amour-propre du client.
- En présentant les avantages du produit.
- En ignorant l'aspect négatif du prix.
- En insistant sur la fabrication, la garantie, le service après-vente, les pièces de rechange, etc.
- En recherchant les qualités, les applications.
- En insistant sur sa raison d'être.
- En flattant le bon goût de l'acheteur.
- Avec de l'élan, du dynamisme, de l'enthousiasme.
- Avec toute sa conviction.
- En mettant le client en valeur.
- En cherchant le rapport entre la qualité de son produit et celui de la concurrence.
- En gagnant la confiance du client.

- En se préparant à cent pour cent.
- Par le jeu des références dynamiques.
- Par une bonne connaissance du produit.
- Par une bonne détection des besoins du client.
- En ne parlant pas prix, mais investissement, rentabilité.
- En vendant non le produit, mais des objectifs.
- En développant les performances.
- En décomposant le prix de revient.
- En minimisant, en divisant le prix.
- En ne parlant pas du prix.
- **Commencer par se le vendre à soi-même.**

4.4.9 La concurrence

Quelques principes à respecter en clientèle vis-à-vis de la concurrence :

Ne jamais critiquer la concurrence : le client n'aime pas entendre dire du mal des autres. Parler de confrère et non de concurrent. Éviter d'en parler, mais **bien la connaître.** Lorsqu'on l'évoque, la juger bonne et se placer au-dessus pour contredire l'adage *au royaume des aveugles, les borgnes sont rois.* Une phrase passe-partout : « Nous sommes différents »

Nous avons tendance à surestimer la concurrence, mais attention il est aussi dangereux de la sous-estimer.

La concurrence se situe non seulement au plan des produits (et on ne peut pas être le mieux placé pour tous les produits), mais également au plan des hommes de vente. Pour surpasser les vendeurs de la concurrence : être plus empathique, plus serviable, plus compétent, plus vendeur, plus accrocheur qu'eux. Essayer de connaître ses rivaux sur son secteur.

Éviter de parler travail (affaires, clients, prospects, produits), lorsqu'on est dans un lieu public (train, avion, restaurant, etc.), les murs ont des oreilles.

6
Concrétiser : conclure... CO6

... Une attitude permanente
... Les signaux d'achat
... Différentes techniques
de conclusion
... Aider le client à se décider
... Prendre congé

> *Un des plus grands services qu'un homme puisse rendre à un autre, est de l'aider à prendre une décision intelligente.*
>
> FRANK BETTGER

6 1 UNE ATTITUDE PERMANENTE

Nous pouvons être un professionnel de l'approche, de la présentation, de la démonstration et de la réponse aux objections, mais si nous n'obtenons pas la commande, tout cela n'aura aucune signification. Quoique la conclusion soit la fin de la vente, elle est imbriquée dans tout notre processus de vente depuis le tout début. Nous devons préparer la conclusion quand nous faisons l'approche, quand nous faisons la démonstration et quand nous répondons aux objections.

la conclusion est la partie intégrante de tout le processus de vente

Selon Frank Bettger, champion de la vente en assurances, 83 % des « moins bons vendeurs » ne persévèrent pas jusqu'à ce stade ultime de la vente : la conclusion. S'ils réussissent en général à faire admettre leurs idées, ils n'arrivent pas cependant à transformer leurs interlocuteurs en **propagandistes actifs**. Ils échouent parce qu'ils n'ont pas réussi à les **inciter à l'action**, selon les termes du docteur Russel Conwell, ou à déterminer le « moment » propice à cette incitation. Le bon vendeur a un **moral de gagneur** et sait choisir le moment de la conclusion d'une vente.

Le chemin de la conclusion peut être symbolisé par une sinusoïde amortie, c'est-à-dire par une alternance de questions et de réponses,

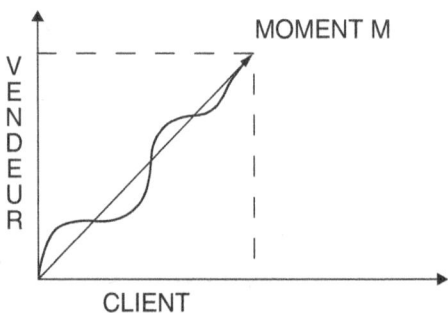

qui favorisent l'approche progressive et aboutissent à un accord où chacun a l'impression de faire une bonne affaire.

Beaucoup de vendeurs échouent, parce qu'ils n'osent pas « aider » le client à faire le pas décisif. **Ils ont peur !**

En effet, nous pouvons comparer la vente à une montagne qu'il faut franchir. Le vendeur et le client partent sur deux sentiers différents, ils gravissent les différentes étapes, et s'affrontent au sommet avant de poursuivre la route côte à côte. S'affrontent, oui, car là, deux peurs surgissent, et les étreignent.

Le client a peur de faire une mauvaise affaire… et le vendeur a peur… de perdre une affaire.

C'est donc bien là une question d'attitude du vendeur qui ne maîtrise pas sa peur, parce qu'il ne songe qu'à la commande, au lieu de penser à **aider le client dans son choix** et à vaincre sa propre peur.

Concrétiser : conclure... CO6

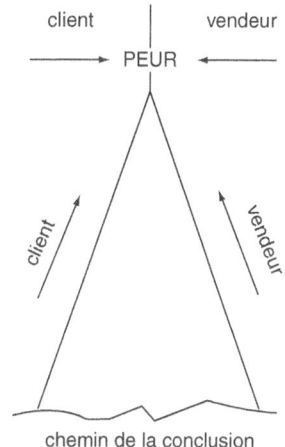

chemin de la conclusion

Trois éléments sont essentiels pour atteindre cet objectif :

- Faire preuve de sang-froid,
- Ne pas émettre d'idées négatives,
- Être ENTHOUSIASTE !

De nombreux exemples pourraient illustrer ce phénomène de « peur » qui surgit au moment de la conclusion ; en voici un :

Après de nombreuses visites, un vendeur de matériel de bureau se trouve vis-à-vis du client, prêt à donner son accord. Le client a le stylo en main et se penche pour apposer sa signature au bas de la commande... Mais il s'arrête, pose le stylo, reprend l'offre en main et se met à lire... Le temps qui passe est bref pour lui, mais il est interminable pour le vendeur qui attend. Enfin, n'y pouvant plus tenir, ce dernier rompt le silence par ces mots terribles : « Il y a quelque chose qui ne va pas ? »..., alors que le client voulait simplement s'assurer que tout était bien noté. Mais la phrase négative du vendeur peut déclencher dans sa tête la pensée suivante : « Ce vendeur me cache quelque chose... je vais réfléchir ».

Ne pas avoir peur de ménager des silences pour permettre au client de réfléchir. Et s'il réfléchit, surtout ne pas l'interrompre ! **Attendre.**

C'est la plus grande difficulté du vendeur que de **savoir se taire,** car le silence entretient la peur, l'insécurité.

6 1.1 Être sûr !

Être sûr de faire la vente.

Ne jamais supposer que le prospect comprend, être sûr qu'il comprend. Ne jamais supposer que le matériel fera le travail du prospect, **prouver** ses avantages.

L'attitude qui consiste à « être sûr » d'obtenir la commande vous fera réussir ! une attitude d'éventualité, quand elle est **réelle,** devient contagieuse. Elle invite littéralement à l'accord.

Beaucoup de vendeurs ne veulent pas essayer de conclure, de peur de perdre la commande. Un bon vendeur m'a déclaré un jour : « Je n'ai jamais perdu une commande dans ma vie..., mais il y a beaucoup de commandes que je n'ai pas obtenues ! Je ne peux pas perdre quelque chose que je n'ai jamais eu. »

Si nous avons présenté le produit comme il convient, prouvé sa valeur pour le travail du prospect, il attend de nous que nous lui demandions d'acheter !

6 2 LES SIGNAUX D'ACHAT

Au fur et à mesure de la progression de l'entretien, ou des entretiens, le client fournit au vendeur des indices qui, s'il est attentif, doivent lui permettre d'entamer le processus de conclusion. Ces indices, paroles, gestes, attitudes du client, sont appelés signaux d'achat. Ils traduisent inconsciemment les pensées du client qui se dirige vers une conclusion invisible.

6 2.1 Quels sont ces signaux d'achat ?

- Une question particulière du client, par exemple ;
- Une fausse objection, celle qu'on appelle « fausse barbe » ;
- La manière dont il étudie la documentation, un échantillon ;
- Son silence, ses moments de réflexion ;
- Un changement d'attitude, il se décontracte, il sourit ;
- L'interrogation d'un tiers présent, pour avoir son opinion ou son accord tacite ;
- Une demande de précision sur la garantie ;
- Il se fait confirmer le prix, les conditions ;
- Il compare avec d'autres offres à notre avantage ;
- Le stylo apparaît ;
- Il prend la commande en main ;
- *Et caetera.*

Les paroles qu'il prononce et le ton de la phrase sont importants. Ils peuvent laisser percer le désir, le regret, l'inquiétude ou le besoin d'être rassuré, conforté dans l'action.

Des questions telles que :

- Est-ce que ça tombe en panne ?,
- Puis-je échelonner mes règlements ?,
- Tout est-il bien compris ?,
- Si je me décidais pour..., est-ce que... ?,

– À supposer que je prenne..., est-ce que... ?,

– Quels sont vos délais ?,

ou **des phrases** comme :

– Ça me plairait bien..., mais...,

– Si j'étais sûr de..., je le prendrais...,

– C'est cher, mais ça me plaît bien...,

– Ce serait plus raisonnable d'attendre...

sont des **formulations implicites qui doivent nous pousser à conclure,** surtout s'il agit et parle « comme si » il était déjà propriétaire.

6 2.2 Enregistrement et contrôle

N'avons-nous jamais entendu un nouveau vendeur qui revient d'une visite avec un vendeur chevronné dire : « Il a eu la commande, mais je ne l'ai jamais entendu conclure... »

Cela est dû au fait que le vendeur d'expérience **écoutait** et faisait attention au signal d'achat et supposait qu'il avait la commande.

Ou n'avons-nous jamais eu cette réponse d'un prospect : « Je vais réfléchir et je vous le ferai savoir... »

Cette réponse est souvent donnée parce que le vendeur a conclu, mais n'a **pas arrêté de parler** et n'a pas donné au prospect la possibilité de **réfléchir** pour prendre sa décision.

Ainsi, premièrement, nous devons ÉCOUTER pour ENREGISTRER les signaux d'achat, et deuxièmement **poser des questions** pour **contrôler.** En effet, afin de provoquer ou de se faire confirmer les signaux d'achat, le vendeur doit poser encore et toujours des questions. Mais à ce stade de la vente, ce sont surtout des questions tests pour effectuer des sondages qu'il faut poser, puis des questions récapitulatives pour amener des « oui » ou des questions alternatives qui n'offrent que deux solutions d'achat.

Exemples de questions implicites :

– Vous êtes d'accord sur l'essentiel ?... « OUI ».

– Quelle formule choisissez-vous ? La X ou la Y ?

– Puis-je vous demander de mettre votre nom ici, Monsieur... ?

– Ai-je répondu à toutes vos questions ?

Mais **éviter** les questions du genre : « Est-ce que cela vous intéresse ? »,« Est-ce que je vous en mets ?, » « Est-ce que vous **fumez ?** », qui risquent de faire diverger le dialogue et différer la vente, sinon la perdre.

Les signaux d'achat ne sont pas des invitations à faire la pause. C'est un risque inutile qu'il ne faut pas courir. Il ne faut pas détourner l'attention du prospect de l'objet de la négociation, surtout à cet instant crucial.

6 3 DIFFÉRENTES TECHNIQUES DE CONCLUSION

6 3.1 Techniques communes

Que faire ?

À notre avis, il faut sortir la proposition, le contrat, le bon de commande, le plus tôt possible pour habituer le client à sa vision et pour lui donner l'apparence d'une chose familière et inoffensive. Ensuite, il faut consigner les points d'accord **par écrit** pour obtenir, le moment venu, une récapitulation positive.

Amener le client à s'engager pendant que l'on remplit le bon de commande ou le contrat, en partant du principe que le client achètera et que seuls les détails de la vente sont à régler. Une bonne méthode est de lui poser des questions de confirmation : « Votre adresse est bien... ? » ; « Et pour la livraison ?... » ; « Pouvez-vous me préciser le nom de votre banque ? » ; « En combien d'exemplaires désirez-vous la facture ? » ; « Voudriez-vous me donner votre accord ? »

---

attention : ne JAMAIS lui demander sa SIGNATURE !

Demander : « son accord », « apposer son nom », et un bon moyen de l'entraîner est de signer soi-même, montrant ainsi notre engagement à bien remplir le contrat.

Il faut savoir que dans certains cas de vente, ou selon le milieu, l'accord se fait « à la poignée de main ». En principe, les clients qui pratiquent cette vente sont très sensibles au respect de la parole donnée.

Cependant, la conclusion n'est pas toujours aussi facile et le vendeur doit parfois faire appel à des techniques pour parvenir à ses fins. Ces techniques, recensées par l'expérience, sont au nombre de douze et les voici :

1. CONCLUSION DIRECTE

La conclusion directe termine logiquement un entretien bien mené. Le vendeur a déterminé les besoins du client et propose le produit ou le service apte à les satisfaire.

Beaucoup de clients n'attendent qu'une chose : que le vendeur leur demande de prendre leur décision, les aide à entamer le processus d'engagement.

---

se lancer, demander l'accord franchement

Il n'y a aucun risque, pourquoi avoir peur ? La seule réponse que puisse faire le client, c'est « OUI » ou « NON » Et dans ce dernier cas, nous avons les moyens suivants pour nous aider.

2. CONCLUSION IMPLICITE, ou L'ALTERNATIVE

On suppose l'accord du client obtenu et on lui donne le choix entre deux propositions favorables. Cette méthode met le client devant l'alternative suivante : « Achèterez-vous A ou achèterez-vous B ? ». Elle élimine la possibilité de ne pas acheter.

La première proposition doit toujours être plus forte que la seconde (plus réaliste), car le client répète souvent la deuxième offre, tel un écho. De toutes façons, qu'il réponde à la première ou à la seconde partie de la question, nous sommes assurés de l'orienter vers l'engagement final.

Exemples : « Préférez-vous N ou N' pièces ? » ; « Préférez-vous être livré en mars ou en avril ? » ; « Préférez-vous régler de suite ou à la livraison ? » ; « Vous réglez comptant ou par traite ? » ; « Vous désirez le modèle rond ou ovale ? », etc.

3. LA BALANCE

Appelée aussi **Méthode du bilan,** cette technique consiste à faire le bilan des « + » et des « – » de l'offre ou à mettre en balance ces « + » et ces « – » dans les deux plateaux.

Deux manières de procéder :

La première, reprendre les arguments positifs en faveur de notre offre et démontrer que le poids des arguments positifs l'emporte sur celui des arguments négatifs. Le croquis d'une balance peut se montrer alors très évocateur.

La seconde, et la meilleure, **faire participer le client** à la recherche des arguments « + » et « – » de l'offre. Lui tendre une feuille de papier « bilan » avec deux colonnes vierges, la colonne « + » à gauche et la colonne « – » à droite. L'aider à découvrir les raisons favorables (que nous avons eu soin de noter) et le laisser rechercher les raisons défavorables *seul*.

L'alchimie de la vente

Le résultat de la réflexion parle de lui-même : la balance penche en notre faveur !

4. CONCLUSION CONDITIONNELLE

Souvent utilisée derrière une fausse barbe, cette méthode nécessite une bonne connaissance de nos produits ou services. En résumé, elle consiste à demander préalablement l'accord au client avant de lui répondre.

Par exemple : « Si ce produit ou ce service répond à tous ces critères, l'achetez-vous ? » ; « Si je vous dis "oui", l'achetez-vous ? » ; « Êtes-vous acheteur si je vous montre que… ? »

5. LA MISE EN GARDE

Appelée aussi **supposition,** parce qu'elle suppose une situation antérieure agréable ou désagréable à laquelle notre offre apporte une solution. Elle peut faire appel à des faits en relation avec des tiers et provoque ainsi la complicité, à condition que les faits correspondent à la situation réelle du prospect et qu'il puisse s'identifier au tiers cité.

C'est lui montrer les avantages retirés par le tiers utilisateur ou les avantages perdus par le manque de décision.

Exemples : « Rappelez-vous l'incendie de X, s'il avait eu un coffre ignifugé… ? » ; « Supposons que vous ayez une grève comme celle du mois dernier, pourriez-vous pallier… avec notre… ? »

6. VIDER L'ABCÈS

C'est faire admettre par le client qu'il ne reste plus qu'une seule raison pour ne pas acheter et, en lui faisant réexprimer, minimiser cette raison. Cette méthode utilise à la fois la technique conditionnelle et celle de la balance et peut se résumer par cette question : « Est-ce tout ce qui s'oppose à un accord entre nous ? », ou « **Et en dehors de cela ?** »

Concrétiser : conclure... CO6

Une fois l'abcès vidé, le client prend conscience de l'importance toute relative de son objection par rapport à la somme des avantages mis dans la balance.

7. L'ÉLIMINATION

Lorsqu'un client est indécis, hésitant, ou ne veut pas nous révéler les motifs de son indécision, cette méthode peut s'avérer efficace. Mais elle est à utiliser avec circonspection. La raison en est qu'elle oblige le client à répondre par « NON », ce non étant interprété par le vendeur comme un « OUI ».

Cette méthode oblige le client à révéler son objection réelle (si elle existe) ou à admettre que notre offre correspond à son attente.

Exemples : « Je ne comprends pas bien ce qui vous retient, Monsieur X..., est-ce l'éloignement de notre service après-vente ? » ; « Est-ce nos conditions de règlement ? » ; « Est-ce notre délai de livraison ? », etc.

Et nous éliminons ainsi les obstacles un à un. Si le client émet un « OUI », nous reprenons notre argumentation.

8. LE CHALLENGE

Devant un client tenté, mais hésitant, essayer de lui offrir un challenge ou de lui faire un pari.

Exemples : « Je suis persuadé qu'avec ce matériel, vous feriez mieux que X ou Y... Pourquoi ne pas essayer ? » ; « Que risquez-vous à tenter l'expérience ? Je parie sur vous... »

9. ANTICIPER LA POSSESSION

C'est tout doucement donner au client le sentiment d'être déjà propriétaire ; on l'habitue à la possession du produit ou du service. C'est déjà l'une des actions de la technique alternative. Mais dans ce cas, le vendeur est plus directif, impératif. Il pousse à l'action.

Exemples : « Libérez votre esprit, emportez-le... » ; « Essayez-le, vous paierez plus tard... » ; « On croirait que c'est fait pour vous... »

10. FAIRE DÉSIRER

C'est priver le client de la possession du produit ou du service, c'est développer un sentiment de frustration qui crée le désir de posséder. C'est amener le client à vouloir se servir du produit, à vouloir faire partie des privilégiés.

Exemples : « Je vais voir s'il en reste... » ; « Je vous le présente..., mais ne pourrai vous satisfaire aujourd'hui... » ; « J'en ai très peu... Je les réserve à mes bons clients... », etc.

11. LA DIVERSION

Méthode à utiliser lorsque le client nous dit : « **Je vais réfléchir.** ». Combien de fois entendons-nous cette phrase ?

Éviter de brusquer le client et arrêter notre argumentation. Souligner le fait que réfléchir est important et enchaîner de la manière suivante :

« Si je comprends bien, si vous voulez réfléchir, c'est que l'affaire vous intéresse ? » ; « Si vous le permettez, réfléchissons ensemble... » ; « Vous avez tout à fait raison, c'est en effet important, voilà pourquoi j'insiste... », puis continuer soit par la récapitulation, soit par l'élimination.

12. L'EXCUSE

L'un des rares cas au cours duquel un vendeur peut s'excuser sans minimiser son action, c'est lorsque le vendeur a l'impression que la vente est manquée, lorsqu'il lui semble se heurter à un refus définitif. De deux choses l'une, ou bien le client a fait un autre choix (définitif), ou bien il conserve une objection finale importante. Cette méthode permet ou de révéler nos erreurs, ou de révéler l'objection.

Exemple :

Le client. – Inutile d'insister, Monsieur, j'ai fait un autre choix.

Concrétiser : conclure... CO6

Le vendeur. – Monsieur X..., je vous dois des excuses... (*ou :* Monsieur X..., j'ai des excuses à vous présenter...).

Le client. – Pourquoi ?

Le vendeur. – Parce que je n'ai pas réussi à vous rendre service...

(*ou :* Parce que si vous n'atteignez pas (telle productivité), ce sera de ma faute...).

Ainsi, nous suscitons la complicité du client qui dévoile les causes réelles de sa réserve.

3.2 La haute pression

Dans certains cas, devant des clients par **trop indécis** ou **fuyants**, ou lorsque la concurrence est très virulente, il faut utiliser la méthode dite **de la haute pression.**

Cette méthode est à utiliser lorsque le vendeur sent que le moment est venu de répondre à la question

« MAINTENANT OU JAMAIS ! »

Si cela risque d'être « jamais », il nous faut tout tenter. L'essentiel est d'éviter de reculer dès le premier barrage du client et de sentir jusqu'où on peut aller sans trop de risques. Car **le recul est un alibi facile pour le vendeur.**

Dans la haute pression, comme son nom l'indique, la pression du vendeur est intensive et ses questions sont rapides, ses arguments sensibles et orientés vers l'interlocuteur, ses motivations ou ses sentiments. Le dynamisme et l'enthousiasme doivent être alors communicatifs.

C'est une **pression morale.**

Exemples de questions-pression :

« Cela fait combien de fois que je viens vous voir ? »

« Vous ne voulez pas travailler avec moi ? »

« Vous avez quelque chose contre moi ? »,

ou plus directement : « Signez ! »,

ou en y mettant la forme : « Veuillez signer, **s'il vous plaît !** »

6 3.3 Face aux demandes de remise

Lorsque le vendeur aborde les conditions commerciales (prix, délais, règlement, etc), le client pose fréquemment la question d'une remise.

Si le vendeur annonce sans gêne les autres conditions, il n'en est pas de même pour répondre à la demande de remise, prise dans le sens de rabais ponctuel et non de condition régulière de vente à des distributeurs.

Deux possibilités s'offrent à nous : ou la politique commerciale de notre entreprise nous autorise une marge de manœuvre, ou elle ne le permet pas.

Dans le premier cas, il faut pratiquer la technique de conclusion conditionnelle, c'est-à-dire : « Si je vous accorde X % de remise, êtes-vous d'accord pour signer ? » Sinon, c'est l'escalade ou plutôt la dégringolade des prix, des marges et des possibilités d'investissement de notre entreprise.

Dans le second cas, c'est là que le bon vendeur peut montrer toute sa maîtrise afin de ne pas céder un pouce de terrain. La seule réponse valable : **l'éloquence du silence.** Et je vous invite à relire à ce sujet les exemples du chapitre 4.2.1.3., « Le silence, un outil efficace ».

Savoir se taire !

6 4 AIDER LE CLIENT À SE DÉCIDER

Il faut se souvenir qu'un client satisfait engendre la multiplication des affaires et que l'origine de ce processus est de lui faire prendre une bonne décision.

Concrétiser : conclure... CO6

Le client a besoin d'être aidé à prendre sa décision et pour cela il faut l'inciter par des raisons véridiques. Il faut l'aider à justifier sa décision, soit vis-à-vis de tiers (femme, associé, chef, etc.), soit tout simplement vis-à-vis de lui-même.

Pour l'aider, il est bon de rappeler trois principes élémentaires qui facilitent la décision :

1. **Solliciter la commande dès que possible,** ne pas craindre un refus et même plusieurs ; le vendeur accrocheur persévère au moins sept fois ; il est connu que la vente commence quand le client dit « non » !

2. Par le choix de nos mots (positifs), nos questions et notre attitude, faire en sorte qu'il soit plus aisé pour le client de prononcer le « OUI » final. **Faciliter le OUI !** Se servir de la référence dynamique (ch. 7.3.1.) en utilisant par exemple la phrase suivante : « Si vous êtes satisfait de mes services, me recommanderez-vous à vos relations ?... OUI... Alors vous serez satisfait ! »

3. **Saisir le moment** « M »; sentir le moment où le client est sur le point de se décider et ne pas le laisser échapper.

6 4.1 Attitudes favorables à la conclusion

1. CLIENT RÉFRACTAIRE :

– Demander les raisons de sa réticence,

– Reprendre l'argumentation si besoin est,

– Ne pas bloquer la discussion, préparer l'avenir,

– Obtenir un rendez-vous si possible à une date ultérieure, ou le principe d'une relance.

2. CLIENT INDÉCIS :

– Reprendre l'argumentation et se montrer plus convaincant,

– Hésitation affective : récapituler les avantages, rassurer le client,

– Hésitation caractérielle : anticiper la possession, essayer de conclure sans différer.

3. CLIENT FAVORABLE :

– Résumer l'entretien,

– Demander l'accord franchement,

– Enregistrer la décision,

– Remercier discrètement.

4.2 Conclure

Résumons l'art de conclure en 15 points :

1 – ATTITUDE POSITIVE :

Avoir une attitude positive permanente, c'est escompter toujours l'aboutissement favorable de l'affaire, c'est vouloir conclure !

2 – FIXER L'ATTENTION...

... du client par des exemples visuels, des démonstrations, des essais personnels.

3 – SURVEILLER LES SIGNAUX D'ACHAT :

Mots, expressions, gestes, attitudes, qui traduisent la pensée du client.

4 – CONTRÔLER LES POINTS D'INTÉRÊT...

... en faisant des sondages, par des questions-tests : le pourquoi fait parler le client et provoque ses réactions.

5 – VERROUILLER LA VENTE...

... en transformant les arguments en avantages particuliers pour le client.

Concrétiser : conclure... CO6

6 – RÉCAPITULER LES « OUI » :
Résumer pour progresser vers l'accord ; et chaque fois que possible, faire résumer par le client lui-même ; ne pas le laisser passif ! Questionner sur les avantages reconnus.

7 – FAIRE LA BALANCE :
Comparer les avantages aux inconvénients ; le produit trop parfait inquiète.

8 – VENDRE IMPLICITEMENT...
... sur des questions de détail, proposer un choix, une alternative favorable.

9 – S'ACCROCHER CONSTAMMENT :
« Non » sept fois... Ne pas abandonner, recommencer. Si l'on est abattu, se redresser : la peur fait perdre !

10 – ÉVITER LES PAUSES :
Ne pas relâcher la pression, ne pas détourner l'attention du client, rester concentré.

11 – DONNER UNE IMPULSION...
... par un argument-choc gardé en réserve. Il faut garder des atouts pour la fin, car c'est nous qui devons donner l'impulsion.

12 – PRÉSENTER LE BON DE COMMANDE :
Ce n'est pas un épouvantail ! Le client connaît sa raison d'être.

13 – PARLER ARGENT :
Ne pas avoir peur de parler argent avec le client, il s'agit d'une transaction naturelle ; obtenir un chèque avec la commande est tout à fait normal.

14 – « SIGNEZ ! »
Derrière une objection, demander la commande. Se réjouir des objections ; le meilleur client est celui qui en fait. Et l'on ne peut

jamais affirmer que la vente était impossible si l'on n'a pas essayé avec insistance d'obtenir la signature du client.

15 – PARTIR !...

... dès la commande obtenue ; éviter de tergiverser, de broder et de donner l'occasion au client de réfléchir et de revenir sur sa décision ; il faut savoir partir.

Pratiquer chaque jour ces règles de vente pour conclure, jusqu'à ce qu'elles deviennent des habitudes, et en permanence faire preuve d'**attention**, de **persévérance**, de **décision**. Se rappeler que sans conclusion, toute technique de vente, même très perfectionnée, ne sert à rien.

6 5 *PRENDRE CONGÉ*

Il faut savoir partir ! Et ne pas attendre que notre interlocuteur manifeste son impatience par quelques paroles du genre : « Est-ce tout ? », ou par quelques signes d'agitation, ou par le fait de regarder sa montre, etc.

De nombreux vendeurs se posent les questions suivantes à propos de la prise de congé :

QUI DOIT PRENDRE L'INITIATIVE DE PARTIR ? – QUAND PRENDRE CETTE INITIATIVE ? – COMMENT PROCÉDER ? – POURQUOI RÉUSSIR SA SORTIE ?

6 *5.1 Qui doit prendre l'initiative de partir ?*

La réponse est claire et fait l'unanimité des spécialistes : c'est **le vendeur qui doit prendre l'initiative** de partir et de prendre congé.

En effet, c'est lui qui est à l'origine du contact (le plus souvent), c'est lui qui est censé avoir mené l'entretien, c'est donc à lui de juger le moment venu de l'interrompre, qu'il ait atteint ou non son objectif : **vendre**. Selon qu'il ait réussi ou échoué, c'est la manière de prendre congé qui varie. Mais dans tous les cas, il conserve l'initiative.

Concrétiser : conclure... CO6

6 5.2 Quand prendre cette initiative ?

Le vendeur doit sentir quand le sujet est épuisé, l'objectif de visite atteint, l'environnement gênant (allées et venues, interventions, téléphone, etc.), ou le client saturé (entretien dense ou trop long), ou préoccupé (rendez-vous suivant, déplacement, etc.).

Si le vendeur a bien suivi son plan de vente, la prise de congé doit être l'aboutissement logique et naturel de l'entretien, avant que l'interlocuteur donne des signes de fatigue ou d'impatience. Il faut savoir s'arrêter sur des éléments concrets et éviter de diluer la conversation.

6 5.3 Comment procéder ?

Tout d'abord, ne plus reparler de l'objet de la vente. Trop de vendeurs, ne sachant pas comment partir, en rajoutent, réargumentent sur des points mineurs après la conclusion. Gagnée ou perdue, la partie est terminée.

REMERCIER : pour le bon accueil, pour le bon travail réalisé ensemble, jamais pour la commande ! C'est la contrepartie du service rendu.

CRÉER UN LIEN : par une phrase aimable, extérioriser ses sentiments pour créer un lien de sympathie. Si la partie est gagnée, cela permet de rassurer le client et d'envisager **la référence** (voir chapitre 7.3.1.) ; si la partie est perdue, cela permet d'investir pour l'avenir en laissant une porte ouverte sur une impression positive.

CONTRÔLER SES RÉACTIONS : dominer sa joie d'avoir gagné ou sa rancœur d'avoir perdu, féliciter pour le choix fait.

RANGER SES AFFAIRES : il faut ranger ses documents en ordre et sans précipitation, mettre son pardessus tranquillement, pour ne pas donner l'impression de vouloir fuir les lieux.

LAISSER UN SOUVENIR : laisser une trace de son passage (carte de visite, documents, etc.) ; **fixer l'objectif** de la visite suivante.

SALUER : ne pas oublier de dire « au revoir » en s'inclinant vers le client, sans lui tendre la main ; mais lui serrer s'il nous tend la sienne. C'est lui qui nous reçoit, c'est donc lui qui doit nous tendre la main.

Exemple de prise de congé aimable : « Je vous confirme notre entretien dès demain... Je suis heureux de collaborer avec votre société. Merci pour votre aimable accueil, Monsieur D... », ou, en cas d'échec : « Je suis heureux d'avoir pu étudier ce projet avec vous, j'espère qu'une autre occasion nous sera offerte... Au revoir, Monsieur G... ».

6 5.4 Pourquoi réussir sa sortie ?

Que le vendeur ait réussi ou qu'il ait échoué dans la vente, il doit laisser le client sur une bonne impression.

– Bonne impression sur lui-même,

– Bonne impression sur l'entreprise,

– Bonne impression sur les produits ou services,

pour :

1 – Rassurer le client sur son choix, quel qu'il soit ; être sport ;

2 – Créer la confiance ;

3 – Préparer les futures relations d'affaires ; un client n'est jamais totalement gagné, ni totalement perdu ;

4 – En faire un agent de publicité ; une bonne référence ou un indicateur ;

5 – Pour ne pas le décevoir ;

... parce que la vente est une transaction entre deux hommes d'affaires qui traitent à leur satisfaction réciproque.

Concrétiser : conclure... CO6

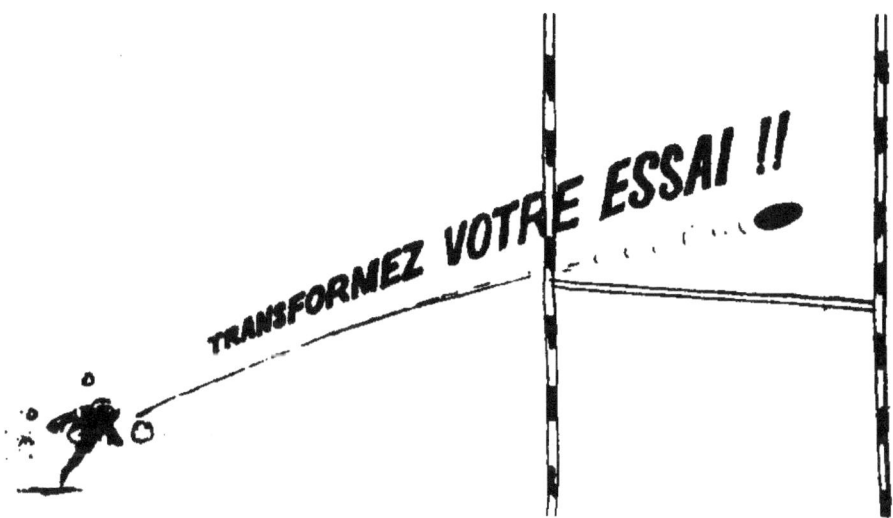

7
Consolider la vente... CO7

... Le suivi de la vente
... Analyser les résultats
... La pérennité de la vente

Si la notion de Service valorise les fonctions commerciales et économiques, l'esprit de Service les ennoblit.

F. NEPVEU-NIVELLE

7 1 LE SUIVI DE LA VENTE
TENIR SES PROMESSES – ENTRETENIR LA CONFIANCE – RENDRE SERVICE.

7 1.1 Tenir ses promesses

Le meilleur moyen pour pouvoir tenir ses promesses est de ne faire que des promesses réalistes. Trop de vendeurs « promettent la lune » au client pour pouvoir enlever l'affaire. Ils se trouvent ensuite confrontés aux réalités de leur entreprise et ne savent plus comment s'en sortir.

Pour pouvoir tenir ses promesses

– Ne pas fixer un délai de livraison qu'on sait ne pas pouvoir tenir ;

– Ne pas promettre une remise qu'on sait ne pas pouvoir faire ;

– Ne pas vendre un « mouton à cinq pattes », car au moment de la mise en service, le client tombe de haut ;

L'alchimie de la vente

– Dans le même ordre d'idées, ne pas surfaire les possibilités de son produit ;

– Préciser les conditions commerciales (règlement) ;

– Être sûr de la disponibilité des autres services de l'entreprise impliqués dans l'affaire. Et caetera.

7 1.2 Entretenir la confiance

Une fois la vente faite, il est bon d'entretenir la confiance du client. C'est assurer l'après-vente de la vente par le vendeur lui-même. Quelques recommandations pour cela :

1 – Faire une visite de suivi rapprochée de la commande pour s'assurer que l'appareil livré correspond bien à l'offre ; qu'il fonctionne normalement ; que le personnel sait s'en servir ; que le client est satisfait ; qu'il n'a pas besoin d'une aide, etc.

2 – Lors d'autres visites, ou parfois au téléphone : persuader le client qu'il peut compter sur nous ; l'informer des évolutions technologiques ; des changements de produits, de personnes, de services ; lui demander des services (cf. chap. 7.3.) ; lui rendre des services (cf. chapitre suivant), etc.

Une première commande est une porte entrouverte. À nous de l'ouvrir plus largement, en persuadant le client qu'il peut compter sur nous.

7 1.3 Rendre service

Si l'on parvient à se rendre toujours utile, on devient vite indispensable.

MONSIEUR DE LA PALICE

Nous pouvons rendre service au client de multiples manières dans le but de créer un bon climat de relations et de le fidéliser.

Ces services peuvent être d'origine professionnelle : conseils, informations, interventions, etc. Mais est-ce suffisant ? Un travail sérieux peut être fourni par beaucoup de vendeurs, y compris nos propres concurrents.

Nous devons donc faire plus pour notre client en lui rendant de menus services « privés » ou « d'affaires » qui sortent du cadre strict de notre fonction. Ces attentions l'obligent à penser à nous.

Quelques exemples vécus qui ont porté leurs fruits :

- Faire adresser à un client la documentation d'un hôtelier, pour l'organisation de séminaires.

- Envoyer au client l'adresse d'une relation qui recherche ses produits.

- Donner au client l'occasion d'assouvir une passion (billard, bridge, pêche, chasse, etc.).

- Introduire le client dans un cercle privé qui l'intéresse.

- Lui donner l'adresse d'un bon fournisseur.

- Lui permettre de visiter une entreprise, une administration, un chantier, etc.

- Lui envoyer une revue spécialisée.

- Ou simplement lui adresser nos compliments à l'occasion d'une fête ou manifestation, etc.

En somme, c'est lui manifester un intérêt particulier qui n'appelle pas de contrepartie flagrante. Pour atteindre cela, il faut savoir bien écouter le client, saisir ses préoccupations qui ne sont pas toujours les nôtres.

7 2 ANALYSER LES RÉSULTATS

PERSÉVÉRER QUELS QU'ILS SOIENT - TRAITER ET TRANSMETTRE L'INFORMATION - PARETO ET L'EFFICACITÉ -PARETO ET LA RENTABILITÉ - ANALYSE DES VISITES -FAIRE DES PRÉVISIONS.

7 2.1 Persévérer quels qu'ils soient

Malheureusement, nous ne pouvons pas enlever toutes les affaires. Il est commun de dire que le moral du vendeur est cyclique, tantôt au beau fixe, tantôt abattu. Il lui faut une grande résistance à l'échec. Tous ces points nous conduisent à recommander au vendeur d'être persévérant et lucide, de savoir faire l'analyse de ses réussites, comme celle de ses échecs.

RÉUSSITE : Quand le vendeur gagne, il se pose rarement la question de savoir pourquoi. Il conclut rapidement que c'est sûrement parce qu'il était le meilleur ! Et avec juste raison, il repart à l'attaque d'une nouvelle affaire, entraîné par l'euphorie de la réussite.

Et pourtant, s'il prenait le temps d'analyser **le pourquoi** de cette affaire, son déroulement et sa conclusion, il tirerait des enseignements profitables pour les ventes suivantes et accroîtrait son efficacité. Nous verrons au chapitre 7.2.3. comment pratiquer.

ÉCHEC : Si, malgré tous nos efforts, le client achète ailleurs, il faut lui rendre une autre visite pour connaître les vraies raisons de notre échec et en tirer les conséquences. C'est incroyable la somme de renseignements que le client nous fournit à cette occasion. Nous découvrons avec stupeur que nous n'avions pas posé telle question importante, noté tel désir du client. C'est fréquemment l'un de nos plus longs entretiens avec ce client.

Enfin, ne pas se laisser abattre ; ne pas rentrer à la maison ou au bureau sous un prétexte fallacieux ; continuer de prospecter, plonger, entrer dans l'action. Le travail et la volonté finissent toujours par payer.

7 2.2 Traiter et transmettre l'information

Quelques mots sur la position privilégiée occupée par le vendeur. Oui, le vendeur occupe une position clé pour saisir et transmettre les informations qui lui arrivent. C'est vraiment l'homme-clé du marketing terrain. Une preuve : l'équipement de plus en plus généralisé des forces de vente d'un terminal ou d'un ordinateur portable.

Le vendeur, homme de terrain épris d'indépendance, n'aime pas les papiers administratifs (rapports, mémos, etc.), mais ils sont nécessaires. Par eux, l'information transite et voyage.

Les informations qui vont de l'entreprise vers le client passent bien dans l'ensemble. C'est un outil dont le vendeur se sert car il en comprend l'importance et le rôle. Par contre, les informations qui remontent du terrain sont souvent négligées, bloquées, déformées.

Le vendeur doit comprendre que l'envoi systématique de ces informations est vital pour son entreprise. Le traitement des rapports permet de mieux gérer les stocks, de lancer des fabrications, d'organiser les livraisons, de lancer des actions promotionnelles, etc., toutes actions qui sont profitables au vendeur à court, moyen ou long terme, car elles l'aident à vendre. Le problème est qu'il n'en voit pas toujours les retombées immédiates.

C'est pourquoi je recommanderai à tout responsable commercial (chef de vente, directeur commercial), de donner le *feed back* de l'information reçue, c'est-à-dire d'informer en retour des conséquences ou des résultats enregistrés.

Quant au vendeur, je lui recommanderai d'établir son rapport de visite **immédiatement** en sortant de chez le client ou au plus tard le soir. En le faisant de suite, les **observations sont fraîches** et immédiatement exploitables lors des visites suivantes. De plus, il faut beaucoup moins de temps pour les consigner sur le rapport. Le soir, même si l'on a pris quelques notes, il faut deux fois plus de temps. Alors, ne parlons pas de ceux qui rédigent leurs rapports en fin de semaine : c'est quatre fois plus de temps à passer et deux fois moins d'efficacité.

7 2.3 Pareto et l'efficacité

Vilfredo Pareto, économiste italien décédé en 1923, énonça la fameuse règle des 20/80, souvent reprise en économie (actuellement 20 % de la population mondiale profite de 80 % des richesses du monde), en gestion (80 % du chiffre d'affaires est réalisé avec 20 % des articles en stock), en marketing (20 % des clients font 80 % du chiffre d'affaires), etc. Cette « loi » peut se résumer ainsi

---
20 % des causes produisent 80 % des conséquences.

Cette loi peut s'affiner en courbe A, B, C, selon le graphique ci-dessous.

La zone A représente les 20/80.

La zone B représente les 50/95 où 30 % des causes produisent 15 % des conséquences.

La zone C représente les 100/100 où 50 % des causes produisent 5 % des conséquences restantes.

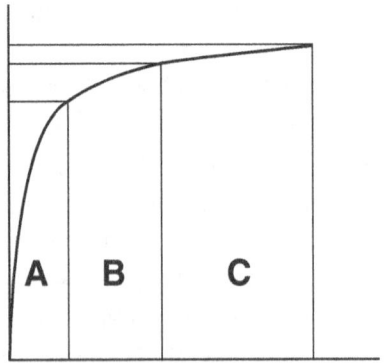

Consolider la vente... CO7

L'étude de notre fichier et de nos résultats, traduite sous forme de courbe de Pareto, permet de tirer des enseignements d'efficacité et de rentabilité.

Chaque vendeur a un coefficient d'efficacité différent et doit analyser ses performances personnelles en fonction de ses propres résultats. Ces performances sont également variables par rapport au type de clientèle abordée.

Ainsi, par exemple dans l'assurance, il est notoire qu'il faut un nombre de visites plus ou moins important pour enlever une commande, selon que l'on s'adresse à des particuliers, à des commerçants-artisans ou à des entreprises « PME » ou « PMI ». Chaque vendeur (producteur) peut mesurer son efficacité en notant en combien de visites au maximum il enlève ses affaires, selon les zones A, B ou C, ou réalise son chiffre d'affaires.

Il pourra ainsi, au fil des mois, comparer son action à celle de ses collègues ou tout simplement à ses actions antérieures et se fixer des objectifs d'amélioration.

Le tableau suivant illustre cette possibilité.

Efficacité : maximum de commandes dans le minimum de visites.

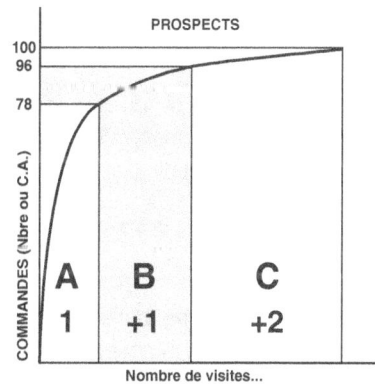

PARTICULIERS

Exemple :
78 % des ventes en 1 visite : A
18 % des ventes en 2 visites : B
4 % des ventes en 4 visites : C

L'alchimie de la vente

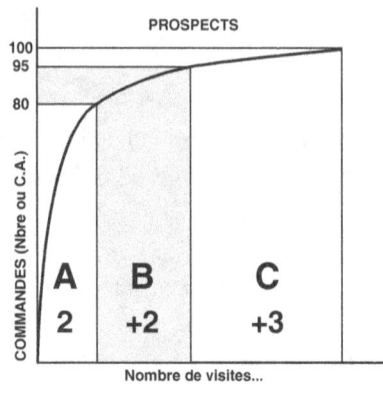

COMMERÇANTS – ARTISANS

Exemple :
80 % des ventes en 2 visites : A
15 % des ventes en 4 visites : B
5 % des ventes en 7 visites : C

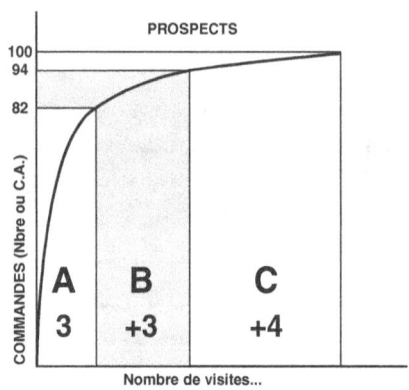

PME – PMI

Exemple :
82 % des ventes en 3 visites : A
12 % des ventes en 6 visites : B
6 % des ventes en 10 visites : C

Efficacité : Ne plus visiter 80 % des prospects de la catégorie C, après analyse du potentiel et des chances de réussite. Reporter le temps ainsi gagné à prospecter des « A » et des « B ».

2.4 Pareto et la rentabilité

Qui dit efficacité dit aussi rentabilité, puisqu'il y a une meilleure utilisation du temps, et chacun sait que *le temps, c'est de l'argent*.

Si nous reprenons le même exemple que ci-dessus, nous constatons que chaque catégorie de clients, et chaque client à l'intérieur de sa catégorie, ne mérite pas le même investissement *temps* de la part du vendeur. Cet investissement *temps* se traduit en nombre de visites utiles et en durée de chaque visite nécessaire. Cet investissement doit être proportionnel au montant des affaires réalisées ou possibles avec ce client. Cela peut se traduire par les tableaux suivants :

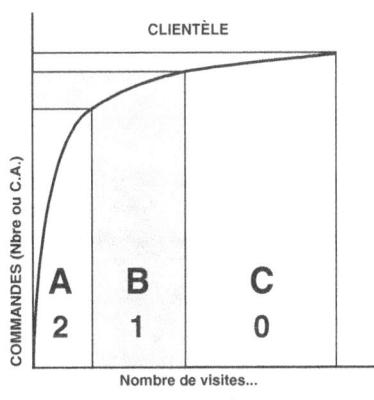

PARTICULIERS

Exemple :
A mérite 2 visites (moyenne durée)
B mérite 1 visite (brève)
C mérite 0 visite (en absolu)

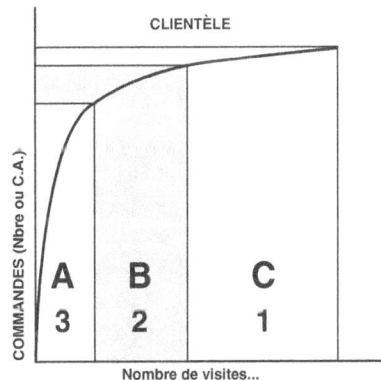

COMMERÇANTS – ARTISANS

Exemple :
A mérite 3 visites (normales)
B mérite 2 visites (moyennes)
C mérite 1 visite (brève)

L'alchimie de la vente

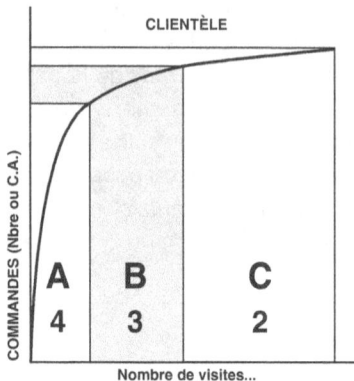

PME – PMI

Exemple :
A mérite 4 visites (longues)
B mérite 3 visites (normales)
C mérite 2 visites (moyennes ou brèves)

Rentabilité : Le temps consacré aux visites (fréquence X durée) croît en fonction du potentiel d'affaires des clients et des prospects.

EXEMPLE DE RENTABILITÉ DES VISITES
(base Pareto)

1			2	3	4	5	6	7	8
CLIENTS			COEF. PARETO	FRÉQUENCE ANNUELLE	Nbre TOTAL DE VISITES (3 x 4)	DURÉE 1 VISITE	TOTAL TEMPS (5 x 6)	OBSERVA-TIONS	
A	Statiques	=	2	4	8	0 h 30	4 h		
A	Potentiels		2	8	16	1 h	16 h		
B	Statiques	=	3	3	9	0 h 20	3 h		
B	Potentiels		3	4	12	0 h 45	9 h		
C	Statiques	=	5	1	5	0 h 10	0 h 50		
C	Potentiels		5	3	15	0 h 15	3 h 45		
PROSPECTS									
A	Potentiels		2	4	8	1 h	8 h		
B	Potentiels		3	3	9	0 h 45	6 h 45		
C	Potentiels		5	2	10	0 h 15	2 h 30		
C	?	=	10	1	10	0 h 10	1 h 40		
10			40		102		55 h 30		

Consolider la vente... CO7

Quelques explications sur la structure de ce tableau

Colonne 1 : Les clients (A ou B ou C) peuvent être considérés comme « statiques » s'il n'y a pas d'évolution de C.A. possible à moyen ou long terme (3 à 5 ans) et « potentiel » si le C.A. peut être augmenté à court terme (1 an) soit par de nouveaux marchés soit en remplaçant un « concurrent ». Les prospects sont toujours « potentiels ». L'indication « C ? » correspond à la première visite faite à un prospect dont nous ignorons les potentialités.

Colonne 2 : Symbolique.

Colonne 3 : Établissement d'un panel de prospects et de clients en respectant les proportions A : 20 %, B : 30 % et C : 50 % pour chaque catégorie. Ce qui donne 40 clients/types à visiter.

Colonne 4 : Fréquence de visite supposée et proportionnelle au potentiel sur un an.

Colonne 5 : Nombre de visites total (n clients × fréquence) soit 102 visites.

Colonne 6 : Durée supposée de la visite et proportionnelle au potentiel.

Colonne 7 : Nombre total de visites × durée, soit 55 h 30 pour effectuer les 102 visites.

Les exemples chiffrés sont purement théoriques et doivent être adaptés à chaque type de vente.

Hypothèse d'analyse en fonction de ces chiffres

Supposons un vendeur qui fait 6 visites par jour et travaille 200 jours par an. Il ferait 1 **200 visites par an** et travaillerait

8 heures × 200 = **1600 heures par an.**

Pour couvrir les 10 catégories de clients/prospects, il lui faudrait visiter pendant $\frac{1\,200 \times 55\,h\,30}{102} = \textbf{653 heures}$,

soit approximativement 41 % de son temps de travail.

Il pourrait gérer ainsi un fichier de

$$\frac{1\,200 \times 40}{102} = \textbf{470 clients.}$$

7 2.5 Analyse des visites

Il est nécessaire après chaque visite de faire le point sur les possibilités de réussite, **de mesurer les écarts** entre les prévisions, les objectifs et les résultats de la visite. Cette analyse doit au moins être faite pour les affaires chaudes et importantes. La fiche suivante peut y contribuer.

FICHE « ANALYSE DES RÉSULTATS »

Nom et adresse du client : ....
Type de clientèle : ....
Potentiel d'affaires : ....
Objectif de visite : ....
Date de visite : .... Durée de visite : ....
Personne rencontrée : .... Qualité : ....

Quel a été le message exposé ? ....
Pourquoi ? ....
Le client a-t-il été sensible à ce message ? ....
Pourquoi ? ....
Quel argument l'attire le plus ? .... Pourquoi ? ....
Tous les services ont-ils été exposés ? ....
Pourquoi ? ....
Une démonstration a-t-elle été proposée ? ....
Faite ? .... Pourquoi ? ....
Un essai a-t-il été proposé ? ....
Fait ? ....
Pourquoi ? ....
La décision a-t-elle été demandée ? ....
Pourquoi ? ....
La commande a-t-elle été prise ? ....
Pourquoi ? .... Pourquoi ? ....
Pourquoi ? ....
Date de relance : .... Pourquoi ? ....

Ainsi, le résultat de cette analyse peut permettre de se fixer des objectifs raisonnables et réalisables pour la prochaine visite ; cela permet également de poursuivre ou modifier la stratégie adoptée et de définir les étapes de cette vente.

7 2.6 Faire des prévisions

De tout temps, l'homme a essayé de prévoir le futur, de deviner son avenir : que ce soit, dans le passé, le paysan soucieux de ses récoltes ou le seigneur inquiet du dénouement des batailles, ou dans le présent, l'homme préoccupé de sa carrière ou le vendeur du résultat de ses démarches.

S'il est évident que l'avenir est rarement certain, il est non moins évident qu'il peut être probable ; à une condition : que nous réfléchissions aux différentes hypothèses possibles et prenions la décision d'action qui s'impose à nos yeux pour réduire la marge d'incertitude.

C'est en quelque sorte **diriger le changement** (cf. chapitre 1.2.1). Le vendeur « homme d'affaires » ne s'abandonne pas totalement au hasard. Il force le destin en faisant des prévisions d'objectifs et de résultats et en agissant pour que les prévisions se réalisent. D'autant que les moyens informatiques et télématiques actuels peuvent l'aider considérablement dans ses tâches d'analyse et de prévision.

Le tableau suivant donne un exemple simple de prévision mensuelle de résultats. Ce tableau oblige le vendeur à analyser le pourcentage de chances de réussite pour chaque affaire en cours (soit en chiffre d'affaires, soit en quantité de produit, soit les deux à la fois), en ne considérant que les chances à tendance positive : 51 %, affaire possible pour nous à trois mois par exemple ; 75 %, affaire favorable pour nous à un mois, par exemple ; 100 %, affaire conclue (et prévue).

Il est riche d'enseignement de noter les prévisions perdues et d'analyser le **pourquoi** des réussites et des échecs. Cela permet d'affiner les prévisions ultérieures.

En dehors de son intérêt personnel à tenir ce document (motivation, connaissance, action), le vendeur se rend vite compte que les informations retirées sont d'une grande utilité pour les responsables de l'entreprise et leur permettent de mieux cerner le marché, mieux gérer la production, mieux préparer les budgets.

Le vendeur est ainsi assuré en retour d'un meilleur service à la clientèle.

ANALYSE MENSUELLE **NOM :** ....

		PERSPECTIVES DE VENTE			
SOCIÉTÉ-VILLE	TYPE DE MATÉRIEL	CHIFFRE D'AFFAIRES			POURQUOI ?
		51 %	75 %	100 %	
TOTAL					

		PERSPECTIVES PERDUES			
SOCIÉTÉ-VILLE	TYPE DE MATÉRIEL	CHIFFRE D'AFFAIRES		ANALYSE DES CAUSES D'ÉCHEC	
		51 %	75 %		
TOTAL					

Consolider la vente... CO7

« Le rayonnement du bon vendeur fait se décanter le négatif, conserve (par évaporation) le positif et le répand en pluie bienfaisante sur le jardin de fleurs que sont les clients et qui ne demandent qu'à s'épanouir ».

L'alchimie de la vente

7 3 LA PÉRENNITÉ DE LA VENTE
LA RÉFÉRENCE DYNAMIQUE OU LA SYNERGIE DE LA VENTE -VENDRE, C'EST SYSTÉMATISER ! - ÉVITER DE TOMBER DANS LA ROUTINE.

7 3.1 La référence dynamique ou la synergie de la vente

... en rendant des services au client..., en lui demandant des conseils ou des services..., en lui portant de menues attentions..., en incitant le client à l'action, à parler de nous, à nous recommander, à nous solliciter..., en répondant totalement à ses besoins et à son idéal..., en devenant sinon un ami (chose rare...), du moins une bonne relation, voire le fournisseur privilégié..., nous pouvons créer des **références dynamiques**.

Cette pratique connue, mais délaissée, est la **meilleure méthode de vente**, la plus sûre et la plus efficace pour perpétuer la vente, quel que soit le produit ou le service vendu.

Qu'est-ce au juste, la référence dynamique ?

C'est **oser demander à un client** ou à un **prospect** de nous faire de la publicité, de **nous introduire** chez ses propres relations d'affaires ou de nous aider à y parvenir.

On peut comparer le résultat au rayonnement des ondes provoqué par la chute d'un petit caillou au milieu d'un lac. Les cercles s'élargissent, s'étendent à l'infini, à une condition : c'est lancer le petit caillou, avoir le geste initial qui déclenche la réaction.

C'est là l'effet de synergie, l'effet multiplicateur qui permet au bon vendeur d'être reçu davantage, plus rapidement et dans de meilleures conditions.

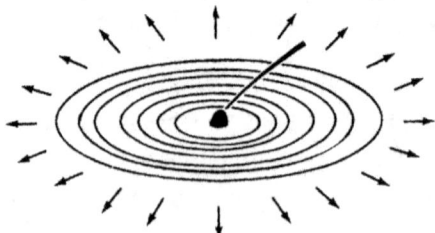

N'est-il pas formidable d'employer nos clients et prospects à nous aider à faire fructifier notre **jardin d'affaires** ?

Selon l'expression courante, c'est « vendre dans un fauteuil » !

Mais comment y parvenir ?

Tout simplement en demandant :

Au client : s'il est satisfait ?... Pourquoi il nous fait confiance ? Auprès de qui il pourrait nous introduire ?

Au prospect (intéressé ou non) : qui, parmi ses relations, pourrait être intéressé ?... Pouvons-nous ou non venir de sa part ?...

Faire de la référence dynamique une **condition morale de l'accord** ; l'engager à nous recommander dès la vente conclue (revoir les chapitres 6.5.3. et 1.3.5.).

Que peut penser un homme d'affaires de cette manière de procéder ?

« Si ce vendeur est aussi assuré de mon appui après la vente, c'est que ses produits ou ses services sont dignes de confiance. »

Passer aux actes peut nous sembler difficile. Cependant, si le vendeur a su créer le climat, la chose est relativement aisée. Et que risquons-nous ? Au pire, un refus. Alors, pourquoi tant reculer ?

Voici quelques anecdotes qui aideront à comprendre comment et pourquoi utiliser la **référence dynamique** :

Sans doute connaissez-vous la pièce de théâtre *Le Voyage de Monsieur Pérrichon* ?

Dans cette histoire, Monsieur Pérrichon cherche à marier sa fille (à cette époque, les parents choisissaient l'« élu »...). Il arriva deux aventures à ce brave homme. Premièrement, il eut un accident et fut sauvé par un jeune homme (que nous appellerons Jean). Deuxièmement, il lui arriva de sauver la vie d'un autre jeune homme (que nous appellerons Paul). À la suite de ces aventures, il choisit son futur gendre. Lequel, de

Jean ou de Paul, fut l'heureux élu, à votre avis ? Ne cherchez pas, ce fut... Paul. Pourquoi ?

Parce que Monsieur Pérrichon réagit selon la règle suivante : « On se souvient un moment des services rendus, mais on se rappelle toute sa vie les services que l'on rend. »

Ainsi, s'il est bon de rendre des services, il semble bien meilleur d'en solliciter.

Un vendeur de chariots élévateurs, Monsieur C..., m'a raconté l'histoire suivante :

L'un de ses clients recherchait un transporteur pour déplacer le chariot vendu. Il le mit en relation avec un client transporteur. Puis il rendit visite à celui-ci un peu plus tard, qui lui manifesta son plaisir de le voir, non pour lui réclamer quelque chose, mais pour l'introduire auprès d'un confrère qui cherchait un chariot élévateur. Il lui rédigea alors un billet qui permit l'introduction immédiate.

Comme quoi un service en vaut un autre, ou selon l'adage, *un bienfait n'est jamais perdu*.

Enfin, une dernière histoire, personnellement vécue :

J'avais vendu une machine facturière aux établissements V... Après la mise en route, le chef d'entreprise tint à me remercier pour la bonne coordination de l'affaire et me fit part de sa satisfaction pour le choix de notre marque. Mais il ajouta une phrase qui me fit souvent réfléchir et agir en conséquence : « Vous savez, Monsieur Rataud, les patrons se réunissent régulièrement dans notre région et tout se sait dans notre cercle. Aussi vais-je leur dire combien votre maison est sérieuse et efficace. »

Notons ici que les références (bonnes ou mauvaises) vont très vite.

À nous de faire en sorte que nos clients portent **la bonne parole** ; à nous de les y inciter, à nous de les solliciter.

Pourquoi feraient-ils des efforts, si nous n'en faisons pas nous-mêmes ?

Se fixer comme objectif

faire l'après-vente de la vente !

Première visite : voir la personne qui a passé commande, lui demander si elle est satisfaite de la livraison et du produit. *Oui* ou *non*, savoir **pourquoi**. Si *non*, faire quelque chose, et prendre un rendez-vous ultérieur.

Si *oui*, ou **deuxième visite :** découvrir de nouveaux avantages en faisant parler le client ; prendre une nouvelle commande ; obtenir une recommandation, une **référence dynamique** !

N'oublions pas que :

la référence dynamique, c'est la synergie de la vente.

La synergie pouvant se traduire par l'équation : 1 + 1 = 3, et provoquant un effet de « boule de neige ».

3.2 Vendre, c'est systématiser !

Dans une situation économique difficile, la compétition devient elle-même plus rude et il est nécessaire d'accroître son efficacité, en particulier dans la vente. Pour cela, il est indispensable d'affiner ses techniques, de modifier son comportement.

SYSTÉMATISER = EFFICACITÉ : que voulons-nous dire par là ?

Systématiser, c'est acquérir des réflexes et rationaliser ses méthodes, tant en organisation qu'en technique de vente, dans sa manière d'être et dans sa manière d'agir, dans le but de gagner du temps et d'en faire une meilleure utilisation, et d'atteindre ses objectifs plus rapidement et plus concrètement.

Systématiser, c'est par l'entraînement (tel un sportif) avoir le pouvoir de progresser.

Que pouvons-nous systématiser ?

3.2.1 En organisation

– Adopter les principes de la « Gestion du temps » (regrouper les tâches répétitives par nature, à heures fixes, économiser sa mémoire et sa fatigue, ne pas subir les événements, mais les diriger, équilibrer son emploi du temps entre les travaux de réflexion et l'action, contrôler périodiquement ses méthodes de travail, etc.).

– Planifier, choisir un plan de tournée et se tenir à un programme de travail, ne pas subir !

– Cibler par type de produit et par créneau de clientèle (ne pas se disperser) ; l'on acquiert ainsi une maîtrise technique du produit et une connaissance accrue des préoccupations particulières de la catégorie visitée.

– Préparer et regrouper ses appels téléphoniques.

– Préparer chaque visite, en répondant aux questions : Q.Q.O.Q.C.C./P. (Qui ?, Quoi ?, Où ?, Quand ?, Comment ?, Combien ? et Pourquoi ?)

– Adopter des check-lists (listes-types) pour préparer ou pour interroger, cela gagne du temps et évite les omissions.

– Tenir un fichier clients et un fichier prospects distincts, en sus des dossiers comptables ; la relance est plus pratique, la mise à jour plus rapide.

– Analyser les résultats systématiquement et en tirer les enseignements de suite (loi de Pareto).

3.2.2 En vente

– Prendre de plus en plus de rendez-vous ; l'emploi de notre temps est mieux planifié ; notre visite est valorisée et rentabilisée.

– Être ponctuel.

– Avoir la notion de service et non de produit ; ainsi, nous parlons de LUI, et non de nous.

– Il nous faut réapprendre à poser des questions (ouvertes, si possible) pour faire parler l'autre, ou alternatives, pour obtenir son accord.

– Systématiser certaines questions-clés pour savoir : QUI DÉCIDE ? COMBIEN il peut mettre ou veut investir ? QUELLES sont ses attentes, ses espoirs, ses rêves ? Mais nous craignons de poser certaines questions, d'entreprendre certaines actions. Or, ce n'est pas parce qu'il y a des difficultés que nous n'osons pas, c'est parce que nous n'osons pas que naissent les difficultés.

– SYSTÉMATISONS L'ÉCOUTE : nous parlons trop ! Comme vous le savez, lors d'un entretien de vente, il y a 10 % de silence, 30 % de paroles pour le client et 60 % pour le vendeur ! **C'est le contraire qu'il faut systématiser** ; c'est le réflexe de l'oreille et non celui de la langue qu'il faut acquérir.

– PRENDRE DES NOTES : lors de chaque entretien, noter les mots importants prononcés par le client ; ils permettent de recentrer le dialogue et de préparer l'offre.

– Lors du rendez-vous, s'informer systématiquement sur les autres services, départements, filiales, etc., et demander les noms.

– Que ce soit au téléphone ou en visite, avec un ancien client ou un prospect, **ne jamais quitter** son interlocuteur sans qu'il ait donné un NOM, une RÉFÉRENCE ! Cette méthode est connue, mais n'est pas SYSTÉMATISÉE !

– Remplir la fiche client ou prospect : **immédiatement après la visite**.

– En sortant d'un rendez-vous, systématiquement regarder autour de soi, les enseignes, les entreprises, les POTENTIELS. S'il reste un temps de battement avec le prochain rendez-vous, aller s'informer sur place pour préparer une future prospection.

Vous trouverez à la page suivante un tableau récapitulatif et synthétique des « maux » et des « remèdes » inhérents au métier de vendeur.

L'alchimie de la vente

ÉLÉMENTS À PRENDRE EN COMPTE	1	2 CONTACTER ACCROCHAGE	3 CONNAÎTRE DÉTERMINATION DES BESOINS	4 COMPRENDRE	5 CONVAINCRE ARGUMENTATION-OBJECTIONS	6 CONCRÉTISER CONCLUSION	7 CONSOLIDER APRÈS-VENTE
LIEU ET MOMENT		Conditions favorables ou défavorables	Au début et au cours de l'entretien		Lors de la deuxième partie de l'entretien	En permanence	Après
LE CLIENT	S E	Passivité, Réactions de défense	Conscience plus ou moins claire de ses besoins		Attente d'une réponse à ses besoins, tendance à faire appel à des motifs rationnels	Manifestation d'insatisfaction face à des réponses ne satisfaisant pas l'irrationnel	PEUR du mauvais choix Hésitation	RÉFÉRENCE DYNAMIQUE
LE VENDEUR	P R É	Peur du contact, Tendance à s'opposer	Tendance à argumenter trop tôt, à ne parler que du produit	Ne pas ÉCOUTER !	Tendance à entrer dans le jeu du client, à formuler une argumentation rationnelle	Se sent impliqué personnellement Se justifie	Incapacité à guider le choix, malaise, peur de perdre l'affaire : PARLE	Tenir ses promesses, analyser +/–
OBJECTIF À ATTEINDRE	P A R	Créer un climat favorable à l'ouverture du dialogue	Rechercher toutes les données relatives au cas du client	Identifier ses motifs d'achat objectifs et subjectifs	Répondre aux attentes du client en sélectionnant quelques arguments répondant à ses motivations	Désamorcer l'agressivité du client Comprendre les motifs d'insatisfaction, satisfaire sa curiosité légitime	Aider le client à prendre sa décision en notre faveur	Augmenter le chiffre d'affaires, atteindre les objectifs
MOYENS À METTRE EN ŒUVRE	E R	Choisir le moment propice et le mieux adapté, Avoir une attitude inspirant confiance, Établir une relation de personne à personne, S'intéresser à LUI	Observer, questionner (questions ouvertes, fermées, alternatives, relais) Pratique, Innovation, Considération, Avidité, Sécurité, Sentiment, Orgueil	Développer ses facultés d'écoute, Faire preuve d'empathie	Toujours transformer les caractéristiques du produit en avantages pour CE CLIENT, Contrôler que le message a été bien compris	Aider le client à exprimer sa motivation, Connaître et adapter les techniques de réponse aux objections, reformuler, Écho et attitude positive ZEN	Prendre l'initiative, Savoir déceler l'état d'esprit du client et adopter les techniques appropriées, Avoir un moral de GAGNEUR	Nombre et Qualité des Visites

> L'homme ne trébuche pas sur des montagnes, mais sur de petits cailloux.
>
> Proverbe chinois

7 3.3 Éviter de tomber dans la routine

La routine, c'est le chancre du vendeur !

Elle s'acquiert avec l'expérience et nous fait agir mécaniquement, sans réfléchir, et sans chercher à améliorer nos méthodes. Il ne faut pas la confondre avec l'utilisation de bonnes habitudes, sinon les recommandations précédentes seraient inutiles.

C'est elle qui nous fait délaisser petit à petit des méthodes éprouvées par les expériences accumulées de générations de vendeurs, soit par fatigue, soit par lâcheté, ou par présomption peut-être.

Il faut dans ce métier réagir sans cesse, faire le point et se remettre périodiquement en question. Faire la pause est nuisible lorsque la compétition est vive, car n'oublions pas cette phrase connue : *qui n'avance pas recule*.

Rappelons-nous pour terminer cet ouvrage le principe de Benjamin Franklin qui consistait à mettre en pratique avec application treize sujets pendant treize semaines. Un sujet par semaine jusqu'à ce qu'il devienne une bonne habitude.

Cette pratique est connue, mais trop souvent inexploitée. Puissiez-vous avoir trouvé treize idées applicables à votre cas personnel, dans ce livre, et prendre la décision de les mettre en œuvre. C'est mon vœu le plus cher.

Postface
La vente remise en cause par Internet

Pour cette nouvelle édition, je ne pouvais mieux illustrer le chapitre précédent « Vaincre la routine », qu'en évoquant succinctement les bouleversements engendrés dans la vente, le marketing et le management par l'avènement et le développement rapide d'Internet.

Dans un environnement économique qui se mondialise, fortement tertiarisé, de plus en plus compétitif, où les délais de réaction sont de plus en plus brefs et les distances abolies, Internet s'impose comme mode de communication incontournable. Les entreprises doivent donc s'interroger sur leurs nouveaux modes et styles de commercialisation, de relations avec leurs clients, revoir leur organisation interne, revoir leurs processus de fabrication, de livraison et de vente. Et par conséquence s'interroger sur les nouveaux types de vendeurs capables de s'adapter à ces changements.

Les entreprises, après avoir automatisé les processus de fabrication, ainsi que leur gestion, entament maintenant l'automatisation de leur relation au client. Toutes les fonctions sont concernées. La refonte des processus logistiques, la mise en place de systèmes marketing permettant de mieux cerner le profil des clients, le processus de capture des clients et les systèmes de gestion des connaissances de l'entreprise. Nous entrons dans l'ère du « Customer Relationship Management » – CRM – ou gestion des rapports avec les clients, et celle de « l'Enterprise Relationship Management » – ERM – ou gestion des rapports dans l'entreprise.

L'alchimie de la vente

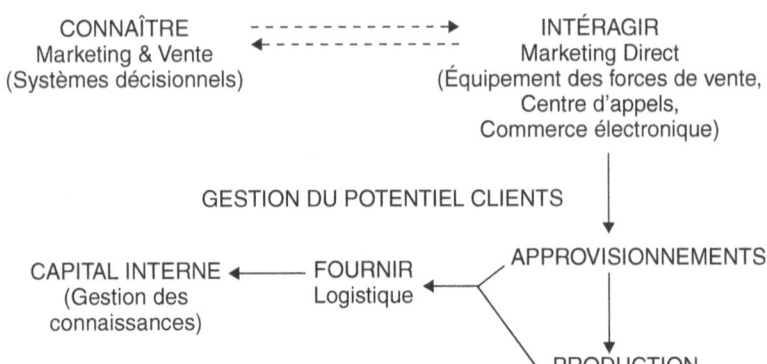

La vente, telle qu'on la concevait, était à l'initiative du vendeur (hormis V.P.C. ou grande distribution, et encore...). Il devait rechercher, prospecter, informer, démarcher, gérer son fichier, relancer, etc.

Elle pourra rester à l'initiative du vendeur, s'il apporte une valeur ajoutée à son client (conseil, organisation, mise en place de projet, intégration de la solution dans l'environnement du client...). Au vendeur de définir ce que doit être sa mission pour fournir cette valeur ajoutée à son client. Ce sera alors la valeur ajoutée qu'il apportera à son employeur et qui justifiera sa mission.

Mais désormais, et dans le futur, elle sera de plus en plus à l'initiative du prospect ou du client (voir le tableau ci-dessous).

Cela provoque deux conséquences principales :

1 – Pour l'entreprise :

Depuis des années, la concurrence acharnée a provoqué un nivellement des prix par le bas. C'est la raison pour laquelle les entreprises se sont lancées dans la course à la productivité et dans la recherche de valeur ajoutée différenciatrice. C'est aussi la raison de la mise en place de systèmes plus ou moins automatisés dans toutes les fonctions de

Postface : La vente remise en cause par Internet

l'entreprise. Et ce sont ces systèmes, existants ou qui commencent à exister, qui permettent le développement du commerce électronique.

REMISE EN CAUSE PAR INTERNET – INVERSION DU PROCESSUS DE VENTE	
VENTE À L'INITIATIVE DU VENDEUR	VENTE À L'INITIATIVE DU CLIENT
Identification des prospects Fichiers, revues, catalogues, Pub, etc.	**Serveur** Client internaute, développement du commerce en ligne et du commerce mobile.
Qualification (vente conseil) Q.Q.O.Q.C.C.P. (*Alchimie de la vente*, paragraphe 3.3.3.). Perception de plus en plus intime de l'identité et de l'exigence des prospects et clients.	Recherche et identification des points d'intérêt par le client lui-même.
Promotion de l'offre Mailing, fax, E-mail, In-mail, Pub, catalogues.	**Tous serveurs** de vendeurs/chalands/entreprises. Vitrines virtuelles : présentation plus complète des entreprises. Actualisation des informations en temps réel (caractéristiques, prix, stocks, etc.).
Vente (montage et validation des solutions, argumentation) Avantages/détails : technique, assistance, compétence, présence. Présélection empirique du fournisseur.	**Serveur** : Consulté par le client pour les détails de l'offre dans une concurrence exacerbée. Négociation à l'échelle mondiale.
Conclusion (closing) Influence et charisme du vendeur. Qualité de l'offre.	**Autodétermination** : choix fait par le client. Acquisition par le Net, par téléphone portable (terminal de paiement). Paiement et sécurité des transactions. Réactivité des médias, instantanéité de réponse.

Internet n'est pas une nouvelle technologie, c'est avant tout une nouvelle façon de communiquer, une nouvelle façon de vivre qui s'élabore, qui révolutionne TOUS les comportements, comme le téléphone l'a fait auparavant.

Par conséquent, pour une entreprise, Internet apporte une concurrence accrue, avec la possibilité pour un client de comparer en quelques minutes des offres techniques (uniformisation dans la présentation), des prix (ex. : les offres de voyages). La différenciation ne peut se faire que par la plus-value que l'on va apporter au client. Celle-ci va se trouver principalement dans le service d'accompagnement (rapidité, adaptation aux besoins spécifiques, démarche qualité). Cela implique une bonne connaissance du métier du client.

Ainsi l'entreprise se distinguera-t-elle par :

– un approvisionnement non-stop,

– une livraison rapide et à la carte,

– une synchronisation, une osmose et une coopération de ses services (achats, production, logistique, administratifs, commerciaux et après-vente) orientés vers les attentes plus précises de la clientèle,

– une assistance utilisateur qualifiée, pour la pérennisation de la solution au niveau de l'achat, du lancement et de la vie au quotidien,

– la création de partenariats avec d'autres entreprises, pour réaliser des offres plus complètes et mieux adaptées, en fonction des projets des clients, de la stratégie du moment. Cela implique de la part des employés des capacités d'intégration (intérieures ou extérieures).

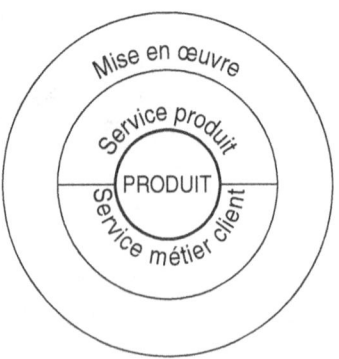

Postface : La vente remise en cause par Internet

2 – Pour l'homme ou la femme « Vendeur »

Dans ce contexte, le vendeur doit devenir capable de comprendre son offre, celle de ses partenaires, de les intégrer dans une logique commune, de construire un projet pour le client et de suivre ce projet.

Le vendeur doit repenser sa mission, afin, non pas de la rendre indispensable (nul ne l'est), mais de faire en sorte que sa mission soit créatrice de plus-value. C'est pour lui un moyen de gagner plus d'argent et d'éviter le risque d'une remise en cause. En effet, plus il apportera une plus-value importante à son client, plus il pourra le faire payer par rapport à cette plus-value et prétendre obtenir une part substantielle de la marge dégagée par son employeur. Par ailleurs, plus cette plus-value reposera sur des connaissances clients spécifiques, plus il sera difficile de remplacer ces connaissances rapidement (c'est-à-dire le vendeur).

Il est toujours possible de remplacer un mur de maison, ou une arche de soutènement, mais il est beaucoup plus dur de remplacer une clé de voûte...

L'orientation que je préconisais vers la vente-conseil est aujourd'hui incontournable et pour la vente des produits techniques, il est indispensable que le vendeur ait en priorité :

– une très bonne connaissance du métier du client, pour comprendre les problèmes,

– une aptitude à organiser des projets et à les gérer,

– une bonne compréhension de la technicité des produits, de leur mode de fonctionnement, de leur intégration dans l'environnement, de leur impact (en bien ou en mal), pour comprendre les enjeux et les solutions,

– une capacité à effectuer un suivi « relationnel » dans le temps (gestion de compte).

C'est le profil type du vendeur consultant, qui succède progressivement et irrémédiablement au vendeur démarcheur.

C'est le nouveau V.R.P.-V.I.P. du troisième millénaire :

– communicant (sachant s'exprimer oralement et par écrit correctement),

– autonome,

– mature et responsable.

Ce qui sous-tend un homme ou une femme d'un niveau culturel élevé.

En conclusion, le vendeur d'aujourd'hui, soucieux de son avenir et du devenir de son métier, doit impérativement avoir un positionnement haut de gamme, afin de rendre son action indispensable, s'il ne veut pas voir sa profession disparaître au profit d'outils de télécommunication avancés.

Bibliographie

BAROUH (Mayer). – *Le dictionnaire des visages* – Robert Laffont (épuisé).

BELLENGER (Lionel). – *Qu'est-ce qui fait vendre ?* – P.U.F.

BETTGER (Franck). – *Comment réussissent dans la vente un bon représentant, un bon vendeur* – Hachette (épuisé).

BIHL (Luc). – *Droit de la vente* – Dalloz.

BOBICHON (Guy).– *30 recettes pour réussir vos ventes* – Hommes et Techniques.

BOURDOISEAU (Yves). – *Savoir s'exprimer* – Retz.

CARDON (Alain), LENHARDT (Vincent) et NICOLAS (Pierre).– *L'analyse transactionnelle, outil d'évolution et de communication* – Éditions d'Organisation.

CARNEGIE (Dale). – *Comment se faire des amis, ou l'art de réussir dans la vie* – Le Livre de Poche.

CAUDE (Roland). – *Organiser, s'organiser* – Le Centurion, sciences humaines.

COCHEREL (Michel). – *Maîtriser son temps* – E.M.E.

CONQUET (André). – *Savoir écouter, secret d'efficacité* – Le Centurion, sciences humaines.

CORCOS (Marc). – *Techniques de vente... qui font vendre* – Garnier.

CROLARD (Jean-Francis). – *Techniques de la vente* – Delachaux.

Cudicio (Catherine). – *Comprendre la PN.L.* – Éditions d'Organisation.

Dartois (Claude). – *Améliorer votre méthode de travail* – Éditions d'Organisation.

Deins (C.). – *Votre visage, reflet de votre personnalité* – Productions de Paris (épuisé).

Delage (Jean-Jacques). – *Mieux négocier avec le nouveau commerce* – Chotard.

Delaunay (Dominique). – *Vente et analyse transactionnelle* – Garnier.

Delay (J.) et Pichot (P.). – *Abrégé de psychologie* – Éditions Masson et Cie.

Depré (Tara). – *L'art de la négociation* – Marabout.

Devers (Thomas). – *Communiquer autrement* – Éditions d'Organisation (épuisé).

Drucker (Peter). – *L'efficacité, objectif numéro 1 des cadres* – Éditions d'Organisation (épuisé).

Dupont (Christophe). – *Négociation, conduite, théorie, application* – Dalloz.

Fischer (Roger). – *Comment réussir une négociation* – Seuil.

Furet (Yves). – *Savoir parler en toutes circonstances* – Retz.

Gamonet (François). – *Savoir gérer son temps* – Éditions d'Organisation (épuisé).

Gentil (Bruno). – *L'amélioration du travail des cadres* – Hachette.

Gilbert (Dominique). – *Mots qui font vendre plus* – Formation communication.

Goldman (Heinz M.). – *L'art de vendre* – Delachaux.

Gordon (Dr Thomas). – *Cadres et dirigeants efficaces* – Belfond.

Hopkins (Tom). – *La vente* – L'Homme.

Bibliographie

JAVEAU (Claude). – *L'enquête par questionnaire* – Éditions d'Organisation (épuisé).

JOHNSON (Spencer). – *Bien vendre, minute du succès* – InterÉditions.

KALASON (Patrick). – *Les 7 styles de vente* – Éditions d'Organisation (épuisé).

LECLERCQ (Xavier). – *Les hommes de vente* – Dunod. – *Acheteur-Vendeur, une relation érotique* – Éditions d'Organisation (épuisé).

MILLER (Robert B.). – *Stratégie de la vente* – Éditions d'Organisation (épuisé).

MOULINIER (René). – *L'entretien de vente* –, – *La prospection commerciale en action* –, – *Les techniques de la vente* – Éditions d'Organisation.

MUCCHIELI (Roger). – *Entretien face à face dans la relation d'aide* – Éditions Sociales Françaises.

NICOLAS (Pierre). – *Le temps, c'est de l'argent et du plaisir* – InterÉditions.

NIERENBERG (Gérard). – *Tout négocier pour réussir* – Albin Michel.

NIGET (Pierre). – *Comment vendre les produits industriels* – Éditions d'Organisation (épuisé).

PELTANT. – *Cinq premières minutes* – Retz.

PIGNERO (Marc). – *Profession représentant* – Éditions d'Organisation (épuisé).

PRAS (Bernard). – *Comportement de l'acheteur* – Sirey.

RATAUD (Pierre). – *Vademecum de la Vente* (Série mémentos-EO), Éditions d'Organisation (épuisé).

RATAUD (Pierre). – *Les questions qui font vendre* – Éditions d'Organisation.

RATAUD (Pierre). – *Du temps pour vivre mieux* – Éditions d'Organisation.

RECORDEAU (Louis). – *La formation des responsables* – Éditions d'Organisation (épuisé).

ROGERS (Carl). – *Le développement de la personne* – Dunod.

ROZER (Gilbert). – *Tout ce que vous devez savoir pour vendre plus* – Chotard.

SIMONET (Jean). – *Organisation personnelle du travail* – Éditions d'Organisation.

STERN (Patrice). – *Être plus efficace* – Éditions d'Organisation.

VIGIER (Jean). – *Comment gérer son temps* – Le Centurion, sciences humaines.

WAGE (Jan). – *Convaincre pour vendre* – Hommes et Techniques.

ZILLER (J.) – *Service après-vente et marketing* – Dunod.

Ami lecteur

Vous avez terminé la lecture de ce livre et je vous en félicite, car lire un livre « jusqu'au bout » demande toujours un effort. Vous avez le sentiment d'avoir appris « quelque chose », alors je m'en félicite, car mon but est atteint. Cependant le plus dur vous reste à accomplir « Mettre en pratique les idées retenues et les intégrer à votre charisme ». Chacun sait que le temps estompe rapidement les connaissances et émousse les meilleures décisions. Que restera-t-il de vos louables intentions dans un mois ?

Et dans trois mois ?

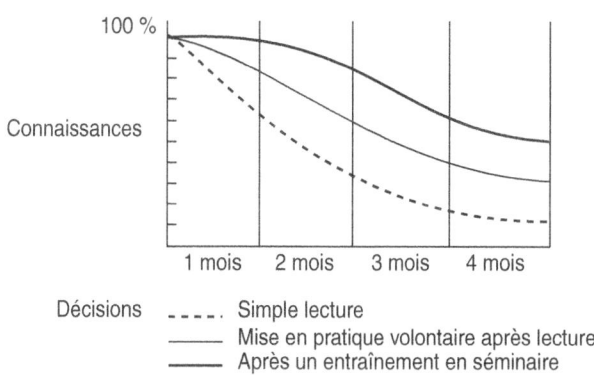

Décisions ----. Simple lecture
——— Mise en pratique volontaire après lecture
——— Après un entraînement en séminaire

Si vous avez la juste ambition de poursuivre votre perfectionnement, sachez que l'auteur organise et anime des conférences de vente qui sont le prolongement de ce livre, à Paris, en province et D.O.M.

Informez-vous auprès de l'éditeur.

www.ingramcontent.com/pod-product-compliance
Lightning Source LLC
Chambersburg PA
CBHW050333230426
43663CB00010B/1845